# L'ART DE PERSUADER

DU MÊME AUTEUR

*Le Goût des études ou comment l'acquérir*, Éditions Odile Jacob, 1993 ; « Opus », 1997

*La Réforme du jugement ou comment ne plus se tromper*, Éditions Odile Jacob, 1995

*Petit Traité sur Kant à l'usage de mon fils*, Éditions Odile Jacob, 1996

MASSIMO PIATTELLI PALMARINI

# L'ART DE PERSUADER

*Traduit de l'italien par*
*Jacqueline Henry*

EDITIONS
ODILE JACOB

Ouvrage initialement paru en 1995
chez Mondadori, Milan,
sous le titre : *L'Arte di persuadere.*



15, rue Soufflot, 75005 Paris
http:www.odilejacob.fr

ISBN : 2-7381-0683-8

# AVANT-PROPOS

Dans le célèbre long-métrage de Marcel Ophüls *Le Chagrin et la Pitié* (chronique d'une ville française sous l'occupation allemande), que Woody Allen, dans *Annie Hall*, place au cœur du patrimoine cinématographique de l'intellectuel cosmopolite, j'ai été frappé par le témoignage du leader le plus charismatique de la gauche historique française, Pierre Mendès France. Chef, à la fin des années 1950, d'un gouvernement méritant mais de courte durée auquel on doit le détachement pacifique de la Tunisie de la mère-patrie et une avancée décisive vers la fin de la guerre d'Indochine, Mendès France conquit le cœur de bien des Français pour des raisons qui ont été bien exprimées par Jean Daniel, longtemps directeur du *Nouvel Observateur* : « Je dois à Pierre Mendès France d'avoir éprouvé, pendant quelques mois, l'agréable sensation d'être pleinement et passionnément en accord avec le gouvernement de mon pays. » Au cours de cette interview, Mendès France raconte sa rocambolesque évasion d'une prison de Clermont-Ferrand sous contrôle allemand.

Condamné à mort comme partisan, il réussit, de nuit, avec quelques autres compagnons d'infortune, à échapper à la surveillance de ses geôliers. Ils se retrouvent en haut du grand mur de la prison, au seul point où le jeu des pylônes, rebords, saillies et de l'obscurité pourrait leur permettre de rejoindre une rue de la ville en contrebas, et donc d'être libres. Mais, en ce même point, cherchant pour de tout autres raisons la complicité des ténèbres, un jeune couple s'étreint tendrement. Il est impossible de descendre de la rue sans être vu des amoureux, et il est tout aussi impossible de prévoir leur réaction. Le troufion français essaie de persuader la jeune fille de se donner à lui dans un appartement peu éloigné. Tapis en haut de leur mur, les fugitifs sont contraints de suivre, bon gré mal gré, le déroulement de cette tractation amoureuse. De minute en minute, bien évidemment, ils penchent de plus en plus ardemment en faveur du soldat. « Jamais il ne m'est arrivé, ajoute avec quelque embarras Pierre Mendès France, de désirer à ce point qu'une femme se laisse convaincre de perdre sa vertu. »

Nous pouvons deviner les argumentations tentées par ce petit soldat, celles-là même que, de tout temps, les amoureux utilisent pour essayer de faire tomber les défenses de leur petite amie. Le seul fait exceptionnel, dans cette page de vie vécue sous l'Occupation, est le croisement fortuit des destins, l'enchevêtrement plutôt inédit de l'amour et de la mort. Il est tout naturel de s'identifier, pendant quelques instants, avec les évadés, mais aussi de rester suspendu au mouvement infinitésimal du cœur et de la volonté de cette jeune inconnue, demeurée pour toujours sans nom et sans effigie, et suspendu à l'effet de la force de persuasion du soldat qui, nous avons de bonnes raisons de le supposer, doit passer par une combinaison de mots, de caresses, de supplications, d'ardeurs redoublées, de bouderies et de moments d'impatience.

Enfin, la jeune fille cède. Le couple s'envole vers son nid, les partisans vers la liberté.

La vie quotidienne abonde en situations où il est essentiel pour quelqu'un qu'une autre personne soit persuadée de quelque chose, et, pourtant, cette évasion rocambolesque, agrémentée d'un suspense amoureux, a une touche spéciale. Je repense à l'embarras perceptible de Mendès France, à son hésitation passagère. Après tant d'années, il lui était encore difficile d'expliquer à quel fil avait tenu sa vie et celle de ses compagnons de lutte pendant ces longues minutes. Je repense à ses sourcils touffus et à son expression tout à la fois bourrue et douce, résolue et réfléchie, et à l'énigme qui s'était de nouveau présentée à son esprit. Peut-être soupesait-il encore une fois la liberté intérieure de la jeune fille par rapport à une autre liberté, alors toute proche. Cet épisode me frappa, mais, à l'époque, je n'aurais su dire pourquoi. Il m'incita à me demander en quoi consiste vraiment une entreprise de persuasion. Bien des années ont dû passer avant que cette curiosité occasionnelle et isolée ne devienne la question d'aujourd'hui : en quoi consiste *la* persuasion.

La persuasion est un art et, comme tout art, elle a ses maniérismes et ses canons. On ne peut improviser qu'en partie. Il existe une sorte de logique de la persuasion qui, comme nous le verrons, ne coïncide pas avec la logique pure, celle qu'étudient les logiciens professionnels. Et pourtant, la part d'improvisation est très importante dans la vie de tous les jours, et on ne la trouve pas dans les traités sur la persuasion ou la rhétorique. C'est pourquoi il m'a paru utile d'écrire un livre d'un genre différent. Lorsqu'une volonté, une intention, une croyance ou une décision doit être transférée d'un esprit dans un autre, alors, à ce moment précis, des mouvements convergents de l'un vers l'autre doivent se produire. Pour comprendre exactement en quoi consiste notre faculté individuelle de persuader et d'être persuadé, nous devrons plonger jusqu'aux racines de notre psyché, jusqu'aux mécanismes essentiels de la logique et du langage. Il nous faut aussi analyser un enchevêtrement subtil entre l'affectif et le cognitif.

De par sa nature profonde, l'art de la persuasion est tout en légèreté. Il a horreur de la lourdeur. S'il est légitime d'exercer un certain ascendant, il ne l'est pas de faire appel au principe d'autorité. L'autorité, cela n'a rien d'un hasard, entre justement en jeu lorsque la persuasion ne suffit pas.

Pour convaincre, il faut activer l'imagination et la raison, et bien souvent aussi ébranler les sentiments, voire les passions, comme le savait bien notre troufion. Mais toujours avec délicatesse, sans franchir un seuil qu'il est difficile de définir dans l'abstrait. De par sa nature profonde, la persuasion exclut non seulement la menace et le chantage, mais aussi des procédés déloyaux comme l'appel à la pitié ou à la confiance aveugle. Là encore, si l'on doit employer de tels expédients, c'est que la persuasion ne suffit pas. En revanche, elle peut tolérer la flatterie, l'adulation, la mise en garde contre des souffrances futures, ou la suggestion de plaisirs à venir, l'ambiguïté, le présupposé tacite, la conséquence non explicitée. Peut-être n'existe-t-il aucun moyen qui soit *trop* léger pour être utilisé dans la persuasion.

Il ne manque pas d'instruments pour faire changer la volonté d'un autre. La persuasion n'est qu'un de ceux-là. Il est bien évident, par exemple, que l'on ne pourrait soutenir avoir convaincu quelqu'un en lui administrant un neuroleptique ou en l'hypnotisant. Et l'infléchissement de la volonté d'autrui dans un sens que nous espérions n'est pas toujours le résultat d'une entreprise de persuasion. Ainsi, une incitation promotionnelle, un grand charme personnel, le prestige d'un grand maître, les compétences spécialisées d'un expert ou le transfert sur un analyste n'ont pas toujours la légèreté voulue.

Persuader et convaincre semblent être des verbes ordinaires, mais, à y bien regarder, ils cachent d'intéressantes subtilités. On persuade quelqu'un *de* faire quelque chose, et l'on persuade quelqu'un *qu'*il ne devrait pas faire quelque chose d'autre. À la différence d'« amener (à) », qui est peut-être le verbe le plus proche d'eux, persuader et convaincre régissent des phrases entières, ce qui révèle qu'ils s'appliquent à des contenus complexes, à des « histoires » tout entières. On peut convaincre une personne qu'une histoire donnée est vraie, ou qu'elle est fausse. On peut la persuader qu'elle devrait mentir, divorcer, pardonner, tuer, abdiquer. Il semble qu'il n'y ait pas de limite, pourvu que le verbe qui suit entraîne un acte commis de son libre choix. Persuader, c'est provoquer un changement de la volonté d'autrui, mais attention, seulement à travers un transfert de croyances ou d'opinions. La théorie linguistique moderne réussit à relier ce pouvoir de régir le « que » à une voie qui passe obligatoirement et *uniquement* par un changement de croyances, un transfert en douceur de purs contenus mentaux. En revanche, le verbe « amener (à) », qui n'est pas suivi de « que », agit sur la volonté d'autrui par d'autres voies, qui n'ont pas forcément la même légèreté. Il tolère d'ailleurs les primes et les menaces, les pots-de-vin et les licenciements, voire le chantage et la torture. Ce sont les résultats qui comptent, l'action qui en découle, et tous les moyens sont bons. On peut amener quelqu'un à faire quelque chose contre sa volonté, alors qu'on ne peut persuader quelqu'un de faire quelque chose si cela ne passe pas toujours et exclusivement à travers un mouvement de sa volonté, un libre changement de croyances et d'opinions. On ne peut convaincre une personne, que sais-je, à voir, à savoir ou à arriver. En revanche, on peut la convaincre de regarder, d'étudier, de partir. Persuader exige qu'elle soit libre non seulement de vouloir et d'agir, mais aussi de penser, de croire, de décider. Autrement dit, elle doit être *libre* de se laisser persuader.

Même dans la nuit, et sous l'occupation allemande.

# L'HISTOIRE QUE NOUS ALLONS RACONTER

## Introduction à l'édition française

Depuis la publication de mon livre *Le Goût des études*, qui a connu, en France comme en Italie, un succès pour moi tout à fait surprenant, tout le monde m'incitait à écrire une suite. Mes amis, et surtout mes éditeurs, insistaient : « Allez ! Fais-nous une suite. Pourquoi pas un goût des études pour les grands ? » Je me mis à réfléchir. Je n'allais tout de même pas écrire un « Goût du travail ». D'abord, ça risquait de paraître assommant. Et puis, je ne m'y connais pas et je dois même reconnaître que je ne suis pas toujours un exemple. Alors quelque chose sur les différentes filières universitaires ? J'avoue avoir été tenté. On me disait, et je disais, mi-convaincu, que ma longue expérience d'enseignement et de recherche aux États-Unis pouvait m'aider à fournir une comparaison critique et quelques suggestions utiles. Mais la situation des universités, un peu partout en Europe, en grande partie à cause de l'unification imminente, me semble être trop fluide pour tenter pareille comparaison. Non il fallait autre chose...

Du fond de ma mémoire resurgit l'épisode de Mendès France, et se réveilla en moi cette vieille curiosité pour les mécanismes de la persuasion. Entre-temps, le mur de Berlin était tombé, une république avait pris fin en Italie, et le problème de la légitimité du pouvoir se posait de façon pressante. Il était naturel de se demander si, justement, la persuasion ne devrait pas être le fondement obligé et *exclusif* de tout contrat social. Et si nous ne voudrions pas la voir régner en maîtresse non seulement sur les rapports entre électeurs et élus, mais aussi entre parents et enfants, enseignants et élèves, dirigeants et exécutants. Quelle autre racine peut avoir la confiance, hormis la persuasion et l'exemple (qui est lui-même un acte de persuasion) ? Peu satisfait des traités existants sur la persuasion, je commençai à penser à un livre de cette veine.

Deux innovations importantes, dans le domaine des sciences cognitives, me semblèrent pouvoir donner de l'épaisseur à ce projet. Mon vieil ami Dan Sperber, un des fondateurs de l'anthropologie cognitive qui, depuis, a acquis une renommée tout à fait légitime, avait proposé une nouvelle théorie de la pertinence (*relevance theory*, en anglais) qui suscitait très justement un grand intérêt. Elle résolvait, comme nous aurons l'occasion de le voir, un perpétuel casse-tête de la communication et de la persuasion.

Et puis il y avait eu un lumineux article technique de mon ancien collègue et toujours maître Daniel Osherson, aujourd'hui professeur à la Rice University de Houston, mais qui travaillait alors au Massachusetts Institute of Technology (MIT), sur ce qui rend un raisonnement psychologiquement convaincant. (Notez bien, *psychologiquement*, c'est-à-dire pour le commun des mortels, et non dans l'absolu, c'est-à-dire pour les logiciens dans leurs tours d'ivoire.) Par des chemins divers, mais complémentaires, les deux Dan apportaient des solutions à deux problèmes essentiels dont l'existence même avait été notée par très peu de gens, en dehors d'un tout petit cercle de spécialistes. Le premier de ces problèmes est celui de la « base » implicite à partir de laquelle nous devons toujours partir pour échanger et faire changer des opinions. Le second est celui du fossé entre la logique « pure » et la logique du raisonnement quotidien. Je constatai avec enthousiasme qu'année après année les deux Dan, ainsi que d'autres auteurs de premier plan, nous révélaient un nouveau continent. Il s'agit de découvertes qui concernent tout un chacun, mais dont on sait peu de chose de par le vaste monde, parce que les travaux qui les exposent sont trop éparpillés, trop techniques et trop en anglais.

Et je finis par me dire que oui, telle pouvait justement être la « suite » qu'on me demandait. Après le goût des études, l'art de persuader.

Sur le thème de la persuasion, qu'elle soit évidente ou « clandestine », tout semblait avoir déjà été écrit. Tout, peut-être, sauf l'essentiel. Une longue tradition, qui remonte aux sophistes en passant ensuite par Aristote, Cicéron, Quintilien et les rationalistes, faisait coïncider l'art de la persuasion avec l'art de la rhétorique (nous y reviendrons dans l'Annexe I). Ce qui est curieux, car nul ne se laisse jamais persuader par la rhétorique, dès lors qu'on la reconnaît comme telle. Aristote, déjà, nous avait mis en garde, justement dans son traité sur la rhétorique : « Il faut toujours paraître tenir un langage non pas artificiel, mais naturel : en effet, le second est persuasif, tandis que le premier est à l'opposé. On se méfie de ceux qui parlent habilement comme on se méfie des vins frelatés. »

En fait, les traités classiques se contentaient de présupposer tout ce qui nous intéresse ici, sans l'expliquer.

Depuis Aristote et ses successeurs, il existe même une « théorie centrale » de la persuasion, qui se résume en quelques mots : c'est quand on suit les raisonnements que l'interlocuteur est le plus enclin à accepter, que l'on fait appel aux motivations qui lui tiennent le plus à cœur qu'on l'accroche le plus solidement.

On pourrait dire, avec un peu d'irrespect, qu'au premier abord ils ne semblent pas avoir découvert l'eau chaude. En effet, comment fait-on, justement, pour *deviner* les motivations et les raisonnements privilégiés de l'interlocuteur ? Aujourd'hui, nous avons la chance que cette « théorie centrale » de la persuasion puisse elle aussi acquérir une véritable épaisseur, grâce à une psychologie du raisonnement étayée par une longue expérience, à une linguistique raffinée et parvenue à maturité, et aux sciences cognitives. Nous commençons à savoir *comment* prévoir les motivations et les itinéraires mentaux de nos interlocuteurs. Nous savons quelles cordes faire vibrer.

Parfois, il faut aussi pincer celles de la psychologie « des profondeurs », lorsque l'interlocuteur ne *reconnaît* pas ses propres motivations, ni les raisonnements auxquels il est le plus sensible, tant qu'on ne les a pas explicités, fait remonter à la surface et affleurer à sa conscience. L'argument « un jour, lorsque le temps aura chassé l'amour » utilisé par Germont avec Violetta Valéry, la dévoyée, la *traviata,* avec lequel s'ouvrira bientôt notre partition, nous le confirmera. Je suis sûr que nombre de lecteurs et de lectrices seront, comme moi, stupéfaits que le vieux Germont obtienne tant avec si peu. Stupéfaits... tant qu'ils n'ont pas réfléchi davantage. Mais n'anticipons pas trop.

L'exemple du temps qui chasse l'amour est le premier d'une série d'illustrations et d'anecdotes qui m'ont paru indispensables pour apporter vie et substance à notre « théorie ». En effet, une des cordes dont il faut toujours jouer, parmi « nos » instruments de persuasion, est celle de l'*originalité.* L'argument le plus persuasif est toujours le plus nouveau. Nul ne se laisse convaincre par un argument qu'il a déjà rencontré maintes fois, à moins que, justement, un élément nouveau et original ne soit mis en lumière. L'ennui, c'est que, de par son essence, l'originalité ne suit aucune règle de composition. Je ne pouvais la mettre en valeur qu'en jouant différents « airs » et refrains, c'est-à-dire en donnant de brefs exemples concrets.

La deuxième corde qu'il faut toujours faire vibrer est celle du *style,* apanage des traités sur la rhétorique. Dans ces pages, nous le ferons afin de produire les accords essentiels sur la portée de notre langage courant.

La troisième est la *logique* de la persuasion (ou plutôt une psychologique, si l'on veut bien me pardonner le calembour). Ce sera forcément une corde essentielle, car c'est celle qui été ajoutée le plus récemment aux instruments de la persuasion.

La quatrième (et dernière) corde majeure de notre tableau sera la *pertinence*, que nous ferons elle aussi constamment vibrer. En effet, persuader, c'est *reconnaître* instantanément, et faire reconnaître, de l'interlocuteur, de *nouvelles* relations de pertinence, tout en pinçant les cordes des anciennes. Le paradoxe qui nous paraît central est qu'aucun acte de persuasion ne met « tout » en œuvre, mais il n'est pas non plus possible de définir au travers de formules, dans l'abstrait, et une fois pour toutes, *comment* séparer les cordes pertinentes de celles qui ne le sont pas. Pourtant, de cas en cas, nous savons bien quelles cordes du savoir global sont pertinentes pour notre argumentation. Et notre interlocuteur le sait aussi. Et nous savons qu'il le sait, et il sait que nous savons qu'il sait. Sinon, toute persuasion serait impossible. La nouvelle théorie de la pertinence de Dan Sperber et de Deirdre Wilson, dont je rapporte ici les lignes essentielles, nous permettra de résoudre ce paradoxe.

Un auteur français, également de renommée internationale, Raymond Boudon, a fort bien analysé les problèmes liés à la persuasion et à la prise de décision. Il a notamment publié un essai remarquable : *L'art de se persuader*. C'est un livre d'une grande profondeur, densément philosophique, qui demande de la réflexion, de l'attention et qui se situe bien au-delà de mon petit « divertissement ». Je lui rends ici hommage et je ne saurais trop conseiller aux lecteurs désireux d'en savoir plus de se plonger dans les écrits de Boudon, tout particulièrement dans l'essai que j'ai cité.

Dans un ouvrage sur la persuasion qui se veut simple et lisible, le lecteur s'attendra inévitablement à trouver quelques règles pratiques pour accroître sa propre force de persuasion et quelques secrets pour mieux résister à celle des autres, même « clandestine ». Je n'ai pas voulu le décevoir (d'où tout le chapitre 4 et les règles d'or des chapitres 6 et 10), sans le bercer pour autant d'illusions. Étant immunisé par une abondante littérature « technique » sur la persuasion qui foisonne de banalités ampoulées, je me suis promis, avec ce livre, de m'en tenir uniquement à ce que l'on peut dire aujourd'hui sur ce sujet qui soit à la fois *inattendu*, fiable et (je l'espère) amusant. Devait-il ou non s'agir d'un livre pour grands ?

# I

# LA FORCE DE LA PERSUASION

La dureté des minéraux se mesure à l'aide de l'échelle de Mohs, qui va de un à dix. Quoique très utile dans la pratique, cette échelle est néanmoins strictement qualitative et relative, autrement dit, elle ne fait qu'exprimer la dureté des uns par rapport aux autres, dans l'ordre croissant. Tout en bas, on trouve le talc, qui précède de peu la craie, et tout en haut, le diamant. Le critère pris en compte est tout simple : quand on frotte deux minéraux, l'un érafle l'autre mais n'est pas éraflé. On peut donc penser qu'il « l'emporte » en dureté, ce qui permet d'établir une gradation. Les traces de la tendre craie sur le dur tableau illustrent bien ce principe.

Tâchons maintenant d'établir une échelle du même genre, approximative, mais indispensable, pour la force de persuasion des différents types d'argumentation. Essayons de trouver un critère semblable à celui de Mohs et voyons qui, de deux interlocuteurs, « érafle » l'autre, c'est-à-dire réussit à persuader sans être persuadé.

Il convient de commencer par le sommet, par les situations humaines qui demandent la plus grande force de persuasion, en prenant comme référence objective les cas où une personne est amenée à sacrifier librement ce qu'elle a de plus cher : sa vie, la vie et le bien-être de ceux qu'elle aime, sa carrière, son honneur, ou encore un grand amour auquel elle tient bien plus qu'à la vie. Les arguments qui peuvent pousser quelqu'un à accomplir librement de tels sacrifices méritent d'occuper une place très élevée sur notre échelle. Bien entendu, ils jouent à la fois sur la raison et sur les émotions. Les exemples ne manquent pas.

### *Germont contre Violetta*

Au deuxième acte de *La Traviata*, on trouve un cas pratiquement parfait. Le vieux Germont, père d'Alfredo, va trouver Violetta Valéry dans l'intention bien précise de briser la relation scandaleuse qu'elle entretient avec son fils. Pourquoi ? Parce que, comme il le lui explique, la sœur d'Alfredo, *aussi pure qu'un ange*, était fiancée à un brave jeune homme, que les fiançailles approchaient à grands pas, mais que le garçon a rompues sur-le-champ lorsqu'il a appris qu'Alfredo vivait avec une femme de mauvaise réputation.

> Le jeune homme, aimant et aimé,
> Qu'elle devait épouser
> Se refuse à ces liens
> Qui nous rendaient heureux.

Tous, nous dirions : bon débarras ! Mais tel n'est pas le cas du vieux Germont ni, fait encore plus étrange, de la petite fiancée abandonnée, qui fond en larmes (« Ah, ne changez pas en tourments/les roses de l'amour... »). Sa douleur est un déchirement qu'aucun père aimant ne peut supporter. Il est donc sous-entendu que cet ange de pureté ne saurait trouver *aucun* mari respectable tant que dure la scandaleuse relation entre Violetta et Alfredo. Pour ramener la paix dans la famille, Violetta doit rompre avec Alfredo. Et non pour une durée donnée, mais bien pour toujours. Ainsi, le petit Provençal et la jeune Germont pourront convoler en justes noces.

Si improbables que puissent nous apparaître, aujourd'hui, certains points fondamentaux de cette affaire, nous n'avons aucun mal, les ayant admis, à en suivre ensuite le fil et à imaginer les émotions des personnages.

*Trois hypothèses de base* (que nous devons nous aussi accepter) sont partagées par Germont père et par Violetta Valéry, et ne sont jamais mises en cause au cours de leur conversation (et de la suite de l'histoire) :

1. Le jeune homme a de bonnes raisons d'être scandalisé, et il est tout à fait compréhensible qu'il ait rompu ses fiançailles.

2. Il faut lui donner la possibilité de revenir sur sa juste décision.

3. Le mariage de la jeune Germont avec ce petit provincial comme il faut est une chose fort désirable, voire le bien suprême pour toute la famille.

Pour nous, ces trois points fixes sont certainement les maillons les plus faibles de l'argumentation de Germont père. Toutefois, considérant l'époque et les idées de respectabilité et de moralité de la société d'alors, nous les admettons aussi. D'ailleurs, Violetta elle-même ne semble jamais y objecter. Elle cherche seulement à défendre les droits de son propre amour, *en dépit* de l'épouvantable malheur que ses sentiments pour Alfredo causent objectivement à la sœur de celui-ci et à toute sa famille.

Germont, tel un rouleau compresseur, parvient à convaincre Violetta qu'elle doit faire ce « grand sacrifice » (*c'est nécessaire !*). Il sait très bien que Violetta et Alfredo en souffriront terriblement, mais cela ne semble pas le préoccuper outre mesure. Le mariage entre le petit provincial comme il faut et sa candide fille doit l'emporter sur le bonheur qu'Alfredo et Violetta partagent dans le péché. Il doit même l'emporter sur la vie de Violetta, déjà malade (« Ah, le supplice est si cruel/que je préférerais mourir »). Germont tente d'abord le reproche et la condamnation morale de leur relation, mais Violetta le remet tout de suite à sa place, menaçant de quitter les lieux s'il entend poursuivre sur ce ton.

> Monsieur, je suis une femme, et je suis chez moi ;
> Souffrez que je me retire,
> Plus pour vous que pour moi.

Germont doit alors recourir à des armes plus raffinées. Dans l'ordre logique, et non chronologique, voici ses arguments :

PREMIÈRE ARGUMENTATION DE GERMONT

Vous êtes une créature perdue et sans honneur. Vous n'avez recherché que vos intérêts et vos plaisirs, vous n'avez jamais rien fait pour les autres. Faites cette bonne action (« Je demande un sacrifice... ») et vous deviendrez en quelque sorte la marraine de notre famille. Nous vous bénirons à tout jamais (« Soyez de ma famille/L'ange consolateur »).

La première tentative du vieux Germont vise donc l'amour-propre de Violetta : acceptez ce sacrifice et, pour une fois, vous ferez une chose grande et noble ; il y aura au moins quelques personnes au monde (ma fille et moi) qui vous béniront.

Voici comment on pourrait schématiser la forme « logique » de cette argumentation sur la base des trois hypothèses fondamentales susmentionnées :

*Prémisse 1* : Il est encore temps de faire amende honorable.
*Prémisse 2* : En renonçant à Alfredo, vous ferez amende honorable.
*Prémisse 3* : Le mariage de ma fille aura lieu si votre relation avec Alfredo est rompue.
*Conclusion* : Rompez cette relation.

Contre-argumentation de la pauvre Violetta :

Son grand amour pour Alfredo a marqué la fin définitive de sa carrière de courtisane (« [Le passé] n'est plus... À présent, j'aime Alfredo et Dieu a tout effacé par mon repentir »). Autrement dit, elle fait *déjà* amende honorable, à travers ce grand amour désintéressé pour Alfredo (la preuve objective de sa sincérité est le fait qu'en secret elle est en train de vendre – ou plutôt de liquider – tous ses biens).

Il devient donc urgent, pour Germont, de s'engager sur une autre voie.

### DEUXIÈME ARGUMENTATION

Ma jeune fille est une enfant chaste et pleine de vertus. Elle a *droit* au bonheur conjugal. Le sacrifice de votre bonheur, et de celui d'Alfredo, sera à l'origine du bonheur de ma fille. Il est objectivement juste que l'avenir de ma fille l'emporte. Ce que votre relation actuelle signifie pour vous n'a aucune importance pour le reste du monde.

Schématiquement :

*Prémisse 1* : Le bonheur de ma fille vaut objectivement beaucoup plus que le vôtre et celui d'Alfredo réunis.

*Prémisse 2* : Aux yeux de tout le monde, et en particulier du petit fiancé provençal, cette relation est un scandale, quelle que soit la façon dont vous la vivez dans l'intimité.

*Prémisse 3* : Le scandale est déjà consommé, mais les dégâts sont encore réparables.

*Conclusion* (comme plus haut) : Rompez cette relation.

Contre-argumentation implicite de Violetta :

On pourrait essayer de faire comprendre aux autres aussi que cette relation est ma seule voie de rédemption, le début d'un changement irréversible dans ma vie.

Le vieux Germont doit alors tenter autre chose encore.

### TROISIÈME ARGUMENTATION

« Vous êtes belle, et jeune... Avec le temps... » Bref, vous aurez vite oublié Alfredo et pourrez choisir un autre courtisan, parmi tant d'autres.

C'est là un coup maladroit qu'elle repousse tout de suite avec dédain (« Ah, taisez-vous... Je vous comprends... C'est impossible... C'est lui seul que je veux aimer »). Germont a commis l'impardonnable erreur de nier la force de l'amour de Violetta pour Alfredo, et sa sincérité lorsqu'elle déclare vouloir changer de vie. Ici, les présupposés sont tellement inacceptables que cette troisième argumentation s'effondre lamentablement. Elle ne mérite même pas de prendre une apparence logique.

Enfin vient la quatrième, la plus efficace.

#### QUATRIÈME ET DERNIÈRE ARGUMENTATION

Un jour, lorsque le temps aura chassé l'amour...

Alfredo se lassera rapidement de vous et vous abandonnera de toute façon (« Mais l'homme est souvent versatile »). Votre relation, si intense puisse-t-elle être, n'en est pas moins précaire. Vous vieillirez, vous flétrirez (« Un jour, lorsque le temps aura chassé l'amour/L'ennui surgira vite... Qu'adviendra-t-il alors ?... Pensez-y... »). Mieux vaut prévoir et, au moins, souffrir de ce douloureux mais inévitable détachement pour une cause noble et grande.

La forme logique qui persuaderait irrésistiblement Violetta serait la suivante (c'est une combinaison de deux arguments) :

#### PREMIÈRE PARTIE

*Prémisse 1* : L'homme est inconstant et volage lorsqu'il n'est pas retenu par les sacro-saints liens du mariage.

*Prémisse 2* : Alfredo est un homme.

*Prémisse 3* : Votre relation n'est pas, et ne pourra jamais devenir, un véritable mariage (« Puisque ces liens, le ciel ne les aura jamais bénis »).

*Conclusion* : Tôt ou tard (et plutôt tôt que tard), Alfredo vous quittera.

#### SECONDE PARTIE

*Prémisse 1* : Conclusion de la première partie.

*Prémisse 2* : De toute façon, vous souffrirez, et, pour ma fille, le mal sera devenu irréparable.

*Prémisse 3* : Si vous agissez maintenant, rapidement, il

est encore possible de remédier à la situation *(il est temps encore)*, et vous aurez ensuite droit à notre gratitude éternelle.

*Conclusion finale* (j'ai failli l'oublier) : Rompez cette relation.

À ce stade, Violetta se déclare enfin persuadée : « C'est vrai, c'est vrai ! », admet-elle en sanglotant. Elle congédie le vieux Germont, parfaitement rassuré, et se résout à écrire, au milieu des larmes, son héroïque lettre d'adieu à Alfredo.

Dans tout cela, le vieux Germont n'a introduit qu'un seul élément nouveau, qu'une seule véritable « information », à savoir qu'Alfredo a une sœur et que son fiancé l'a quittée à cause de la relation d'Alfredo et de Violetta. Le reste n'est qu'une fine combinaison de lieux communs, de conformisme et de sentimentalisme. Il ne dit rien à Violetta qu'elle ne soit en mesure de penser elle-même. En fait, si le coup de grâce, la perspective de l'inévitable abandon par Alfredo, est d'une telle efficacité, c'est justement parce que en son for intérieur, elle le prévoyait, même si elle ne voulait pas en prendre conscience. Le cœur de l'argumentation *interne* qui réussit enfin à entamer Violetta est le suivant (exposé dans une perspective vaguement freudienne, comme il convient selon moi) :

– Je suis une pas-grand-chose.

– Je n'ai pas l'espoir de me corriger (*L'espoir de renaître est refusé !*)

– Alfredo, cet homme merveilleux, ne peut pas *véritablement* aimer une pas-grand-chose comme moi.

Et donc :

– Tôt ou tard, il me quittera.

Violetta, considérant *explicitement* la précarité de leur lien et, surtout, profondément méprisante à son propre égard, se décide à faire le geste grand et noble qui lui est demandé, ce sacrifice pour le bien. On retrouve très exactement ici le principe fondamental de la persuasion, celui qu'avait déjà découvert Aristote, selon lequel le persuadeur doit exploiter les ressorts déjà présents chez la personne à convaincre. La force de l'argument de Germont, le temps qui chasse l'amour, consiste à faire remonter à la surface et à déclencher instantanément un ressort caché au plus profond de l'inconscient de Violetta. Ce ressort se déclenche bel et bien, et voilà qu'enfin persuadée elle conclut par ce déchirant et sublime message en forme de plainte :

> Dites à l'enfant si belle et pure
> Qu'elle trouve une victime de l'infortune,
> À qui reste un unique, un unique rayon de bien...
> Qu'elle le sacrifiera pour elle et qu'elle mourra.

Comme si ce sacrifice n'était déjà pas assez héroïque, la logique impitoyable de la situation en appelle un autre, encore plus lourd. En effet, le seul fait d'accepter cette immense renonciation (mortelle, en fait) lui vaudrait un respect considérable de la part d'Alfredo, qui ne pourrait que l'aimer davantage. Jamais Alfredo n'accepterait la fin de leur relation s'il en connaissait le véritable motif. Donc, il ne doit pas savoir. Il faut lui mentir, pour la bonne cause. Germont n'est d'ailleurs pas avare de conseils, disons, pratiques :

> – Dites-lui que vous ne l'aimez plus.
> – Il ne le croira pas.
> – Partez...
> – Il me suivra.

À ce point, Germont est à court d'imagination, mais Violetta sait ce qu'il faut faire. Alfredo doit être convaincu qu'elle est effectivement une pas-grand-chose. C'est le seul moyen de lui faire accepter une séparation définitive. En fin de compte, pour être vraiment efficace, le noble geste de Violette *doit passer pour une infamie*. Alfredo doit croire qu'elle le quitte parce qu'elle regrette les fastes passés et sa vie dissolue. Et Germont père connaît la vérité, mais ne doit pas la révéler à son fils. Tout au moins pas avant qu'elle ne soit morte. Après, seulement (« Mais au moins qu'il ne maudisse pas mon souvenir »). Son geste est donc travesti en infamie. Alfredo l'interprète de la sorte, commence à mépriser Violetta, et la tragédie s'achemine à grands pas vers sa conclusion. La seule consolation de Violetta est que, comme l'en assure Germont :

> Un jour, le ciel
> Vous récompensera de ces larmes.
> Vous recevrez le prix
> De votre sacrifice.

D'un seul coup, Violetta accepte de renoncer à son grand amour, de dissimuler les motivations altruistes de son geste, et même de perdre le respect d'Alfredo.

On pourrait trouver qu'un tel résultat est sans commune mesure avec les argumentations un peu faiblardes de Germont. Où peut-on trouver une telle force de persuasion dans son discours ? Comme nous l'avons vu, il s'est borné à faire pression sur un mécanisme *préexistant*. En réalité, la véritable force de persuasion vient de Violetta elle-même. Cette force tient toute dans son mépris d'elle-même, dans la méfiance ultérieure d'Alfredo (qui, pense-t-elle, l'abandonnera dès que sa beauté déclinera) et dans le fait qu'elle croit le rachat impossible sans commettre un geste d'un irréparable masochisme. Germont ne parvient à ses fins que parce qu'il offre à Violetta le *prétexte* de sa destruction et lui fournit un alibi moral. Ce rachat, qui lui paraît impossible de son vivant, peut au moins être accordé au bon souvenir qu'elle laissera derrière elle, le temps venu. Là est la clé. Il est difficile de persuader quelqu'un de sacrifier un grand amour. Encore plus de le persuader de sacrifier aussi sa vie. Et quasiment impossible de le persuader de sacrifier à la fois l'amour, la vie *et l'honneur*. La véritable force de l'argumentation réside précisément dans le sens de l'honneur retrouvé, *à un plus haut niveau*, après la mort.

## *D'une fiction tragique à une réalité encore plus tragique*

On me dira : mais il ne s'agit que de théâtre, de fiction. Et même d'opéra, forme d'art qui ne prétend même pas être vraisemblable. À cela on pourra répliquer que, pour nous, peut-être, ça ne l'est plus (quoique, pour ma part, je n'en sois pas si sûr), mais que cela se voulait tout à fait plausible à l'époque où cela a été écrit. Un opéra était vraisemblable non seulement parce qu'il émouvait, amusait, faisait pleurer, suscitait de la compassion, de l'admiration ou du mépris pour les différents personnages, mais aussi parce qu'il était construit de façon très pointilleuse à partir de détails réalistes. Le librettiste et le compositeur se cassaient la tête pour trouver des situations, des mots et des réactions crédibles. Et ils y parvenaient. Au point qu'à leur création certaines œuvres ont été frappées par la censure. Ainsi, un autre opéra de Verdi, *Un ballo in maschera,* fut censuré pour des motifs politiques. Le librettiste dut situer l'action à Boston, ce qui était fort peu plausible, et transformer le roi de Suède en un lointain gouverneur de la distante Amérique. *La Traviata* aussi heurta la susceptibilité morale de bien des gens et fut difficilement acceptée par le public, pour des raisons morales. Il était jugé inconvenant de faire battre le cœur du public pour une femme de mauvaise vie. Les compositeurs et librettistes voulaient représenter des émotions crédibles chez des personnages crédibles. Je ne crois pas que nous fassions, aujourd'hui, autant d'efforts pour mordre à l'hameçon. Nous sommes capables de rejeter la trame d'un mélodrame d'un revers de main pour la seule raison qu'elle est justement « mélodramatique ».

Puisque la fiction artistique ne nous paraît pas assez vraisemblable, passons à la vie réelle. Montons d'un échelon supplémentaire sur notre échelle, essayons d'en atteindre le sommet. Cherchons des exemples réels, dans lesquels il est demandé encore plus que ne l'a fait Germont, avec succès.

Dans *Le Zéro et l'infini*, roman en grande partie autobiographique qui, du moins pour ma génération, a constitué la dénonciation la plus convaincante des crimes de Staline, Arthur Koestler expose les méthodes de police et d'investigation du régime stalinien qui sont d'une telle perversité que l'on peut hésiter à y reconnaître la moindre composante de persuasion. Et pourtant, il est avéré que les commissaires soviétiques allèrent jusqu'à tenter *aussi* une entreprise de persuasion, même si celle-ci fut renforcée par des pressions physiques et psychologiques.

Voici la synthèse de la logique impitoyable et cynique de la machine stalinienne lors du dernier interrogatoire du suspect Roubachov par l'enquêteur Gletkin. C'est Gletkin qui parle :

> Il faut tenir le rempart, au prix de n'importe quel sacrifice. Le chef du Parti a reconnu ce principe avec une lucidité sans égale, et l'a constamment appliqué. La politique de l'Internationale a dû être subordonnée à notre politique nationale. Quiconque ne comprenait pas cette nécessité devait être exterminé. Des équipes complètes de nos meilleurs fonctionnaires en Europe ont dû être physiquement liquidées. Nous n'avons pas hésité à écraser nos propres formations à l'étranger lorsque les intérêts du Bastion l'exigeaient. Nous n'avons pas reculé devant la collaboration avec la police des pays réactionnaires pour supprimer des mouvements révolutionnaires qui surgissaient au mauvais moment. Nous n'avons pas hésité à trahir nos amis et à transiger avec nos ennemis, afin de préserver le Bastion. C'était la tâche que l'histoire nous avait confiée, à nous autres représentants de la première révolution victorieuse. Les myopes, les esthètes, les moralistes n'ont pas compris. Mais le leader de la Révolution a compris que tout dépendait d'une seule chose : avoir plus de souffle que les autres.

Gletkin marque alors une pause. Il est en sueur et surtout embarrassé d'être sorti de sa réserve habituelle. Il regagne son poste, derrière son bureau, se ressaisit et reprend, d'une voix froide et digne :

> Vous et vos amis, citoyen Roubachov, vous avez ouvert une plaie dans le corps du Parti. Si votre repentir est authentique,

vous devez nous aider à guérir cette plaie. Je vous l'ai dit, c'est le dernier service que le Parti vous demandera.

Votre tâche est simple [...]. La politique de l'opposition est mauvaise. Votre tâche consiste donc à rendre l'opposition méprisable ; à faire comprendre aux masses que l'opposition est un crime et que les chefs de l'opposition sont des criminels. C'est le simple langage que comprennent les masses. Si vous vous mettez à parler de vos mobiles complexes, vous ne ferez que jeter la confusion parmi elles. Votre tâche, citoyen Roubachov, consiste à éviter d'éveiller la sympathie et la pitié. La sympathie et la pitié pour l'opposition sont un danger pour le pays.

Désormais, Roubachov subit la domination de son interrogateur. Il acquiesce de la tête. Gletkin reprend :

Remarquez [...] que le Parti ne vous offre aucune perspective de récompense. Certains des accusés ont été amadoués par une pression physique. D'autres, par la promesse d'avoir la vie sauve – ou celle que leurs parents tombés entre nos mains comme otages auraient la vie sauve. À vous, camarade Roubachov, nous ne vous proposons aucune transaction, et ne vous promettons rien.

Je comprends,

répond Roubachov. Gletkin poursuit :

Le Parti ne prend qu'un seul engagement : après la victoire, un jour, quand cela ne pourra plus faire aucun mal, les archives secrètes seront publiées. Alors le monde apprendra ce qu'il y avait dans les coulisses de ce guignol – comme vous dites [...]. Et alors, vous et quelques-uns de vos amis de la vieille génération, vous bénéficierez de la sympathie et de la pitié qui vous sont refusées aujourd'hui.

À la fin de ce dernier interrogatoire, Roubachov craque et signe sa propre condamnation à mort, « avouant » avoir commis les délits pour des motifs contre-révolutionnaires et au profit d'une puissance étrangère.

Pendant les purges staliniennes, pour le bien du Parti, les accusés devaient donc non seulement accepter d'être éliminés physiquement, mais aussi de mourir dans le déshonneur. Le peuple n'aurait pas compris en quoi ce sacrifice était « objectivement » nécessaire, *alors même que* les accusations étaient dénuées de fondement, et les fautes inexistantes. Comme le précise froidement Gletkin, cela aurait demandé un trop grand effort de la part des « masses ». Le peuple devait penser que les fautes étaient réelles, que l'on avait vraiment découvert et éliminé un immonde complot contre-révolutionnaire. Ce mensonge ferait objectivement avancer sur la voie du socialisme.

Demander le sacrifice de vies humaines pour l'honneur, tous les États et tous les régimes l'ont fait sans sourciller et ont ainsi persuadé, siècle après siècle, des multitudes de valeureux. Mais, sous Staline, le Parti pouvait demander encore plus, parce qu'il estimait être à la tête du plus grand de tous les États et de tous les régimes. Il pouvait aller jusqu'à demander le sacrifice de sa vie *dans le déshonneur*.

Il est très difficile d'imaginer une argumentation en mesure de convaincre une personne d'accomplir librement ce geste d'autoanéantissement total et irrémédiable. En fait, on recourait à la force beaucoup plus qu'à la persuasion. Pour obtenir des aveux détaillés de fautes inventées de toutes pièces et des autocritiques publiques crédibles, on menaçait de supprimer des parents, des amis, des collègues, des compagnons innocents. La machine à anéantir était tellement impitoyable, tellement sournoise que, juste avant les parodies de procès, les accusés étaient suralimentés et rapidement bronzés à l'aide de lampes à ultraviolets, de façon à paraître en bonne forme physique. Si jamais ils avaient quand même eu le courage de dénoncer publiquement les tortures subies, déchaînant une répression encore plus féroce et plus aveugle, personne n'y aurait cru. En outre, ils étaient obligés de porter des pantalons beaucoup trop grands, sans ceinture ni bretelles, de telle sorte qu'ils les perdaient au cours de leur déposition publique et se retrouvaient alors en sous-vêtements. Ce sinistre stratagème (également utilisé par le régime nazi contre ceux qui avaient attenté à la vie d'Hitler) fonctionnait très bien. Encouragé par les ricanements des juges eux-mêmes, le public riait, ajoutant la moquerie au préjudice et, surtout, faisant des accusés des bouffons ridicules et méprisables. Telle était l'essence de la machine « judiciaire » à laquelle ils étaient soumis.

Pourtant, comme nous l'avons vu, le persécuteur décrit par Koestler tente avec sa victime une forme de persuasion, même maladroite. Il fait valoir les impératifs « historiques », la phase de mise en place du régime, et évoque timidement un ultime rachat, dans un lointain avenir, lorsque le pouvoir du Parti sera suffisamment consolidé et que le peuple aura une conscience plus développée. Peut-être, même, viendra le jour de la réhabilitation. Mais pas dans l'immédiat. Pour l'heure, tu dois être éliminé dans l'infamie. Si tu es vraiment un bon camarade, tu dois comprendre que c'est nécessaire. Le destin des malheureux était donc scellé d'avance, mais on tentait quand même la persuasion, ne serait-ce que pour obtenir leur soumission totale et définitive.

Cet exemple incite à se demander s'il pourrait exister une argumentation en mesure de persuader quelqu'un de sacrifier, de son plein gré, sa vie *mais aussi* sa dignité et son honneur. Non pour les retrouver, comme Violetta, après trépas, mais à tout jamais. Ou, du moins, sans la moindre certitude de les retrouver du vivant des témoins restants. Si nous effacions du sinistre tableau du goulag stalinien les chambres de torture et autres moyens de contrainte physique et psychique utilisés, pourrions-nous imaginer une argumentation possédant une force de persuasion suffisante pour obtenir *volontairement* le sacrifice dont parle Gletkin ? Si celle-ci existe, alors elle peut sans doute être placée tout en haut de notre échelle. On imagine mal de sacrifice encore plus grand, et donc de force plus intense que celle contenue dans des arguments pouvant persuader quelqu'un d'agir ainsi de son propre chef. La valeur suprême invoquée ne pouvait être que celle de la glorieuse marche vers une société infiniment meilleure et de l'insignifiance totale de l'individu au regard de l'Histoire (avec un *h* majuscule) et du Peuple (*idem*). Comme l'indique Gletkin, de nombreux valeureux camarades de lutte et même des cadres politiques ont été dénoncés avec cynisme aux polices nazie et fasciste, et ont dû sacrifier leur vie et leur honneur au nom de ces idéaux. Il n'existe pas de documents historiques d'une authenticité attestée démontrant que qui que ce soit ait accepté librement cette terrible trahison, sous l'effet de la seule persuasion. Perdre la vie, oui. Perdre la vie et l'honneur à court terme (si je peux m'exprimer ainsi), peut-être, à la rigueur. Mais perdre la vie et l'honneur de sa mémoire future, c'est peut-être trop demander à la *seule* force de persuasion.

Il est dans la nature humaine de reconnaître, quoique peut-être seulement abstraitement, des valeurs plus hautes que la vie d'un individu. L'histoire montre qu'à toutes les époques et sous tous les régimes d'innombrables hommes et femmes ont choisi librement de sacrifier leur vie à l'une de ces valeurs. Toutefois, il est très important que leurs actions servent concrètement la cause, et que l'acte même du sacrifice représente *en soi* le triomphe de ces valeurs suprêmes. Tout le monde trouve particulièrement tragique le sort de ceux qui se sont sacrifiés inutilement. (Lors de la guerre du Golfe, qui a fait de nombreuses victimes de *friendly fires*, c'est-à-dire de soldats tués par erreur par leurs alliés, les autorités militaires ont évité de révéler cette embarrassante cause de décès aux familles.) Mais il est encore plus tragique d'être, à la suite d'un autre genre d'erreur ou à cause du cynisme particulièrement atroce de ses supérieurs, privé de reconnaissance quant à la valeur du sacrifice accompli. Pourrait-il exister une personne qui, le sachant à l'avance, accepterait tout de même une telle destinée ? Durant la résistance au nazisme et au fascisme, il y a eu, de source fiable, au moins (je dis bien au moins) un cas qui nous rapproche fortement de cet extrême.

Dans un pays occupé par les nazis, une organisation de résistance armée avait réussi à s'infiltrer dans les rangs de la Gestapo. Un téméraire agent double était chargé de fournir des informations fausses aux Allemands. Bien entendu, elles devaient être fausses, mais crédibles. À un moment donné, une grande action de sabotage fut projetée en même temps qu'une offensive alliée. Le faux informateur était une ressource de grand prix. Il aurait pu, grâce à une désinformation efficace et précise, garantir la réussite de l'entreprise. Le problème consistait à le rendre préalablement crédible, crédible à cent pour cent. Tout comme le raconte Koestler, considérant l'importance de l'objectif militaire visé, l'organisation décida de renforcer la crédibilité de cet informateur aux yeux du commandement allemand en lui faisant révéler l'existence et l'emplacement d'un noyau de combattants clandestins avec force détails concernant les caches d'armes, les émetteurs-récepteurs et les autres équipements extrêmement précieux. Quant aux intéressés, ou plutôt aux victimes, ils n'en surent rien. Il fut décidé, à leur insu, de les immoler sur l'autel de la raison politico-militaire.

Cette initiative gravissime et machiavélique était tellement dénuée de scrupules et empreinte d'un tel cynisme que les Allemands ne pouvaient imaginer qu'elle ait été prise à dessein. C'est de la sorte, à ce prix extraordinairement élevé, que l'organisation réussit à assurer la crédibilité de son agent. Quelques malheureux partisans furent délibérément trahis par leur propre commandement. L'un d'eux, par un coup du sort, apprit, ou devina, ce qui s'était réellement produit et passa sa dernière nuit rongé non seulement à l'idée des tortures à venir et de l'imminence de la mort, mais surtout par la pensée que l'organisation n'avait pas eu suffisamment confiance en lui et en ses compagnons. Il était désespéré de ne pas avoir été informé de la nécessité de cette manœuvre dénonciatrice. « Nous aurions volontiers accepté ce sacrifice, déclara-t-il à un compagnon de cellule qui eut la chance de survivre, ils auraient au moins pu nous accorder leur confiance et nous le dire. Ce qui me fait le plus mal, c'est de devoir mourir ainsi, trompé par notre commandement, par manque de confiance. »

## *La force de l'idéal et la force de la persuasion extrême*

Peut-être sommes-nous légèrement sortis du cadre de notre sujet. Nous sommes maintenant en train de mesurer la force des grands idéaux, et non plus seulement la force de persuasion d'une argumentation spécifique. Mais, étant donné que nous voulions atteindre le haut de l'échelle, il était inévitable d'en arriver là. Il serait absurde de vouloir réduire ces puissants moteurs des sentiments et des comportements humains à quelque petite formule de type logique. Nous sommes à un niveau trop élevé, où règnent les impératifs éthiques, le patriotisme, le sens du devoir, l'abnégation. Mais attention, pas de malentendus ! Je ne suis pas en train d'essayer de « réduire » ceux-ci à quelque mécanisme cognitif, ni à quelque autre mécanisme que ce soit. Je suggère seulement qu'il peut être assez intéressant *aussi* d'analyser ces situations dans une perspective un peu différente de celle de l'histoire, de l'éthique et de la politique, qui demeure néanmoins la plus appropriée. Mon intention est de voir jusqu'où peut aller la force de la persuasion *en tant que telle*, de situer le niveau suprême de l'éloquence.

On peut amener quelqu'un à faire un sacrifice si l'on est en mesure de mettre dans la balance un avantage encore plus grand. Cependant, lorsque c'est la vie même qui est en jeu, on ne peut plus parler d'avantage, mais plutôt de valeur. Or la liste des valeurs qu'un être humain peut considérer comme plus élevées que sa propre vie est assez brève et, à un certain niveau d'abstraction, universelle. Nous l'avons déjà vu en partie : une vie éternelle d'une autre nature, la vie d'autres personnes chères, ou d'un grand nombre d'innocents, la liberté, la dignité ou l'honneur (personnel ou collectif), la défense d'une cause noble, le bien-être de la communauté ou encore l'harmonie de l'univers. Souvent, ces valeurs supérieures ne s'excluent pas et, bien au contraire, se renforcent les unes les autres. Même si de nombreuses variables ethniques et historiques influent sur la chose ou l'être qui représente de cas en cas ces valeurs, on peut discerner un ordre immuable. On ne peut persuader quiconque de sacrifier sa vie si on ne le convainc pas que l'une de ces valeurs, qu'il place au sommet de sa hiérarchie, se trouvera *grandie par ce sacrifice.* Dans certains cas, l'argumentation peut se limiter à quelques mots, s'il s'agit seulement de *rappeler* la supériorité de ces valeurs à des gens qui les connaissent bien. Ainsi la « Pasionaria » Dolores Ibarruri, légendaire dirigeante communiste durant la guerre civile espagnole, exhortait ses miliciens à l'aide du célèbre et laconique slogan : « Mieux vaut mourir debout que vivre à genoux. »

Comme le montrent bien, entre autres, les *Dialogues des carmélites* de Georges Bernanos, l'exemple a lui aussi une puissante force de persuasion. On convainc les autres de faire comme soi en montrant dans les faits, par son propre comportement et ses propres paroles, que l'on est serein et résigné. On ne peut toutefois être aussi laconique que la Pasionaria lorsque l'on doit *transmettre,* comme la prieure aux carmélites emprisonnées et condamnées à mort par les Jacobins (« pour avoir formé des conciliabules contre-révolutionnaires, entretenu des correspondances fanatiques et conservé des écrits liberticides »), la certitude de l'infinie supériorité de la Gloire de Dieu et de la récompense éternelle promise à ceux qui refusent d'abjurer leur foi.

Les seize sœurs se réunissent dans une cour intérieure. La mère Marie de l'Incarnation a été condamnée par contumace. C'est la prieure qui parle :

> Mes filles, j'ai désiré de tout mon cœur vous sauver... Oui, j'aurais voulu que ce calice s'éloignât de vous, car je vous ai aimées dès le premier jour comme une mère selon la nature, et quelle mère fait de bon gré, fût-ce à Sa Majesté elle-même, le

sacrifice de ses enfants ? Si j'ai mal fait, Dieu y pourvoira. Telle que je suis, vous êtes mon bien, et je ne suis pas de celles qui jettent leur bien par la fenêtre. Enfin, n'importe, mes filles, nous voilà au terme, il ne s'agit plus que de mourir. Dieu soit béni qui fait du supplice que nous allons subir ensemble comme le dernier office de notre chère Communauté ! Mes enfants, l'heure est venue de vous rappeler le vœu que vous avez prononcé. Jusqu'à ce moment, j'ai voulu en répondre seule. Je puis désormais n'en prendre que la part qui me revient, et encore devrais-je la revendiquer humblement au nom de notre admirable mère Marie de l'Incarnation, car c'est de sa part que je dispose, quoique indigne. Mes filles, je vous mets solennellement dans l'obéissance, une dernière fois et une fois pour toutes, avec ma maternelle bénédiction.

Des persuasions de cette grandeur, dans des circonstances aussi tragiques, sont un rappel solennel pour ceux qui savent déjà, ou une véritable conversion pour ceux qui ne s'étaient jamais rendu compte de l'existence et de la supériorité des valeurs évoquées.

Il est encore plus ardu de convaincre quelqu'un de sacrifier à la fois sa vie *et* une de ces valeurs suprêmes. De mourir, comme au goulag, et en même temps d'offenser la justice, la vérité et l'honneur. Dans le cas émouvant du partisan, il s'agit de mourir sans avoir eu droit à la confiance en son courage et en sa fidélité totale à l'organisation. C'est une mort subie en agneau sacrificiel alors qu'il aurait pu marcher vers elle en volontaire, le front haut. Ces exemples amènent à se demander si *même* la force d'un idéal, éventuellement couplée à celle de l'exemple, pourrait suffire à persuader quelqu'un de sacrifier délibérément *à la fois* sa vie et une de ces grandes valeurs.

Un bon moyen peut consister à présenter une valeur encore plus élevée, que l'on n'atteint justement qu'en sacrifiant les deux en même temps. Ou à indiquer qu'au fond la renonciation à cette valeur supérieure n'est qu'apparente, et non réelle : le long terme l'emporte sur le court terme, le grand dessein sur l'individuel, l'honneur futur sur l'honneur d'aujourd'hui. C'est précisément cette stratégie qu'employaient le vieux Germont et – toutes choses étant égales par ailleurs – le commissaire de Koestler.

Avançons encore un peu plus. Demandons-nous s'il serait possible de persuader quelqu'un de sacrifier sa vie et son honneur (ou quelque autre valeur de haut niveau) *sans* une promesse lointaine et abstraite de rédemption, sans lui présenter de valeur encore plus élevée.

Sur des terrains comme celui-ci, les limites de la nature humaine sont insondables, et il est difficile d'établir des principes. Nous dirions cependant que c'est sans doute demander l'impossible. Nul ne peut, avec les moyens légers et non coercitifs qu'offre la persuasion, être amené *librement* à commettre un tel sacrifice. Peut-être avons-nous vraiment atteint le sommet de notre échelle, trouvé la perle de la persuasion. On ne peut, humainement, vouloir tout en n'usant que d'instruments limités. La gratitude promise par Germont à l'égard de la mémoire de Violetta ou la défense du socialisme à travers le déshonneur personnel constituent la frontière la plus avancée du territoire de la persuasion. En unissant les forces du sentiment à celles de l'idéal, de l'utopie, de l'altruisme, de la foi mais aussi, dans ces situations, à celle, ultime mais jamais futile, de l'argumentation, on peut amener une personne jusque-là. Mais pas plus loin.

# II

# LES PARADOXES DE LA PERSUASION

Dans un livre assez récent sur « les armes de la persuasion », le psychologue américain Robert B. Cialdini propose la métaphore du *jiu-jitsu*, l'art japonais de l'autodéfense : de même que le lutteur doit exploiter savamment la force de son adversaire, l'inertie ainsi que les principes des leviers et de la gravité, tout en dépensant au minimum sa propre force, le persuadeur doit se borner à canaliser la puissance des convictions déjà ancrées chez son auditeur et des argumentations auxquelles celui-ci est déjà sensible. Si l'image est nouvelle et amusante, en revanche, le concept demeure celui que l'on connaît depuis Aristote. Nous l'avons déjà rencontré sous le nom de « théorie centrale » de la persuasion. Mais, alors, on se heurte d'entrée de jeu à un paradoxe : s'il n'y a rien de plus convaincant pour un lièvre qu'une invitation à faire la course, la persuasion est d'autant plus efficace qu'elle est moins nécessaire. Le cas de Germont et Violetta démontre cependant le contraire. En faisant remonter à la surface, à travers une habile persuasion, des forces internes déjà présentes, mais enfouies, on peut en effet bouleverser totalement le cours des événements, faire passer du grand amour au grand renoncement, de la vie à la mort. Nous verrons plus loin (p. 51) comment sortir de ce paradoxe, dont la solution peut parfois nécessiter le recours aux armes d'une psychologie « des profondeurs ».

Le processus de la persuasion fait également surgir d'autres paradoxes. L'un d'eux, l'essentiel peut-être, tient à l'originalité que doit présenter toute argumentation véritablement convaincante et en même temps à la prévisibilité totale de son effet. En effet, même la plus élégante, la plus pertinente et la plus inattendue est efficace si et seulement si elle a sa « logique » précise. En effet, du côté du persuadeur, l'effet d'une argumentation est parfaitement prévisible. Il l'a justement conçue pour obtenir cet effet-là.

Le paradoxe est donc que dans la persuasion doivent coexister, dos à dos, des éléments prévisibles, presque calculables, et des éléments de spontanéité, de fraîcheur, de surprise. Si, sur le moment, il fallait expliquer à quelqu'un pourquoi une argumentation est convaincante, c'est qu'elle ne le serait pas. Ce serait comme devoir expliquer la chute d'une histoire drôle, ce qui signifie qu'elle ne fait pas rire. Tout comme dans le cas de l'humour, pour convaincre, il faut faire mouche d'emblée, au premier contact.

### *Le paradoxe de Descartes*

Dans les mécanismes de la persuasion, comme dans tous les mécanismes de changement d'opinion et de croyances, on note *à la fois* un côté fortement systématique *et* le rejet de la répétition et de l'imitation. Les choses sont presque totalement prévisibles, mais, dans le même temps, tout déterminisme, tout automatisme est exclu. Comme l'avait déjà bien vu Descartes, un changement d'avis résultant d'un processus de persuasion n'est pas *causé* par l'argumentation utilisée, mais n'est pas non plus *indépendant* de celle-ci. En fait, cette double négation (n'est pas causé par, n'est pas non plus indépendant de) déborde largement du cadre de la persuasion : c'est le paradoxe central de toutes les sciences cognitives (ce que l'on appelle « le paradoxe de Descartes-Chomsky »). Les opinions, convictions, décisions, croyances et raisonnements n'ont pas, à strictement parler, de « causes ». Et pourtant, ils sont étroitement, intimement liés entre eux, et liés aux affaires du monde alentour. Toujours *stricto sensu*, les causes relèvent du monde étudié par les sciences de la nature, et du monde des machines, si complexes et « intelligentes » puissent-elles être. Ainsi, la pénétration d'un front de pression dans un autre cause un cyclone, un virus cause une malade, une lésion cérébrale cause un problème d'élocution, une instruction d'un programme de calcul cause un enregistrement donné dans la mémoire centrale de l'ordinateur. Et nous disons aussi, par extension, que l'injustice subie par M. Dupont à son travail a été la « cause » de sa démission alors qu'il dispose cependant du filtre de sa volonté. Les initiatives et les décisions sont, si l'on veut, des causes internes, mais qui sont toujours régies par le libre arbitre et par la fameuse et fondamentale relation non formalisable qu'est la pertinence, laquelle ne se laisse pas réduire à un rapport de cause à effet.

### *Une « base » implicite pas si « relative » que cela*

L'illustre psychologue cognitif anglais Jerome Bruner écrivit avec une grande justesse, il y a maintenant une quarantaine d'années de cela, que, si l'on creuse jusqu'aux origines d'une opinion, on ne trouvera pas une autre opinion unique, mais plutôt « un éventail des moyens utilisés par celui qui a cette opinion pour s'en sortir dans le monde ». Tout changement d'idée et de croyances, comme ceux qui se produisent dans le cadre d'un processus de persuasion, doit justement présupposer cet « éventail » d'autres opinions et, au-delà de celui-ci, un système commun de moyens de s'en tirer dans le monde. Si cet éventail était radicalement différent chez chaque personne, si « les moyens de s'en sortir dans le monde » variaient trop avec les connaissances, les souvenirs et les objectifs de chacun, alors il y aurait peu d'espoir de pouvoir employer la persuasion. Heureusement, il n'en est rien. L'appareil cognitif de l'espèce humaine apparaît, à un niveau d'examen plus profond, remarquablement constant et remarquablement bien structuré. Dans ce livre, nous nous efforçons d'en tirer profit.

Il existe donc une échappatoire au paradoxe central de la persuasion : elle consiste à attribuer à chaque être humain, comme « base » implicite, un flair raffiné (quoique non infaillible) pour les relations de pertinence et une certaine systématicité des itinéraires mentaux lui permettant de passer, avec pertinence, de prémisses données à des conclusions données. Nous devons attribuer à tous cette « compétence » cognitive commune, qui ne varie que par quelques détails. Elle nous est indispensable pour que nous puissions attribuer *correctement*, à nous-mêmes et aux autres, des états d'âme, des croyances, des opinions, des projets, des raisonnements. Et en déduire intuitivement les connexions pertinentes. En effet, nous sommes tous extraordinairement doués pour le faire, sans même nous en rendre compte. Nous sommes en particulier très doués pour passer de façon *spontanée et pertinente* de prémisses nouvelles à des conclusions nouvelles. Et nous sommes aussi très doués pour prévoir des passages analogues chez les autres. Nous verrons que le côté systématique de ces connexions ne coïncide *pas* avec la logique pure, *mais n'est pas non plus totalement étranger à la logique*. Ce qui constitue un autre paradoxe intéressant.

Cette compétence et ce patrimoine commun de contenus et d'itinéraires mentaux qu'étudient en ce moment les sciences cognitives se révèlent plus vastes et plus fiables qu'on ne le soupçonnait auparavant. On ne se borne plus à constater qu'un certain schéma de raisonnement, ou une certaine figure rhétorique, produit certains effets. On entrevoit, maintenant, le pourquoi. (Le cas sur lequel nous nous pencherons de plus près au chapitre 7 est celui, pour nous capital, du « si..., alors... ».)

### *Le relativisme est... une éclipse de soleil*

Il était une fois une doctrine très en vogue, appelée « relativisme culturel ». Les anthropologues, en voyageant de par le vaste monde, avaient découvert une impressionnante variété de cultures, d'us et de coutumes, de croyances et de styles de vie, et en avaient tiré la conclusion qu'il existe de multiples modes de raisonnement au sujet du monde et de nous-mêmes, et donc autant de « logiques » qu'il y a de cultures. Cela ne fait que quelques années que l'on a commencé à remettre très sérieusement en cause cette conclusion. Un seul exemple suffira : contrairement à ce que l'on a entendu dire pendant des années et des années de façon si péremptoire, il n'est *pas* vrai que les Esquimaux possèdent des dizaines de mots pour désigner la neige (ils en ont quatre ou cinq, comme nous). On a reconstitué pas à pas la naissance et la propagation de cette fausse croyance, qui reposait sur toute une série de quiproquos. De surcroît, elle était étayée par la thèse selon laquelle les langues sont toutes des filtres nous présentant des visions différentes du monde. Or le mythe des cent appellations de la neige et des cent façons, littéralement, de la voir n'est précisément qu'un mythe, une erreur, une méprise. Une nouvelle anthropologie à orientation cognitive est en train de nous montrer, bien au contraire, que des peuples différents de nous par leur langue, leur habitat, leur style de vie et leurs croyances ont eux aussi, dans l'ensemble, la même appréhension du monde que nous et, surtout, qu'ils « raisonnent » de façon assez analogue à la nôtre. Il suffit de rechercher les processus cognitifs véritablement fondamentaux (comme les règles universelles qui régissent le lexique des couleurs dans toutes les langues), de prêter attention au fonds commun à toutes les langues et à tous les dialectes du monde, et de poser des problèmes dont la solution n'est pas influencée par la diversité de croyances et d'opinions entre une culture et une autre. Mais ce propos pourrait faire l'objet d'un long développement qui risquerait de devenir technique. C'est pourquoi je préfère fournir un amusant démenti du relativisme tiré de la vie du grand généticien anglais J. B. S. Haldane.

À la fin des années 1950, Haldane se trouve au nord de l'Inde, au sein d'une amicale population de montagnards et d'une de ces civilisations que l'on n'hésite alors pas à qualifier de « primitives ». Il a l'intention d'étudier les croisements entre quelques variétés d'insectes d'une grande rareté que l'on trouve encore dans ces régions reculées. Or, pendant son séjour, une éclipse totale du soleil doit avoir lieu. Haldane est extrêmement avide de savoir quelles réactions provoquera sur ces gens simples et ingénus un phénomène naturel aussi impressionnant. Quelques jours avant la date prévue de l'éclipse, par le truchement de son fidèle interprète, il interroge les indigènes, leur chef et les autres notables au sujet de leurs croyances relatives aux éclipses. Il n'en tire aucune réponse. Ils haussent les épaules et se mettent à parler d'autre chose. Ses tentatives insistantes se heurtent à leur indifférence. Haldane commence alors à se dire que les éclipses doivent être associées à quelque croyance tellement étrange et tellement inavouable qu'elle ne peut être révélée à un étranger. Il est rongé par la curiosité, mais décide d'attendre le jour fatidique. L'éclipse commence, et, tandis que le soleil se met à s'obscurcir, il devient frénétique. Il pousse littéralement l'interprète vers l'un ou l'autre des indigènes, le sommant de demander : « Qu'est-ce que tu penses ? », « Dis à l'étranger ce que tu penses de ce qui est en train de se produire. » La terre s'assombrit de plus en plus tandis que tous continuent imperturbablement à vaquer à leurs occupations. Haldane est hors de lui. Il traîne l'interprète, de force, chez le chef de tribu et le supplie de lui faire dire ce qu'il a en tête. Le chef, parfaitement calme, finit enfin par prononcer une phrase. Haldane secoue carrément l'interprète par les épaules. Il brûle de connaître sa réponse. En voici la traduction. « Le chef a dit : étranger, ne t'agite pas tant, le soleil va revenir. »

## *Une leçon capitale*

L'admission de l'existence d'une solide compétence de base, commune à tous les membres de notre espèce, qui leur permet de reconnaître et d'élaborer concepts, intuitions, raisonnements et relations de pertinence, fait que nous pouvons toujours recourir à la persuasion en exposant nos raisons et en cherchant à comprendre celles des autres. Il n'est pas inévitable d'en venir à l'épée là où nous pouvons tirer parti de notre langue. Nous savons tous, tout au moins au fond de nous-mêmes, que la persuasion devrait être le *seul* moyen civilisé de faire changer quelqu'un d'avis et de l'amener à infléchir sa volonté. À l'opposé de mille sectarismes, de mille prévarications et de mille subterfuges, ce monopole moral de la persuasion demeure à tout le moins une idée directrice, une limite idéale. La persuasion doit régner en maîtresse suprême, balayant les canonnières, les perruques de l'autorité, les rigueurs des contrôles, l'horreur des réprimandes et des gratifications promises. S'il nous paraît parfois indispensable d'en venir à ordonner, à imposer, à récompenser ou à punir, nous présupposons néanmoins toujours qu'il existe, en amont, un acte de persuasion rendant ces comportements efficaces et légitimes. Une intervention « lourde » ne fonctionne, à longue échéance, que si elle trouve son ultime raison d'être dans la légèreté d'une justification persuasive. Il vient toujours un moment où l'on est amené à se détacher du quotidien et à s'interroger sur les fins, les motifs et les valeurs. Alors surgissent des questions typiques comme : « Quel en est le sens ? », « Au nom de quoi ? », « Où est-ce écrit ? » Si la persuasion ne peut, ou ne sait, venir à la rescousse *au moins* à ce niveau-là, aucune autorité ni contrainte ne peut durer, et nulle terreur d'État ne peut se maintenir. Les horreurs décrites par Koestler

(p. 28) font déjà partie du passé, et ces dernières années ont commencé à circuler des témoignages écrits détaillés et émouvants des victimes des infamies et des crimes perpétrés par Mao (cf. chapitre 10). Mais ce régime aussi touche à sa fin, et approche, espérons-le, du temps de rendre des comptes. L'heure finit toujours par sonner où les Gletkin de la terre sont jetés aux ordures. L'histoire récente nous l'a enseigné.

Tirer au clair les mécanismes de la persuasion signifie donc remonter aux origines premières de toute coexistence civilisée, aux sources mêmes de tout contrat social. C'est aussi sonder les limites entre la rationalité et les émotions, entre des mécanismes cognitifs communs à tous et les opinions spécifiques à un groupe. Nous y reviendrons plus longuement au chapitre 10.

# III

# L'ACTE DE PERSUASION

Il est toujours intéressant d'examiner quelques cas limites, des phénomènes de frontière pour lesquels les critères ordinaires de définition et d'explication ne semblent pas tenir. Les classifications des traités de rhétorique, par exemple, ne prennent pas en compte les cas où la persuasion se fonde sur un geste, plutôt que sur le discours. Pourtant, la force de persuasion d'un simple geste, fait au bon moment, peut être irrésistible. Comme nous l'avons déjà dit, la persuasion à travers l'exemple est un acte de persuasion pleinement efficace.

Un des actes de persuasion de la tradition classique qui ont le plus frappé l'imagination est celui dont aurait bénéficié la courtisane grecque Phriné (au IVe siècle av. J.-C.), laquelle fut accusée d'outrage à la pudeur pour s'être promenée en public en tenue légère. Au tribunal, son défenseur, Hypéride, se rendant compte que sa plaidoirie n'avait pas été assez convaincante, la dévêtit d'un seul coup devant tout le monde. La beauté ainsi révélée d'un corps parfait laissa l'assistance muette. Une telle beauté ne pouvait être considérée comme un outrage à la pudeur. Et elle fut acquittée.

Christophe Colomb, lui, pour persuader les souverains d'Espagne de financer son expédition à la recherche de la nouvelle route des Indes, se servit de son fameux œuf. Il mit les conseillers du roi au défi de faire tenir un œuf debout sur une table, ce qui paraît impossible. Ensuite, comme on le sait, il cassa délicatement la coquille à la base de l'œuf et réussit ainsi à le faire tenir droit. La petite mise en scène fort efficace de Christophe Colomb met en œuvre son argumentation essentielle : toutes les solutions géniales paraissent aller de soi après coup, une fois qu'elles ont été observées dans la réalité, mais presque personne ne les trouve avant de les avoir vues. Or gagner les Indes par « l'autre côté » de la Terre en est précisément une. Même si ce petit stratagème a eu une influence tout à fait secondaire, Colomb a ainsi obtenu ses trois caravelles et pu mener l'expédition qui allait avoir des conséquences plus considérables que toute autre exploration.

Un autre acte de persuasion d'une efficacité exemplaire est celui de Manon Lescaut, au deuxième acte de l'opéra homonyme de Puccini. Devenue depuis quelque temps la protégée du vieux et riche Geronte di Ravoir, trésorier général du roi de France, Manon est surprise par celui-ci dans les bras de son véritable amoureux, le jeune et pauvre chevalier Des Grieux. Agacée par les reproches et les remontrances de Geronte, qui tente de la rappeler à lui au nom de l'amour, elle lance, narquoise :

> Amour ? Amour ? Mon bon seigneur !
> Eh bien ! Regardez-vous... regardez-vous !
> Et puis regardez-nous.

Elle saisit alors un miroir et invite Geronte à s'y regarder, puis à les regarder, Des Grieux et elle. Le miroir ne renvoie qu'une image de vieillesse, de lubricité et de *froid qui glace,* alors que les jeunes amoureux rayonnent de vitalité, de passion et de spontanéité. Par ce geste, Manon est si convaincante qu'elle signe son arrêt de mort. Geronte appelle la police et la fait d'abord emprisonner, puis exiler dans « les lointaines Amériques », où elle mourra d'épuisement dans les bras de Des Grieux.

Que de tels actes de persuasion puissent produire un effet déterminant, j'en ai également eu la confirmation avec une anecdote véridique que m'a racontée, il y a des années, un ami de mon père.

Pendant le repas habituellement silencieux et empreint de dignité au mess, à l'Académie navale de Livourne, dans les lointaines années de la guerre, où la nourriture était rare pour tous, un élève officier trouve un asticot dans sa viande. Il se lève avec une expression d'affliction et, sans mot dire, en tenant bien en vue sa fourchette plantée dans le morceau sur lequel se tortille le parasite, il marche à pas réguliers vers le commandant, assis tout au bout de la table. Arrivé devant lui, il se met au garde-à-vous avec un claquement de talons, le salue légèrement et lui met sa fourchette et son fâcheux contenu sous les yeux. Toujours sans mot dire, le commandant saisit la fourchette, s'écarte à peine de la table, pivote d'un quart de tour et élimine la bestiole d'une « pichenette » nette et sans bavure, en faisant claquer l'extrémité du pouce contre l'extrémité du médium (comme aux billes). Puis il mange avec une égale affliction ce qui reste du morceau de viande, rend la fourchette à l'élève en l'enjoignant avec celle-ci de regagner sa place, et reprend tranquillement son repas. Jamais plus personne, m'assura l'ex-élève officier (devenu par la suite amiral), n'osa se plaindre de la qualité de la nourriture.

Ce qui frappe le plus, dans des cas comme celui-ci, c'est l'extraordinaire pertinence du geste et l'inventivité de son auteur. De tels gestes doivent être extrêmement spécifiques. Si l'on ne possède pas un corps aussi esthétique que celui de Frine, la nudité ne convainc personne. Une théorie qui, par la force des choses, tirerait des déductions abstraites de la beauté de Frine et généraliserait à l'excès nous laisserait les mains vides. En fait, ces différents cas m'intéressaient justement pour faire apparaître à quel point les théories traditionnelles de la persuasion sont périmées.

Ainsi, la division classique entre raison et émotion, entre imagination et réalité ne tient plus. Certes, Manon joue aussi sur les émotions de Geronte, mais elle lui propose une « vérification » des plus tangibles, voire brutale et impitoyable. Le miroir n'est pas une métaphore, c'est un objet bien réel. Bien entendu, s'y regarder a aussi un sens métaphorique, mais l'acte est tout ce qu'il y a de plus concret. Lorsque Christophe Colomb présente un œuf, il est vrai qu'il pense au vaste monde. Là encore, le sens métaphorique de l'œuf et sa rondeur bien réelle se recoupent. Si le stratagème de Colomb frappe l'imagination, aujourd'hui comme hier, c'est surtout parce que l'on assiste au triomphe de l'esprit pratique. Très pratique ! Car il suffit d'appuyer à peine plus qu'il ne faut pour que l'œuf se brise, gâchant totalement l'effet recherché. Enfin, le geste bien concret du commandant de l'Académie ne laisse aucune place à l'imagination ou aux métaphores. Avec une grande exemplarité, il avale le morceau de viande, à ce moment-là, dans ce contexte-là, parce que cette viande est, littéralement, « véreuse ». Seules ces conditions pouvaient rendre son acte aussi persuasif.

# IV

# PERSUADER DANS LE CADRE D'UNE TRACTATION

Ayant récemment consacré tout un livre aux illusions cognitives et aux moyens d'éviter, en nous-mêmes et chez les autres, leurs effets pernicieux, je ne m'étendrai pas sur les pièges de la persuasion, sur les *parades* à utiliser contre les persuadeurs (le livre de Cialdini, déjà mentionné, le classique de Vance Packard, *La Persuasion clandestine*, et un livre récent du sociologue français Raymond Boudon traitent essentiellement de cet aspect). Je me concentrerai plutôt sur quelques recettes pratiques pour renforcer nos stratégies de persuasion et augmenter nos chances dans une négociation. Nous en rencontrerons d'autres, plus spécifiques, dans les sept cordes de la persuasion (chapitre 6).

## *La méthode centrale de la persuasion*

Depuis Aristote, on sait, comme nous l'avons déjà vu, que la persuasion la plus efficace est celle qui s'appuie sur des mécanismes déjà présents chez l'interlocuteur. Et nous venons de voir que cela risque à tout moment de tourner au paradoxe : quelle nécessité y a-t-il à convaincre quelqu'un de faire quelque chose qu'il a déjà l'intention de faire, avec ou sans notre effort de persuasion ? Il semblerait que celle-ci réussisse le mieux là où l'on en a le moins besoin.

Mais il existe une solution pour sortir de ce paradoxe : il s'agit de ce que l'on peut appeler « la méthode centrale de la persuasion ». Comme le montre l'histoire de Germont et de Violetta, on se trouve fréquemment dans l'une des situations suivantes :

1. Selon toute probabilité, et à ce que l'on sait, l'interlocuteur a une opinion donnée, croit en une chose particulière, reconnaît une certaine valeur ou craint une éventualité spécifique *sans en avoir pleinement conscience*.

Notre intervention argumentative peut être déterminante pour faire *émerger à la surface* de sa conscience ce qui, jusque-là, était resté enfoui :

Un jour, lorsque le temps...

2. L'interlocuteur, quoique conscient de cette opinion, valeur, ou autre, n'a pas eu l'occasion (ou n'a pas été capable) d'en tirer *toutes les conséquences*.

Notre intervention peut être décisive pour faciliter cette opération, et pour lui présenter, parmi toutes les conséquences possibles, celles qui nous importent le plus :

Qu'adviendra-t-il alors ?... Pensez-y...

3. L'interlocuteur a certaines opinions (croyances, valeurs, objectifs, désirs, etc.) qu'il partage avec nous, mais il en a *aussi* d'autres, qui sont *incompatibles* avec les premières (« [Le passé] n'est plus... À présent j'aime Alfredo »).

Il faut absolument faire apparaître, *avant*, à travers une argumentation claire et bien ciblée, l'*existence de cette incompatibilité*, et la nécessité de faire un choix. Ensuite, il convient de plaider la cause de la « bonne » idée contre celle de la « mauvaise ».

Il en est temps encore.

4. *L'occasion même* de la conversation, ou du débat, peut être une opportunité spéciale, peut-être même unique, de faire émerger un ou plusieurs des trois points ci-dessus. Ce n'est que maintenant, grâce au cheminement de l'argumentation, que l'interlocuteur peut « sentir » au plus profond de lui-même la validité de certaines raisons. Peut-être les admettait-il déjà implicitement, sur un plan abstrait, mais elles ne l'avaient jamais « touché » au fond de lui :

C'est vrai ! C'est vrai !

5. On peut très bien jouer de quelque *information nouvelle*, de quelque perspective inattendue, de quelque variation dans un spectre de probabilités, *même si elles semblent, en apparence, insignifiantes* :

Soyez, de ma famille,/L'ange consolateur.

Ces variantes, souvent décisives, permettent d'éviter le paradoxe central de la persuasion. En fait, le processus de persuasion exploite des ressorts déjà bandés chez l'interlocuteur, mais il lui révèle des motivations nouvelles pour provoquer leur détente, et de nouvelles lignes directrices à suivre. L'image du *jiu-jitsu* de Cialdini est excellente, avec en supplément une touche de psychologie des profondeurs, lorsque l'on peut exploiter les leviers et les forces *inconscientes, préconscientes* ou *à demi conscientes* de l'interlocuteur. En outre, il ne faut pas oublier qu'il y a des occasions et des moments privilégiés, voire *uniques*, pour mettre en œuvre la persuasion.

*Un « même » argument peut ne pas être le « même » pour une personne donnée à des étapes différentes de sa vie et/ou dans des conditions psychologiques différentes.*

Il serait déraisonnable de vouloir en dire plus. Mais le principe, si vague soit-il, méritait d'être mis en lumière.

## *Pierre Abélard, ou la méthode de l'auto-immunisation*

Certains psychologues modernes ont utilisé l'image de l'« inoculation » pour décrire le processus de transfert d'opinions ou de croyances entre le persuadeur et le persuadé. Cette métaphore fait aussitôt penser aux vaccins et à l'immunisation. En effet, on conforte une opinion, et on la défend plus efficacement contre de vigoureuses argumentations contraires, autrement dit de façon plus convaincante, quand elle a déjà été confrontée à d'autres argumentations contraires, mais plutôt faibles.

Les idées exploitées ont volontairement été des idées très répandues, et justes, comme les suivantes : il est bon de se laver souvent les dents ; les maladies mentales ne sont pas contagieuses ; les antibiotiques ont été un bien pour l'humanité. L'expérience consiste ensuite à présenter à M. Leblanc quelques arguments positifs faibles, à M. Lebrun quelques arguments négatifs faibles et à M. Leroux des arguments dénués de toute pertinence. Eh bien, face à de nouveaux arguments forts attaquant ces idées, le plus résolu et le plus persuasif des trois sera M. Lebrun. C'est comme si les faibles assauts subis l'avaient immunisé contre des assauts plus vigoureux.

Il est de notoriété publique que ce processus d'immunisation est employé par les candidats à la présidence des États-Unis lorsqu'ils doivent affronter un adversaire en direct à la télévision. Dans ce cas, cependant, il ne s'agit pas seulement d'une immunisation à l'aide d'arguments faibles ; avant le véritable face-à-face, leurs assistants les bombardent pendant des heures et des heures de toutes les objections les plus dures et les plus convaincantes qui leur passent par la tête. Plus que d'immunisation, il s'agit là d'un véritable entraînement. En outre, l'objectif recherché n'est nullement de se persuader mutuellement, mais de persuader les électeurs.

Le truc de l'immunisation-entraînement était déjà bien connu, au Moyen Âge, des théologiens qui se défiaient, à la Sorbonne, devant un public restreint, mais extrêmement averti, dans le cadre d'épuisantes *disputationes* qui pouvaient durer des jours et des nuits d'affilée, sans aucune interruption. Comme on l'apprend, entre autres, en lisant la vie de Pierre Abélard (l'infortuné philosophe et théologien qui fut l'amant d'Héloïse, ce qui lui valut d'être castré par l'oncle de celle-ci et par ses acolytes), ces théologiens subtils et aguerris demandaient à des confrères partageant leurs opinions de les mettre durement à l'épreuve lors d'un pré-débat fictif. Ils devaient alors subir le feu roulant de toutes les objections et contre-argumentations les plus féroces que pouvaient concocter leurs alliés et les réfuter. En effet, au XII^e^ siècle, les grands esprits étaient très versés dans la dialectique, ou art de raisonner, qui était considérée comme l'art par excellence. Or elle présuppose la discussion (ou « dispute »), la conversation et l'échange, qui constituaient précisément la voie à suivre dans la recherche de la vérité. Il était littéralement d'importance vitale (car on avait alors la main lourde avec les hérétiques) de savoir bien poser les prémisses d'une conversation, d'énoncer correctement les termes d'une proposition, d'organiser les éléments de la pensée et du discours, et de mener une discussion à la fois féconde et tranchante comme une lame.

Pierre Abélard se situait dans ce courant de pensée et préférait, parmi toutes les disciplines philosophiques, les armes de la dialectique. Dans son émouvante *Histoire de mes malheurs*, on peut lire :

> J'arrivai enfin à Paris où, depuis longtemps déjà, les études de dialectique avaient atteint un développement exceptionnel, et je fréquentai l'école de mon maître Guillaume de Champeaux, alors célèbre par sa préparation et sa réputation dans ce domaine. Je restai peu avec lui, disciple tout d'abord très apprécié, puis fort importun, surtout du jour où j'ai commencé à critiquer ses théories, sans craindre de lui montrer que, bien souvent, c'est lui qui se trompait, au point que, le plus souvent, c'est moi qui sortais

vainqueur de nos disputes. [...] Pour ne rappeler qu'une de nos multiples disputes, je réfutai précisément à cette époque, ou plutôt je renversai, en le faisant même changer d'opinion, sa vieille doctrine sur les universaux.

Les spécialistes d'Abélard indiquent qu'ainsi commencèrent ses multiples disgrâces, comme il les nomme lui-même. Pendant toute sa vie, il incarnera l'importun, celui qui interrompt en argumentant, qui contrarie, qui exaspère. Il provoquera toujours en même temps l'enthousiasme et la colère. Sa description d'un prétentieux de l'époque (un ancêtre de ceux que l'on appelle aujourd'hui, aux États-Unis, des « ânes en grande pompe » – *pompous asses*) est particulièrement amusante.

Abélard se rendit ensuite auprès de « la plus grande autorité, de longue date, dans le domaine de la théologie », le vieux maître Anselme de Laon.

Je me rendis donc chez ce vieil homme, mais je me rendis bien vite compte que, plus que d'une véritable préparation, il avait tiré parti d'une longue pratique. [...] Il avait, c'est vrai, une facilité de parole exceptionnelle, mais à la fin on s'apercevait qu'il ne disait que des choses banales et dépourvues de sens. Il était comme un feu qui, lorsqu'il s'allume, au lieu d'éclairer la pièce, remplit votre maison de fumée ; ou comme un arbre qui, de loin, du fait d'un épais feuillage, vous semble majestueux et plein de fruits et que, de près, à y bien regarder, vous découvrez nu. Je m'étais approché de cet arbre pour y cueillir quelques fruits, mais je compris qu'il était comme le figuier stérile maudit du Seigneur ou comme le vieux chêne auquel Lucain compare Pompée en disant : « Il n'est que l'ombre du héros qu'il fut, un grand chêne dans un champ de blé. »

C'est grâce à des « enquiquineurs » comme Abélard, et non à des bonimenteurs comme Anselme de Laon, que le savoir a progressé au cours des siècles. Et qu'il continue de le faire.

Un de mes amis, illustre logicien et philosophe américain, s'inscrit lui aussi dans cette grande tradition. Il m'a avoué qu'une fois qu'il a terminé le premier jet d'un travail, ou d'un théorème, il consacre toujours au moins deux semaines à la rédaction minutieuse de toutes les critiques les plus féroces possible, de toutes les contre-argumentations les plus insidieuses qui puissent lui traverser l'esprit. Ce n'est qu'après avoir « répondu » à ces autocritiques, les unes après les autres, qu'il élabore une nouvelle version et l'envoie aux confrères qu'il tient le plus en estime afin que ceux-ci formulent leurs critiques. Et il s'astreint à y répondre de façon très complète avant d'expédier une troisième version à une revue professionnelle, pour publication, et de se soumettre ainsi au jugement « final » impitoyable du comité de lecture de cette revue.

De tout cela, on peut dégager une stratégie générale pour être plus persuasif, stratégie que je me risquerai à appeler *méthode d'Abélard, ou d'auto-immunisation* :

• Testez toujours, avant usage, le cas échéant avec l'aide d'amis et collègues, une argumentation que vous jugez nouvelle, pertinente et efficace. Vous ne pouvez espérer être convaincant, face à un adversaire, que si cette argumentation a résisté aux attaques les plus vives et les plus ingénieuses que vous ayez pu concevoir *vous-même*.

## *La persuasion dans le cadre de la négociation*

Depuis quelques années, et surtout dans les meilleures universités américaines, il existe des centres spécialisés dans l'étude de la négociation. Et il existe aussi des spécialistes de la science de la négociation qui, moyennant une coquette rémunération, prévoient, pour leurs clients, toutes les stratégies optimales possibles en vue d'une tractation spécifique à venir (par exemple, entre deux grandes sociétés, entre une société et les représentants d'un syndicat, entre un individu et une société, entre une société et le gouvernement fédéral, ou encore entre un groupe industriel et les représentants d'un pays étranger). Il s'appuie sur la méthode que nous venons de voir, celle de l'entraînementimmunisation, mais aussi sur certains traits de la nature humaine récemment mis en lumière par la psychologie et les sciences cognitives. Examinons quelques-uns d'entre eux et leurs conséquences :

### 1. L'EFFET DE DOTATION

Nous éprouvons tous un attachement absolument irrationnel pour ce que nous possédons déjà ou estimons posséder. C'est pourquoi, pour le céder, nous demandons un prix supérieur à ce que nous serions prêts à payer pour l'acheter, *si nous ne l'avions pas déjà*. L'expérience classique est la suivante :

Quelques étudiants de première année débarquent sur le campus, à la rentrée, et on leur attribue leurs chambres. À leur insu, ils sont divisés aléatoirement en deux groupes. Ceux du premier groupe trouvent chacun, dans leur chambre, un de ces pichets américains typiques dans lesquels on boit le café (un « mug »), orné de l'emblème du collège. Ceux du second groupe trouvent, eux, une enveloppe contenant sept dollars, « pour que tu puisses améliorer à ta guise l'aménagement de ta chambre ». Or le pichet coûte précisément sept dollars à la coopérative de l'université. Une heure plus tard (notez bien, une heure plus tard seulement), les deux groupes sont réunis et les étudiants sont tous invités à négocier librement la vente des pichets et d'autres petits objets. L'effet de dotation (*endowment effect*) est le suivant : les étudiants qui ont trouvé le pichet dans leur chambre, et le perçoivent donc déjà comme leur, ne le cèdent pas (en moyenne) à moins de huit dollars et demi, *tout en sachant que son prix est de sept dollars.*

Un autre exemple caractéristique est celui du professeur ayant acheté, quelques années plus tôt, deux bouteilles d'un excellent bordeaux pour trente dollars. Aujourd'hui, elles en valent deux cents :

« Professeur, acceptez-vous de les vendre pour deux cents dollars ?

– Certainement pas !

– Hum, alors accepteriez-vous d'acheter *deux autres bouteilles* du même vin, et du même millésime, pour deux cents dollars ?

– Pas question !

– Pourtant, si vous ne les vendez pas à ce prix, c'est que vous estimez leur valeur *supérieure* à deux cents dollars et, alors, vous devriez être disposé à en acheter deux autres pour ce montant, vu que, comme vous le reconnaissez vous-même, c'est moins que ce qu'elles valent. »

Ce raisonnement, quoique irréprochable du point de vue financier, ne persuade pas notre professeur. (Nous supposons qu'il a les moyens de dépenser deux cents dollars supplémentaires. D'ailleurs, si ce n'était pas le cas, il serait encore plus curieux qu'il refuse de vendre les bouteilles qu'il possède déjà.) On le voit, l'effet de dotation n'a aucune rationalité économique. *Pour lui*, les bouteilles qu'il a déjà valent plus de deux cents dollars, alors que d'autres, identiques, mais qui ne font pas partie de sa « dotation », valent pour lui *moins* de deux cents dollars. Parfois, *beaucoup* plus (et, respectivement, beaucoup moins).

Lors d'une tractation, il est extrêmement utile de connaître et d'exploiter cet effet. Pour chacune des deux parties, ce qui doit être cédé vaut, du seul fait de le posséder déjà, plus que pour l'autre, qui ne l'a pas et doit l'acquérir. Bien évidemment, il s'agit d'un effet symétrique, ce qui explique que certaines négociations se prolongent parfois de façon interminable, alors qu'en théorie, sur le papier, elles devraient se dérouler sans encombre.

D'après les experts en négociations, un excellent moyen de favoriser la rationalité d'une tractation consiste, par exemple, à faire débourser d'avance, en la déposant sur un compte spécial, la somme maximale que l'acquéreur est prêt à payer. Et, quant à lui, le vendeur met de côté l'objet de la transaction. Tant que la somme en liquide (ou le portefeuille de titres, ou la propriété immobilière) demeure intégrée à la masse consolidée et indistincte du patrimoine, la négociation est paralysée par l'irrationalité de l'effet de dotation. En effet, les deux parties tendent à accorder plus de valeur à ce qu'elles ont déjà et doivent céder qu'à ce qu'elles n'ont pas encore et veulent acquérir. Pour la même raison, un expert en transactions immobilières du Massachusetts m'a raconté qu'il ne fait jamais voir un terrain, ou une maison, à des acheteurs potentiels, s'il n'y a pas devant, bien en vue, un panneau « À vendre ». En effet, il arrive trop souvent qu'à la dernière minute les propriétaires déclinent une offre même nettement supérieure à celle qu'ils avaient précédemment jugée optimale. Le panneau constitue un petit antidote fort efficace contre l'effet de dotation. Il indique aux propriétaires-vendeurs, tant sur le plan symbolique que réel, qu'ils ne doivent plus considérer la maison, ou le terrain, comme faisant partie intégrante de leurs biens immeubles.

Dans tous ces cas, il s'agit de valeurs concrètes, financièrement mesurables. Mais, dans la vie intime des personnes, l'effet de dotation peut très bien jouer également sur des objets, des situations et des privilèges que l'on ne possède pas vraiment, que l'on ne fait qu'*imaginer* posséder. Dans ce contexte, la marge d'argumentation et le pouvoir de persuasion deviennent énormes. J'ai été particulièrement frappé, à cet égard, par l'histoire d'un vieil homme, père d'un de mes collègues français. Depuis, j'ai toujours parlé, dans mon jargon privé, de l'effet Nahum. Voici de quoi il s'agit.

### 2. L'EFFET NAHUM, OU IL N'Y A RIEN À Y PERDRE

Au cours de la Première Guerre mondiale, M. Nahum, juif de Salonique, se battit, comme partisan, contre les Turcs. Au cours des derniers mois du conflit, le groupe auquel il appartenait fut intégré, au niveau opérationnel, à un détachement de l'armée française. De son côté, son ami d'enfance, Goldmann, s'était engagé à titre volontaire avec les Français et avait combattu pendant trois ans, jusqu'à la fin de la guerre et à la démobilisation, sous l'uniforme de l'armée régulière française. Quarante ans plus tard, alors qu'ils vivaient tous les deux en France de longue date et avaient été naturalisés, Goldmann obtint du gouvernement français, au terme d'une série de démarches administratives, une pension de guerre. Un jour, il eut l'idée d'inciter son ami Nahum à demander lui aussi une pension de guerre. Il essaya de le persuader en arguant du motif plutôt faible qu'une bande de soldats de troupes irrégulières placés sous le commandement militaire français devait être considérée, à tous points de vue, comme appartenant à l'armée française.

Au début, Nahum ne se laissa pas convaincre. Il eut le bon réflexe, celui de se mettre à rire et de répondre que cette idée était simplement de la folie. Mais Goldmann insista et, peu à peu, il réussit à faire entrer dans la tête du vieux Nahum une série de justifications farfelues, d'équivalences sans fondement, accompagnées de la perspective de l'appui d'une connaissance au ministère. Et, pour ce faire, il usa surtout de l'argument aussi éternel qu'irrésistible et stupide : « De toute façon, tu n'as rien à y perdre. »

En résumé, M. Nahum se lança dans une véritable épopée d'antichambres, de files d'attente, de timbres, de traductions jurées, de déclarations sur l'honneur et d'attestations notariées. Plus ces interminables démarches devenaient pénibles, plus il se nourrissait de l'illusion (qui est bien une véritable illusion cognitive) qu'au fond cette pension bénie des dieux lui était *due*. Inconsciemment, comme cela se passe bien souvent dans ce genre de cas, le seul mal qu'il se donnait pour ce dossier semblait devoir lui donner droit à ce versement. Un jour, enfin, arriva du ministère la lettre fatidique, incontestable et extrêmement prévisible qui, en substance, lui disait tout net que la pension tant désirée n'avait pas été accordée et ne le serait jamais. Eh bien, cette même personne qui, un an plus tôt, avait ri sombra dans un état de dépression véritablement inquiétant. Elle ne parlait plus à personne, ne mangeait pas, ne sortait plus de chez elle pendant plusieurs jours d'affilée. Pour sortir M. Nahum de cette dépression, il fallut du temps, des soins et toute la sollicitude de sa famille. Dans sa tête s'était peu à peu ancrée une situation imaginaire de *statu quo*, un puissant « effet de dotation » relatif à cette pension de guerre. Depuis des mois, il s'était mis à projeter en détail tout ce qu'il allait faire avec l'argent de cette pension. Sa possession était devenue la donnée de base, et sa « perte » constituait maintenant pour lui une privation insupportable.

En toute bonne foi et avec les meilleures intentions du monde, Goldmann avait causé un désastre en invoquant l'idée stupide, dont j'ai ainsi appris à me méfier pour toujours, selon laquelle « de toute façon, il n'y a rien à perdre ». Désormais, l'effet Nahum est tel, dans la perspective bien plus large de l'effet de dotation, qu'instinctivement ma première réaction à l'argument « de toute façon, tu n'as rien à y perdre » consiste à adopter immédiatement une attitude défensive. J'ai rencontré trop d'autres exemples, quoique moins désolants que celui de M. Nahum, pour ne pas conclure qu'avec l'effet de dotation il y a *toujours* quelque chose à perdre.

Règle d'or à tirer de l'effet Nahum :

• Ne nous laissons jamais convaincre par l'argument « de toute façon, il n'y a rien à perdre ». Il y a *toujours* quelque chose à perdre ! Au mieux, notre tranquillité et, au pire, le respect de nous-mêmes et le peu de confiance que nous avons dans la vie, dans les autres et dans les institutions.

### 3. FAIRE MIROITER DE NOUVELLES POSSIBILITÉS POUR MIEUX ÉCARTER LES ANCIENNES

Les experts en négociations savent également qu'il peut être déterminant de faire miroiter aux yeux de la partie adverse une possibilité nouvelle, *qui ne sera pas choisie*, afin de pousser dans un sens qui nous arrange une des possibilités déjà existantes. Une anecdote qui m'a été rapportée comme véridique aide à comprendre de quoi il s'agit.

Un célèbre philosophe de la Columbia University de New York va dans un restaurant italien. Le serveur lui propose des raviolis ou des tagliatelles. « Donnez-moi des tagliatelles. » Le serveur ajouta alors : « Excusez-moi, monsieur, j'avais oublié de vous dire que nous avons aussi des lasagnes au four. » « Eh bien, répondit, imperturbable, le philosophe, apportez-moi des raviolis. »

Voyant le trouble de son ami, il lui expliqua : « S'ils se hasardent à faire des pâtes au four, c'est qu'ils ont un bon cuisinier. Et, dans ce cas, je préfère les raviolis. Les tagliatelles, c'est par prudence que je les avais commandées. »

Ici intervient, de toute évidence, un mécanisme d'information *a posteriori*. La seule existence de la possibilité nouvelle éclaire d'un jour nouveau la qualité des possibilités antérieures.

Un ami qui avait eu un accident de moto m'a raconté l'épisode suivant. Il fut amené aux urgences de la ville la plus proche, où l'on diagnostiqua une vilaine fracture ouverte. Le « petit docteur » de cet hôpital de province lui donna le choix entre une intervention provisoire légère, avec une bonne dose d'antidouleur, afin qu'il puisse être transporté jusqu'à Rome, et une véritable intervention chirurgicale. Mon malheureux ami opta sans hésiter pour la première proposition. C'est alors que le médecin ajouta : « Si vous préférez, je peux vous opérer moi-même à Rome jeudi, où j'officie toutes les semaines au [suivait le nom d'un grand hôpital de Rome]. » La conclusion coula de source : « Dans ce cas, cher docteur, opérez-moi tout de suite ici. »

Dans de tels exemples, on voit très bien pourquoi l'existence de possibilités nouvelles, quoique non choisies, fait changer le choix entre celles qui préexistaient. Dans certains cas, cependant, la logique est bien moins transparente.

Les psychologues ont récemment établi, dans le cadre d'expériences contrôlées de près, qu'entre deux lecteurs de disques laser (ou deux fours à micro-ondes, ou deux magnétoscopes) dont les caractéristiques et les prix ne sont que légèrement différents celui qui est un peu plus cher et plus sophistiqué est plus souvent choisi lorsque l'on présente *aussi* un troisième modèle, nettement plus coûteux et plus luxueux que les deux précédents. Très peu de gens optent pour le produit haut de gamme, mais le seul fait qu'il existe comme choix théorique en pousse beaucoup à préférer le produit « intermédiaire ». Une application courante de ce principe, bien connue des agents immobiliers, consiste à faire également visiter à leur client des maisons bien plus belles et bien plus chères que celles qu'ils ont réellement l'intention de lui proposer, afin de l'amener à ne pas choisir la moins chère de celles qui l'intéressent. Le fait d'ajouter (ou, dans certains cas, d'ôter) des choix à un ensemble de possibilités préexistantes peut influencer la décision finale, même si, il convient d'insister là-dessus, aucune de ces possibilités nouvelles n'est retenue (et si aucune des options supprimées ne devait de toute façon être sélectionnée).

Un autre exemple, aussi banal que révélateur : Jean cherche un petit appartement à louer dans la ville où il doit s'installer pour aller à l'université. On lui montre un studio clair et bien aéré à 3 000 francs par mois, situé à vingt minutes à pied de l'université. De son côté, Pierre se trouve dans la même situation. On lui montre le même studio, plus un meublé obscur en sous-sol à 3 500 francs par mois, à une demi-heure de la faculté. Lequel des deux continuera à chercher ? Et qui se hâtera, au contraire, de signer le contrat de location du studio ?

Il paraîtrait qu'aux États-Unis certaines agences immobilières peu scrupuleuses gardent à dessein sous la main des maisons et des appartements en piteux état à faire visiter à leurs clients, en plus de ceux qui les intéressent, dans le but précis d'accélérer la conclusion des affaires.

Un grand économiste français, Maurice Allais, qui a reçu très tardivement le prix Nobel, a déterminé dès la fin des années 1950 que la rationalité des choix économiques ne peut faire abstraction de *tout* l'éventail des possibilités qui sont offertes au sujet. Entre deux choix fixes, A et B, dans un cas il sera rationnel d'opter pour A, et dans l'autre d'opter pour B, tout simplement en fonction de l'ajout, ou du retrait, d'autres possibilités théoriques qui ne seront jamais retenues ou qu'il n'aurait pas été rationnel de retenir.

### 4. LE CAPITONNAGE ARGENTÉ

On annonce à M. Leroux que le billet de loterie qu'il a acheté à son comité d'entreprise lui rapporte 5 000 francs. On annonce à M. Leblanc, le matin, que son billet de loterie du comité d'entreprise lui rapporte 3 000 francs, et dans l'après-midi, que celui de la loterie de la paroisse lui rapporte 2 000 francs. Lequel des deux sera le plus content ? Leblanc, à n'en pas douter. Pourtant, ils ont tous les deux gagné le même montant de 5 000 francs.

M. Leroux se voit infliger une amende de 500 francs pour stationnement interdit. Il doit se rendre aux impôts pour la régler. M. Leblanc, lui, a écopé d'une amende de 250 francs pour dépassement du temps de stationnement. Il va payer aux impôts, se gare mal, et trouve en revenant un autre P-V d'un montant de 250 francs. Lequel des deux sera le plus en colère ? De nouveau Leblanc ! Là encore, cela ne fait aucun doute. Pourtant, ils ont tous les deux 500 francs d'amende pour des infractions au règlement sur le stationnement.

Poursuivons cette liste comparative élémentaire d'événements survenus dans la vie de Leroux et de Leblanc.

Leroux arrive à son bureau et découvre, à sa grande surprise, qu'une ancienne affaire, dont il ne se souvenait même plus, a enfin abouti. Il lui revient de ce fait une commission de 1 000 francs. Sur sa table, il trouve également une injonction de paiement à son propriétaire d'un montant de 900 francs pour des dégâts involontairement causés dans son appartement. Cela aussi, il l'avait oublié.

Leblanc arrive à son bureau et découvre qu'une ancienne affaire, dont il ne se souvenait même plus, a enfin abouti. Il lui revient une commission de 100 francs.

Lequel des deux sera le plus content ? Leblanc, sans nul doute.

En sortant de son garage, Leroux rate une manœuvre et raye la carrosserie de sa voiture. Le montant des réparations nécessaires s'élève à 5 000 francs. Et lorsqu'il arrive à son bureau, une demi-heure plus tard, il apprend qu'il a enfin touché un remboursement de 500 francs.

En sortant de son garage, Leblanc rate une manœuvre et raye la carrosserie de sa voiture. Le montant des réparations nécessaires s'élève à 4 500 francs.

Lequel des deux sera le plus furieux ? Dans les deux cas, au final, Leroux et Leblanc se retrouvent dans la même situation sur le plan strictement financier, mais *non* sur le plan psychologique (ou plutôt, devrions-nous dire, psycho-financier). Dans le premier cas, Leroux a eu le temps de « s'installer » mentalement dans un état de gain de 1 000 francs, qu'il sent pleinement « à lui » (peut-être pour quelques minutes seulement, mais cela suffit). La perte ultérieure des 900 francs lui « coûte » beaucoup. Leblanc, en revanche, s'installe mentalement dans l'agréable état de celui qui a gagné 100 francs, alors qu'il ne s'y attendait pas, et *il y reste*. De même, dans le second cas, Leroux s'est installé mentalement dans la déplaisante situation de celui qui a perdu 5 000 francs, mais le « gain » inattendu des 500 francs lui met un peu de baume au cœur. Leblanc, lui, s'installe dans la déplaisante situation de celui qui a perdu 4 500 francs et, lui aussi, *il y reste*.

Bref, en cas de gain supérieur de peu à une perte, on tend mentalement à les « intégrer » l'un à l'autre, alors qu'en cas de gain réduisant légèrement une perte on tend à les maintenir mentalement séparés. Ce dernier effet a été baptisé « capitonnage d'argent » – expression empruntée au monde des pompes funèbres et désignant la garniture intérieure des bières – afin de donner l'idée d'une chose qui, par sa seule présence, agrémente un peu une situation en soi très déplaisante.

Il y a un double enseignement à tirer des études réalisées par les psychologues spécialistes des processus mentaux qui sous-tendent les négociations et les transactions financières en général. C'est, *primo*, que gagner un certain montant, disons 500 francs, nous réjouit, mais que le mécontentement dû à la perte d'une somme égale (les « mêmes » 500 francs) est nettement *plus grand*. Une bonne évaluation approximative, pour des chiffres peu élevés, est un rapport de un à deux. Autrement dit, pour compenser *psychologiquement* (je dis bien, psychologiquement) le déplaisir d'avoir perdu, aujourd'hui, 500 francs, il faut en toucher, demain, au moins 1 000. *Secundo*, que la satisfaction que procure un gain n'augmente pas dans les mêmes proportions que le montant du gain (en termes simplistes, si, aujourd'hui, je gagne 5 000 francs, et que, dans quelques mois, j'en gagne 10 000, la seconde fois, je serai plus content que la première. Mais pas deux fois plus. Un peu moins). Et la même chose est vraie pour les pertes, mais (comme nous venons de le voir) avec plus d'intensité quel que soit le montant concerné.

C'est flagrant pour de gros chiffres. Prenons un quidam, au hasard, dans la rue. Imaginons son contentement de gagner un milliard. Nous appellerons ce degré de satisfaction M. Imaginons ensuite le degré de satisfaction de ce même quidam si, à la place, il gagnait deux milliards. Il serait plus grand, mais bien inférieur à 2M. Le cas suivant est encore plus clair (si vous n'êtes pas encore convaincu) : pensons à la différence *minime*, en degrés de satisfaction, entre le cas où ce monsieur gagne quinze milliards et celui où il en gagne seize. Il n'y a presque plus d'écart. En chiffres réels, il y a toujours une différence de un milliard (entre zéro et un comme entre quinze et seize), mais, en valeur psychologique, la différence est *considérablement* inférieure à notre « unité de satisfaction » M. La courbe de satisfaction psychologique tend à « s'aplatir » au fur et à mesure que le montant du gain augmente.

Et celle du mécontentement causé par une perte en fait autant : une fois que l'on a dégringolé la pente jusqu'à la banqueroute totale, peu importe que l'on y ajoute d'autres dettes. Un jour, m'a-t-on raconté, une vague connaissance romaine reçut un coup de téléphone. Il raccrocha, dit à la secrétaire qu'il devait s'absenter pour le restant de la journée, et sortit. En quelques heures, il acheta une Ferrari, une montre de grand luxe et un manteau de vison pour sa femme. Plus tard, seulement, on a su qu'à l'occasion de cet appel téléphonique il avait appris qu'il était totalement ruiné. Alors, à ce stade-là...

Toutes les opérations psycho-économiques évoquées cidessus (l'intégration, la ségrégation, le capitonnage d'argent) et bien d'autres qui ont été étudiées ces dernières années sont parfaitement explicables, et prévisibles, d'après la simple observation de la forme des courbes de satisfaction et de mécontentement. Il suffit de la combiner avec le principe, très plausible, selon lequel, pour un même montant, chacun a tendance, mentalement, à maximiser la satisfaction et à minimiser le mécontentement. Étant donné que la satisfaction (ou, respectivement, le mécontentement) résultant de l'addition de deux sommes gagnées, comme dans le cas des loteries (ou perdues, comme dans le cas des amendes), n'est *jamais* égale à la somme des satisfactions séparées pour chacun des gains (ou des mécontentements séparés pour chacune des pertes), cela nous « arrange » de toujours isoler les gains et, au contraire, de regrouper les pertes. Dans le cas mixte (un gain et une perte), tout dépend de ce qui l'emporte. Le déplaisir causé par la perte d'un montant donné vaut le double, en valeur absolue, du plaisir que procure le gain du même montant. C'est pourquoi cela nous « arrange » d'intégrer une petite perte et un plus gros gain, réduisant de la sorte l'impact psychologique de la perte. Nous déplaçons ainsi légèrement le résultat final en notre faveur. En revanche, cela nous « arrange » d'isoler un petit gain d'une plus grosse perte, car la valeur psychologique de ce seul gain déplace plus le résultat final en notre faveur que s'il était intégré à la perte (bien entendu, le résultat final sera néanmoins négatif). Curieuse algèbre mentale !

Pourtant, on peut désormais démontrer que ces facteurs psychologiques ont bien souvent des incidences importantes sur l'économie réelle, dans des situations réelles.

### 5. LE SPECTRE DES POSSIBLES

Leblanc fait la queue devant un cinéma. Lorsqu'il arrive à la caisse, il a le plaisir d'apprendre qu'il a gagné 5 000 francs attribués au cent millième client de cette salle.

Leroux fait la queue devant le même cinéma. Lorsqu'il arrive à la caisse, il a le plaisir d'apprendre qu'il a gagné 500 francs attribué au cent mille et unième client de cette salle. Il fait cependant une petite moue quand il apprend que le monsieur qui le précédait, le cent millième client, a reçu 5 000 francs.

Effet de l'envie ? Peut-être. Mais pas seulement. Une « même » situation en termes strictement monétaires (le gain inattendu de 500 francs) peut nous sembler très plaisante ou très déplaisante non seulement au regard de la situation *des autres*, mais aussi en comparaison des chances (peut-être purement théoriques) que nous *nous* imaginions offertes, sans référence à l'heur ou au malheur d'autres personnes. Leblanc, réjoui, pourra raconter à sa femme la chance qu'il a eue. Leroux, lui, dira à son épouse : « C'est rageant ! Tu te rends compte, il aurait suffi que j'arrive quelques instants plus tôt. »

### 6. DONNER POUR RECEVOIR

Le psycho-économiste américain Dick Thaler arrive à Bangkok pour une conférence et prend un taxi afin de se rendre de l'aéroport à son hôtel. Il est attendu à un dîner de travail et n'a guère de temps devant lui. Par prudence, il demande au chauffeur de l'attendre. Il s'avère que l'hôtel n'a pas enregistré sa réservation et qu'il doit en chercher un autre. Après bien des tribulations, alors que le compteur atteint des hauteurs vertigineuses, il en trouve enfin un. Il demande de nouveau au chauffeur de l'attendre, dépose rapidement sa valise et se fait amener sur les lieux du repas, dans un quartier grouillant de monde. Le compteur indique alors l'équivalent de quatre-vingts dollars. (Ce qui est une somme importante pour n'importe qui, mais une véritable fortune pour un chauffeur de taxi thaïlandais.) Le chauffeur demande à Thaler s'il désire être ramené à son hôtel à la fin du repas. Le professeur hésite. Du fait du décalage horaire, il se sent déjà très fatigué. Il ne sait pas à quoi s'en tenir : et si le chauffeur essayait de le rouler ? « C'est simple, lui dit ce dernier, ne me payez pas maintenant. Vous me réglerez le tout quand nous retournerons à l'hôtel. Nous sommes tous les deux certains, de cette façon, de ne pas être refaits. »

Tout se passa très bien, et, le lendemain, Thaler se servit de cette anecdote en introduction de sa conférence sur les composantes psychologiques de l'économie.

Trois réflexions au sujet de cette transaction : 1. Pour une personne honnête, le geste du chauffeur de taxi a une force de persuasion irrésistible ; 2. La théorie économique standard privilégierait la valeur sûre des quatre-vingts dollars, somme élevée, miraculeuse et immédiatement encaissable, plutôt que l'incertitude que l'on fait peser sur ces mêmes quatre-vingts dollars à seule fin d'y ajouter le prix bien plus réduit, et également incertain, du retour ; 3. Le coup stratégique du chauffeur nous bouleverse, car il témoigne de ses grandes qualités humaines : confiance, capacité de prendre un risque bien calculé, honnêteté que l'on attend payée de retour.

On assiste là à une violation flagrante du principe de l'équilibre des égoïsmes, pivot de la théorie économique traditionnelle. Le chauffeur de taxi ne respecte pas le critère de la maximisation des avantages individuels à moindre risque et, en substance, subvertit les lois de la rationalité économique. En effet, pour Thaler, l'avantage maximal aurait consisté à profiter de l'occasion pour disparaître, s'épargnant ainsi une dépense de quatre-vingts dollars sans aucune pénalisation prévisible. Le sachant, le chauffeur aurait dû trouver bien plus « rationnel » de se faire régler ses quatre-vingts dollars bien mérités.

Des exemples de ce genre, que, par bonheur, nous avons tous rencontrés, montrent qu'au cœur de nombreuses transactions réside aussi le pur plaisir de l'honnêteté, de la réciprocité, et le pur plaisir de prendre un risque bien calculé. Les psycho-économistes comme Dick Thaler s'efforcent d'introduire ces critères dans l'économie pure et dure. Non pas « à la place », mais « à côté » de ceux de la stricte rationalité économique.

### *Pour en venir aux choses concrètes : quelques recettes*

Ces effets peuvent être diversement exploités par les vendeurs, négociateurs, hommes politiques ou avocats, ce que les plus malins d'entre eux savent depuis toujours. Tâchons d'expliciter quelques-uns des moyens utilisés à la lumière des effets que nous venons de voir :

- Persuadez votre interlocuteur qu'il se trouve dans une situation moins favorable que dans la réalité, et que vous, inversement, vous êtes dans une situation plus favorable que dans la réalité. Vous pourrez ainsi augmenter de façon convaincante le coût de ce que vous céderez et réduire ce que lui cédera.
- Introduisez dans la négociation des choix supplémentaires, même inventés de toutes pièces, qui sont nettement moins intéressants pour votre interlocuteur, en avançant des arguments persuasifs pour les promouvoir, et en les défendant ensuite avec insistance. Il se produira probablement un effet de rebond : vous finirez par lui faire adopter une option réelle préexistante, plus avantageuse pour vous et moins pour lui, qu'il n'aurait pas choisie autrement.
- Tirez tout de suite profit des concessions, même minimes, de votre interlocuteur. Vous le persuaderez ainsi que vous vous êtes solidement « installé » dans un *statu quo* d'où il serait très, très coûteux de « descendre ». Curieuse-

ment, il arrive même que cela fonctionne avec des concessions *imaginaires* introduites dans la négociation comme hypothèses théoriques. L'essentiel, du point de vue psychologique, est de les exposer avec une grande minutie, en présentant avec réalisme toutes leurs implications, puis d'y faire référence *comme si* elles avaient effectivement été faites. (Ainsi, les bons vendeurs parlent d'emblée de la voiture ou de la maison comme de « votre voiture », ou de « votre maison », alors que la question même de l'achat reste entière.)

• Symétriquement, créez d'entrée de jeu, dans l'esprit de l'interlocuteur, une « autostabilisation » dans un *statu quo* inférieur à la réalité. « Vous savez très bien que votre vieille voiture est absolument invendable. Alors voyons si vous ne pourriez pas, plutôt... » Il sera ainsi plus facile de présenter comme de généreuses concessions de votre part la simple reconnaissance de données parfaitement objectives.

• Attirez aussi rapidement que possible l'interlocuteur au niveau des détails, des précisions, du « comment ». Cela présuppose que l'on tienne déjà pour acquis qu'il achètera. Invitez-le, par la persuasion, à se situer d'ores et déjà dans un « après ». Il lui sera dès lors difficile de renégocier, de revenir en arrière en « perdant » quelque chose qu'il pensait déjà établi. (« *Quelle* formule de financement préférez-vous pour *votre* voiture ? » ; « Je vous en prie, n'hésitez pas à utiliser mon téléphone pour faire la bonne surprise de *votre* achat à votre mari » ; « Et lorsque arrivent les beaux jours, pour mettre en marche la climatisation de *votre* voiture, il vous suffit de... »)

• Créez mentalement un état de fait à votre avantage, qui oblige votre interlocuteur à *faire quelque chose* s'il veut revenir à la situation initiale. Présentez comme déjà fixé, comme allant de soi, le rendez-vous avec le notaire, le rendez-vous avec le garagiste pour la première révision, la livraison à domicile, la réservation du billet pour les vacances, le refus de votre direction d'accorder une avance.

S'il ne se passe *rien*, les choses avanceront ainsi, en suivant leur cours naturel. Pour que le mécanisme revienne en arrière, il faudra que l'interlocuteur *agisse*. Et, très souvent, la paresse, l'effet de dotation, l'embarras, le désir de ne pas incommoder l'autre, l'amour-propre et l'horreur de passer pour un avare se combineront pour laisser les choses « en l'état ». Au niveau psychologique, il est toujours plus « coûteux » d'agir que de ne rien faire.

• Présentez toujours, dès le début, les dépenses, les pertes et les inconvénients sous une forme « groupée », et, inversement, énumérez les avantages un par un, en les séparant bien les uns des autres. « Comptez 10 000 francs de frais, entre le notaire, les taxes, les intérêts et autres. » (Surtout, ne les citez pas tous les uns après les autres !) Mais : « Vous voyez, vous bénéficiez de la réduction de 5 % réservée aux clients fidèles, à laquelle s'ajoute le rabais promotionnel de 3 %, le bon d'assistance gratuite, qui vaut... » Et ainsi de suite. Il ne faudra en faire la somme que si la demande en est explicitement formulée.

• Même pour une grosse dépense, il faut insister sur les petites compensations, en veillant à bien séparer celle-ci de celles-là.

(Un chauffeur suisse m'a un jour abondamment vanté « les avantages, y compris financiers », que présentait une berline à douze cylindres d'une valeur de un million de francs : une faible consommation de carburant et, dans le cas extrêmement improbable où quelque chose fonctionnerait mal, la garantie de son remplacement temporaire. Elle n'était pas à sa portée, ni à la mienne, mais ces « capitonnages d'argent » lui paraissaient très intéressants.)

• Pour des produits d'un faible coût entraînant cependant d'autres dépenses d'un genre différent, il convient de séparer complètement les deux choses (de les « dissocier »).

• Efforcez-vous de toujours présenter les options que vous voudriez voir choisies comme les meilleures *qui puissent exister*, et non pas seulement comme les meilleures *qui existent*. Utilisez votre *imagination* et celle des autres avec intelligence et persuasion pour examiner toutes sortes d'autres scénarios moins intéressants. « Figurez-vous que vous sortiez d'ici sans avoir conclu cette affaire, et que demain... » Il n'y a rien de plus convaincant que de découvrir qu'il serait impossible, et même *inconcevable*, de faire un choix plus avantageux.

• Tâchez d'avoir plus souvent « le courage de la confiance » (comme nous l'enseigne le chauffeur de taxi thaïlandais). Surprenez votre interlocuteur, désarçonnez-le par une concession inattendue, généreuse, clairvoyante, basée sur la confiance en lui et visant à susciter de sa part une initiative réciproque. Il arrive que les personnes se « découvrent » particulièrement honnêtes *par défi*, lorsqu'elles sont mises en situation de *vouloir l'être* parce qu'elles sont piquées au vif dans leur amour-propre. Il y a toujours aussi un élément de jeu dans une transaction. Il convient parfois de le mettre en relief, voire de le rendre dominant. Peut-être l'objet même de la transaction sera-t-il insignifiant, mais le style original de cette négociation et la « trouvaille » concoctée pour parvenir à sa conclusion resteront dans les mémoires des deux parties pour le restant de leur vie. Toutes deux y auront « gagné » bien plus qu'un simple avantage financier.

Inutile de dire que, selon la position dans laquelle on se trouve, ces recettes peuvent constituer des armes de persuasion ou, au contraire, un bon *antidote* contre la persuasion. Vous serez sans doute tantôt d'un côté, tantôt de l'autre de cette éternelle ligne de démarcation. J'espère néanmoins que ces recettes vous seront utiles dans les deux cas.

Jusqu'ici, nous sommes toujours restés dans les limites non seulement du licite, mais également du loyal. Si l'on voulait glisser dans le domaine du déloyal, tout en restant dans le cadre de la persuasion, ce ne sont pas les trucs qui manqueraient. Sans doute faudrait-il ajouter un chapitre sur les fraudes et les escroqueries, autrement dit sur des cas où l'on convainc par mensonge, par omission, par réticence ou par vantardise. (En ce qui concerne cette zone de clair-obscur entre persuasion et tromperie, je renvoie plutôt aux ouvrages de Vance Packard, de Robert B. Cialdini et de Raymond Boudon.) Mais ce n'est qu'après avoir examiné les rapports entre logique et persuasion, et entre langage et persuasion, que nous nous arrêterons sur la persuasion perverse (au chapitre 9). Perverse, mais cependant toujours licite.

# V

# C'EST VRAI, MAIS JE N'Y CROIS PAS

Que se passe-t-il lorsque vérité et plausibilité prennent des chemins différents ? Le terrain idéal aux exercices de persuasion est celui des syllogismes, qui ont, pendant des siècles, constitué l'arène où logiciens et rhéteurs croisaient le fer avant de devenir, plus récemment, celle des psychologues et des cognitivistes. Il en existe une soixantaine de formes différentes, dont certaines portent des noms charmants comme Barbara et Barocco (leurs noms définissant déjà, par la séquence de voyelles qu'ils contiennent, des types de syllogisme). Nous n'aurons pas besoin de les examiner tous et nous bornerons à considérer leurs traits généraux.

Un syllogisme se compose de trois éléments distincts, trois phrases, ou, plutôt, pour faire preuve d'un minimum de rigueur, de trois « énoncés » (ou « propositions ») unis par un lien logique. Un syllogisme logiquement valide est tel que, *si* les deux premiers énoncés sont tous les deux vrais, *alors* le troisième, appelé *conclusion*, l'est *forcément*. La forme la plus simple, que même les enfants comprennent, est la suivante :

*Tous les acteurs célèbres sont riches.*
***Kevin Costner est un acteur célèbre.***
*Kevin Costner est riche.*

(Les caractères gras du deuxième énoncé signifient

« donc », « par conséquent ». On peut en quelque sorte le voir comme la ligne que l'on tire, dans une addition, avant de faire la somme.)

C'est là un syllogisme logiquement valide, qui nous persuade. Je dirai même que, s'il nous persuade, c'est précisément *parce qu'*il est valide, mais n'allons pas trop loin. Il importe qu'un type de syllogisme soit valide de par sa *seule* forme, indépendamment des énoncés spécifiques que, de cas en cas, il relie entre eux. Celui-ci, de forme identique au précédent, est extrêmement connu :

*Tous les hommes sont mortels.*
***Socrate est un homme.***
*Socrate est mortel.*

Un syllogisme logiquement valide est tel qu'il est *impossible, logiquement impossible,* de trouver un contre-exemple. Autrement dit, s'il est valide, il n'est *jamais* possible que les deux énoncés qui se trouvent au-dessus de la ligne soient vrais et que celui qui se trouve en dessous (la conclusion) soit faux. Si tous les acteurs célèbres, vraiment tous, sont riches, sans aucune exception, ni aujourd'hui, ni hier, ni dans l'avenir, et que Kevin Costner est un acteur célèbre (ce qui est bien le cas), alors, forcément, par nécessité logique, Kevin Costner *doit* être riche. Si nous découvrions qu'il existe un acteur célèbre qui n'est pas riche, cela signifierait que la prémisse *Tous les acteurs célèbres sont riches* n'est pas vraie. Mais attention, cela ne condamnerait *pas* pour autant cette forme de syllogisme. En effet, pour démontrer qu'elle n'est pas valide, il faut tout autre chose : il faut trouver un exemple dans lequel les deux prémisses sont vraies, mais pas la conclusion. Essayez, et vous verrez que, pour ce type de syllogisme, c'est impossible. La formule

*Tous les A sont B.*
***x est A.***
*x est B.*

n'admet pas de contre-exemples. Mais si, pour une quelconque autre forme de syllogisme, on peut imaginer, conjecturer, concocter ne serait-ce qu'*un seul* contre-exemple, c'est qu'elle n'est *pas* logiquement valide. Un syllogisme valide est donc un dispositif d'argumentation absolument infaillible. Sa force est véritablement indépendante de son contenu occasionnel. Si l'on accepte ses prémisses comme vraies, il serait *irrationnel* de ne pas tenir sa conclusion aussi pour vraie.

## *Les motifs d'un divorce*

Demandons-nous, maintenant, si un syllogisme valide est toujours convaincant, et si un syllogisme qui n'est pas valide manque toujours de force de persuasion. Je veux dire pour nous, hommes du commun, dans la vie de tous les jours. Les psychologues ont élaboré toute une batterie d'exemples de syllogismes et ont constaté que, dans l'univers des raisonnements par syllogisme, il y a un abîme entre ce qui est vrai et ce qui est convaincant. Le divorce est consommé entre validité et force de persuasion.

Prenons l'exemple suivant :

*Aucun restaurant n'est bon marché.*
***Certaines pizzérias sont peu chères.***
*Certains restaurants ne sont pas des pizzérias.*

Plutôt convaincant, non ? La conclusion nous semblait déjà aller de soi avant d'avoir lu ce syllogisme, mais ce petit raisonnement paraît couler de source. Il est fort intéressant qu'il nous semble persuasif, parce que, du point de vue logique, la conclusion n'est *pas* valide. Pour s'en rendre compte, il suffit de remplacer les ensembles dont il est question par d'autres, également bien connus, mais disposés différemment. Considérons un autre syllogisme ayant la même *forme* :

*Aucun rongeur n'a de plumes.*
***Certains animaux ont des plumes.***
*Certains rongeurs ne sont pas des animaux.*

Rappelons-nous la règle du jeu : un syllogisme est valide si, et seulement si, il est impossible de trouver des contre-exemples. Or c'est précisément ce que nous venons de faire. Par conséquent, cette forme de syllogisme n'est pas valide. Et pourtant, dans le cas précédent des restaurants et des pizzérias, elle nous convainc.

Voici, inversement, un syllogisme qui ne nous persuade pas, bien qu'il soit logiquement valide :

*Aucun compositeur n'est braconnier.*

***Certains braconniers ne sont pas peintres en bâtiment.***

*Certains peintres en bâtiment ne sont pas compositeurs.*

Au premier abord, intuitivement, nous ne sommes pas convaincus. Il faut bien réfléchir, et, même lorsqu'on accepte les prémisses, il n'est pas certain que l'on finisse par accepter la conclusion.

Nous devons surtout nous rappeler que, dans les argumentations du quotidien, en dehors des instituts de psychologie, nos intuitions et ce que nous savons du monde comptent beaucoup. Dans le cas ci-dessus, notre intuition ne nous est guère d'un grand secours, attendu que les liens entre les ensembles des compositeurs, des braconniers et des peintres en bâtiment, tels qu'ils apparaissent dans cet exemple, sont peu clairs. Disons que nous ne réussissons pas à « visualiser » ce rapport de façon à pouvoir accepter ou réfuter l'argumentation. Peut-être faudrait-il, pour que sa validité nous saute aux yeux, substituer à ces ensembles, avec ordre et rigueur, des groupes dont nous percevons bien les relations mutuelles. Qui sait ?

Essayons donc :

*Aucun enfant n'est assujetti à la TVA.*

***Certains individus assujettis à la TVA ne sont pas des personnes physiques.***

*Certaines personnes physiques ne sont pas des enfants.*

Étant donné que nous savons tous comment ces ensembles se situent les uns par rapport aux autres dans le monde, chacune de ces affirmations nous paraît parfaitement acceptable, y compris la conclusion. Cependant, nous continuons à ne *pas* voir comment la conclusion résulte des deux prémisses. Nous sommes enclins à l'accepter *abstrac-*

*tion faite* de l'argumentation, dont nous ne saisissons *toujours pas* la logique.

Une méthode infaillible, pour savoir si un syllogisme est valide ou non, consiste à faire le schéma des ensembles dont il est question. En respectant toujours la façon dont ces ensembles doivent être placés les uns par rapport aux autres d'après le syllogisme considéré, on peut dessiner toutes les configurations possibles et voir s'il en existe une qui, tout en respectant les prémisses, infirme la conclusion. Ces schémas, qui ont été enseignés à nos enfants (mais non aux élèves de ma génération, car on ne parlait pas encore des ensembles à l'école), s'appellent des « diagrammes de Venn ». (En bref, on lit très attentivement les prémisses et on « traduit » leur contenu en dessins de courbes fermées – dont chacune symbolise un ensemble donné –, en veillant bien à ce que ces ensembles soient représentés, sur le papier, *exactement* comme l'indiquent les prémisses : l'un dans l'autre, partiellement superposés, etc. Une fois que l'on a fait le schéma des ensembles qui correspond aux prémisses, on contrôle quel *serait* le dessin correspondant à la conclusion. S'il tient, lui aussi, alors le syllogisme est valide. Sinon, ou s'il ne tient pas dans tous les cas *possibles*, le syllogisme n'est pas valide.)

Dans la réalité, il y a donc quatre situations possibles :

- les syllogismes valides qui nous persuadent ;
- les syllogismes valides qui ne nous persuadent pas ;
- les syllogismes non valides qui nous persuadent ;
- les syllogismes non valides qui ne nous persuadent pas.

Peut-être un martien y verrait-il là quelque chose de stupéfiant, mais, pour nous, c'est ainsi. Le troisième cas, celui des syllogismes non valides qui nous convainquent, est particulièrement alarmant, parce que nous avons spontanément tendance à nous laisser persuader par des argumentations logiquement fallacieuses. Tâchons de mieux comprendre ce qui se passe.

## *Le syllogisme qui crée une atmosphère*

Depuis longtemps déjà, les organes de propagande et « les persuadeurs clandestins » se sont rendu compte que nous sommes enclins à croire les arguments aboutissant à des conclusions qui, pour nous, sont avantageuses, flatteuses ou agréables. Si un raisonnement incorrect donne une conclusion que nous avons *néanmoins* tendance à accepter, il y a de grandes chances qu'il nous paraisse convaincant.

Ainsi, sous le régime fasciste, beaucoup ont trouvé irrésistible le célèbre slogan de Mussolini : « Les Italiens aussi ont droit à une place au soleil. » Et l'on ne sait que trop quelles aventures coloniales catastrophiques se sont ensuivies.

À l'inverse, un raisonnement irréprochable, mais débouchant sur des conclusions déplaisantes pour nous, risque fort de nous paraître peu persuasif. C'est là un fait bien embarrassant, qui a été, est et sera encore à l'origine de véritables tragédies publiques et privées. Nous y reviendrons plus loin (cf. chapitre 10). Pour l'heure, examinons un facteur psychologique *encore plus subtil et encore plus inquiétant.*

Le syllogisme sur les personnes assujetties à la TVA et les enfants n'aboutit pas à une conclusion déplaisante, offensante ou difficile à accepter. Il est logiquement irréprochable, fait fond sur des énoncés que nous reconnaissons vrais sans hésiter, et il en découle une conclusion que nous acceptons sans broncher. Et, pourtant, il ne nous paraît absolument pas convaincant. Nous avons l'impression de faire un « saut » logique.

Les psychologues ont mis le doigt sur un facteur qui explique, tout au moins en partie, notre hésitation. Si les purs logiciens ne prennent pas en compte ces considérations, les psychologues, eux, leur accordent une grande importance. L'idée de base est qu'un syllogisme crée en nous une « atmosphère ». Les prémisses suscitent un état d'esprit, lequel crée à son tour l'atmosphère du raisonnement. L'état d'esprit positif et universel est celui qui nous satisfait le plus et nous incite le plus à nous laisser persuader. Voici un prototype de syllogisme à atmosphère totalement positive :

1.
*Tous les hommes politiques aiment le pouvoir.*
***Tous ceux qui aiment le pouvoir sont dangereux.***
*Tous les hommes politiques sont dangereux.*

Les raisonnements qui passent du général au particulier sont eux aussi jugés positifs. Les syllogismes sur les acteurs célèbres et sur Socrate l'illustrent bien. En revanche, un syllogisme fondé sur des négations et des parties d'ensembles (« certains », « pas tous ») crée une atmosphère qui nous paraît moins persuasive. Ainsi, en comparaison avec le cas des acteurs et de Kevin Costner, ou avec celui des hommes politiques, il nous faut réfléchir un petit instant de plus, pour juger convaincant le raisonnement suivant :

2.
*Aucun chimiste n'est navigateur.*
***Tous ses amis sont chimistes.***
*Aucun de ses amis n'est navigateur.*

Un cas de syllogisme dont l'atmosphère est totalement négative, et qui ne convainc pas, est celui qui mentionne « aucun » et « tous » dans les prémisses mais se conclut négativement, par un « certains... ne pas ». Le plus connu des psychologues spécialistes de la déduction est du type suivant :

3.
*Aucun peintre en bâtiment n'est pianiste.*
***Tous les pianistes sont accordeurs.***
*? ? ?*

Une vaste majorité de personnes intelligentes et réfléchies estime qu'il n'y a *aucune* conclusion à tirer de ces deux prémisses. Et même si l'on fait remarquer qu'il existe une conclusion logiquement irréprochable (*Certains accordeurs ne sont pas peintres en bâtiment*), une certaine perplexité subsiste, tout au moins dans un premier temps. Bien que l'on ne puisse trouver de contre-exemples à ce type de syllogismes, logiquement valide, cette argumentation n'est pas très persuasive.

En ce qui concerne l'atmosphère, l'élément qui semble jouer un rôle prédominant est précisément l'ambiance créée par les prémisses. Elles sont de portée universelle (aucun, tous), sont assorties d'une affirmation « positive » (*sont accordeurs*). En revanche, la conclusion est d'une portée « limitée » (*certains*) et a un ton négatif (*ne sont pas peintres en bâtiment*). De plus, on note une curieuse inversion des schémas qui relient les ensembles considérés. Pour nous, l'atmosphère « normale » d'un syllogisme doit être, comme dans l'exemple 1., du type :

*A – B.*
*B – C.*
*A – C.*

Face à cette construction, nous sommes parfaitement à l'aise et nous laissons facilement convaincre. En cas de croisement, nous préférons, comme dans l'exemple 2., un schéma du type :

*B – A.*
*C – B.*
*C – A.*

Le grave problème psychologique engendré par le syllogisme 3., sur les peintres en bâtiment et les accordeurs, provient du fait qu'il présente un schéma en chiasme anormal, du type :

*A – B.*
*B – C.*
*C – A.*

À tout cela s'ajoutent les difficultés liées aux éléments universels/particuliers, positifs/négatifs déjà mentionnés.

Pour finir, on obtient un schéma à l'atmosphère extrêmement « déplaisante », du type :

*Aucun des A n'est B.*

***Tous les B sont C.***

*Certains C ne sont pas A.*

Les effets de « croisement » et l'atmosphère se conjuguent parfois pour rendre certains types de syllogismes particulièrement contraires à l'intuition et donc peu convaincants, qu'ils soient valides ou non. En outre, comme nous venons de le voir, certaines alternances de « tous », « certains » et « aucun » peuvent elles aussi embrouiller les choses.

Voici un syllogisme très persuasif :

*Aucun bégonia ne se trouve dans le même parterre que le moindre pétunia.*

***Tous les pétunias et toutes les marguerites se trouvent dans les mêmes parterres.***

*Aucun bégonia ne se trouve dans le même parterre que la moindre marguerite.*

La situation change radicalement avec le suivant, bien que la première prémisse reste la même :

*Aucun bégonia ne se trouve dans le même parterre que le moindre pétunia.*

***Tous les pétunias se trouvent dans les mêmes parterres que certaines marguerites.***

*? ? ?*

Là encore, la plupart des gens ingénieux et réfléchis n'en tirent *aucune* conclusion, Pourtant, il y en a une de valide :

***Quelques** marguerites ne se trouvent **pas** dans le même parterre que le moindre bégonia.*

Et même lorsque cette conclusion nous est présentée, nous pouvons encore avoir l'impression que le raisonnement ne tient pas. Peut-être ne nous persuade-t-il pas parce que nous ne voyons pas qu'il peut y avoir d'« autres » marguerites que celles qui partagent les parterres de certains pétunias et qu'elles pourraient, pour autant que nous le sachions, se trouver dans le même parterre que certains bégonias. En fait, *tous* les pétunias se trouvent dans les mêmes parterres que certaines marguerites. Par conséquent, d'après la première prémisse, il doit y avoir des marguerites qui ne coexistent avec aucun bégonia. C'est vrai... mais nous n'y croyons pas.

La grande leçon de ce chapitre, c'est qu'en général ce qui fait la force de persuasion d'un argument, ce n'est *pas* sa validité logique, mais quelque chose d'autre. Vérité et persuasion suivent souvent des chemins différents. Le syllogisme pouvant apparaître comme une forme trop artificielle, nous allons maintenant passer à des formes d'arguments plus libres, et peut-être plus spontanées. Malheureusement, le divorce entre vérité et persuasion en sortira confirmé.

# VI

# LES SEPT CORDES DE LA PERSUASION

Il est toujours intéressant de se demander si la forme peut, à elle seule, expliquer la force de persuasion d'une argumentation, indépendamment de son contenu. Nous pouvons essayer de répondre à cette interrogation de façon générale, y compris en dehors du domaine des syllogismes, à condition que l'argumentation puisse être ramenée à une forme schématique unique repérable dans des cas très différents les uns des autres par leurs contenus, leurs présupposés, leurs emplois et leurs objectifs. Il ne s'agit nullement d'un exercice baroque, réservé aux purs académiciens, car il serait très important, dans la vie de tous les jours, de pouvoir décider, une fois pour toutes, quand une argumentation est intrinsèquement persuasive, indépendamment de celui qui l'exprime, du pourquoi et des connaissances de base à laquelle elle fait appel. Demandons-nous donc s'il existe un critère objectif, rationnel, universel, qui permette d'accepter ou de réfuter un raisonnement donné. Dans le cas des syllogismes « purs », nous avons vu qu'il existe et qu'il est fourni par la logique. Quelque chose nous dit que vouloir une solution générale, c'est peut-être trop. L'étape suivante consiste donc à se demander si l'on peut s'approcher un tant soit peu de cet ambitieux objectif. En fait, ce serait déjà beaucoup, parce que la force d'une argumentation peut, à elle seule, inciter des foules à entreprendre des actions effroyables. Nous aimerions savoir d'avance s'il est bon de réagir, et dans quel sens.

Dans l'Antiquité déjà, les maîtres de rhétorique savaient qu'il existe des formes d'argumentation qui exploitent en nous une sorte de réflexe conditionné, qui comportent une sorte de vernis persuasif, mais seulement de vernis, parce qu'elles sont trompeuses. Ces sophismes (*fallacies*, en anglais) peuvent être répertoriés et étudiés un par un. Ce sont en quelque sorte des miroirs déformants des bonnes formes d'argumentation. Un cas extrêmement connu, mais pas très sérieux, est le pseudo-syllogisme suivant :

*Le chien est une constellation.*
*Le chien aboie.*
*La constellation aboie.*

Celui-ci est plus intéressant :

*Prémisse 1* : Rome est le siège de la papauté.
*Prémisse 2* : Pendant un moment, Avignon fut le siège de la papauté.
*Conclusion* : Pendant un moment, Rome fut Avignon.

Cela fait sourire, mais il n'est pas si facile que cela de dire ce qui cloche dans ce pseudo-raisonnement. Les différents types de sophismes ont été régulièrement enseignés pendant des siècles dans les universités, dans le cadre de la logique et de la rhétorique, afin de protéger les jeunes esprits contre l'erreur et l'équivoque. On ne sait trop pourquoi, cet enseignement a ensuite disparu, alors justement que la portée et la diffusion des canaux de persuasion augmentaient considérablement. Les logiciens et les philosophes ont continué de découvrir des formes toujours nouvelles et toujours plus insidieuses de paradoxes argumentatifs, mais il s'est tout au plus agi d'études réservées aux spécialistes. Ce n'est que récemment, grâce au développement des sciences cognitives, de la psychologie du raisonnement et de l'intelligence artificielle que l'intérêt pour les formes d'argumentation s'est renforcé et a commencé à se propager hors du jardin secret des chercheurs. C'est positif, parce que l'emploi de pseudo-raisonnements pour forcer notre consentement nous concerne tous.

Prenons le cas suivant, extrêmement réaliste, et en tout point semblable à une déclaration qui, si je m'en souviens bien, fut rapportée par la presse il y a quelques années et me mit hors de moi (j'arrondis les chiffres par souci de simplicité) :

*Un litre de super coûte 6 francs.*

*Les pays producteurs de pétrole ont augmenté leur prix de 30 %.*

*Donc : l'essence va maintenant coûter 8 francs.*

Avouons-le : cela déclenche en nous, tout au moins sur le coup, une sorte de réflexe conditionné. La forme de ce raisonnement a quelque chose de plausible, quelque chose qui nous convainc. Et c'est bien sur ce réflexe que comptaient nos gouvernements, voire les journalistes qui se chargèrent, avec une bonne foi peut-être douteuse, de nous faire gober ce sophisme. En effet, le prix de l'essence à la pompe, en Italie ou en France, se compose essentiellement de taxes (à concurrence de plus de 75 %). En outre, le prix du produit raffiné est nettement supérieur à celui du brut. L'augmentation légitime n'aurait donc dû être que de 30 % de ce que le prix du brut représente dans le prix du carburant à la pompe. Ce qui ne fait pas grand-chose. Pourtant, je m'aperçus avec stupeur que beaucoup s'étaient immédiatement résignés à cette augmentation en faisant justement fond sur ce sophisme.

Quelques années plus tard, un phénomène très semblable se produisit avec le prix du papier et le prix des livres. Dans la seconde moitié des années 1970, le coût du papier, par suite d'une série de causes complexes sur lesquelles nous ne nous arrêterons pas ici, subit tout à coup une forte augmentation. À l'intention de tous, auteurs mais aussi simples acheteurs de livres et de revues, il fut expliqué que le marché connaissait des difficultés et que, pour que la marge bénéficiaire demeurât intacte, il fallait augmenter nettement les prix de vente. Ignorant tout du calcul réel des coûts de publication, j'avalai cela sans broncher. Un peu plus tard, par le plus grand des hasards, je me retrouvai un soir à dîner avec un industriel canadien du papier et un spécialiste italien de la distribution des livres. Ils se regardèrent et sourirent de mon ingénuité, que je partageais d'ailleurs avec des millions d'autres citoyens. Sur une nappe en papier, au restaurant, ils calculèrent devant moi l'impact de cette augmentation du coût du papier sur le prix de vente d'un livre de trois cents pages. Cela représentait quelques francs. Ce n'est pas cela qui coûtait le plus cher.

C'était tout à fait la même chose qu'avec l'essence. Une fois de plus, nous avions été convaincus par un pseudo-raisonnement, par un réflexe automatique de persuasion. Bien évidemment, ces exemples de la vie réelle sont liés à des facteurs divers. Pour comprendre que l'on a été dupé, il faut posséder des informations fiables sur les coûts des matériaux, des procédés de fabrication, du stockage et ainsi de suite. Il faut également se rendre compte des techniques de communication savamment mises en œuvre par les gouvernements et les industriels, et de leurs objectifs. La forme des argumentations ne suffit pas, à elle seule, à nous faire comprendre que l'on a joué sur notre crédulité. Il serait pourtant intéressant que cela se passe ainsi sur la seule base de la forme, sans attendre de rencontrer, par hasard, des experts qui nous ouvrent les yeux.

En fin de compte, les exemples de l'essence et du papier, malgré leurs différences, ont quelque chose en commun. Le type d'argument employé est le même, et il nous convainc exactement pour les mêmes raisons. Une augmentation, objectivement indépendante de la volonté de nos interlocuteurs directs, est présentée comme justification d'une hausse du produit fini dans les mêmes proportions. On passe sous silence le fait capital qu'en réalité l'augmentation ne touche qu'une petite fraction du prix à la consommation. Dans un certain sens, il se dégage de ces deux exemples un enseignement commun, quelque chose qui a aussi un rapport avec la forme, abstraction faite de la substance.

Malheureusement, il serait utopique d'espérer se protéger dans tous les cas de sophismes de ce genre en examinant uniquement la forme des argumentations utilisées. Un vice de forme, comme les maîtres de rhétorique le savaient bien et l'ont enseigné à leurs élèves pendant des siècles, suffit à trahir un sophisme. Mais c'est bien une condition suffisante, et non nécessaire. D'innombrables autres sophismes, comme celui de l'essence ou celui du papier, peuvent être formellement irréprochables, mais trompeurs en raison d'un vice de contenu. Nous verrons un peu plus loin comment c'est possible. Dans ces cas, tout spécialement inventés et vieux comme le monde, il faut se procurer des informations spécifiques et pertinentes. Il serait cependant utile de se demander si l'on ne peut pas au moins comprendre quelque chose de plus en examinant attentivement la seule forme d'une argumentation. La réponse est affirmative, et ce chapitre entend bien le montrer.

Nous examinerons sept formes principales d'argumentation et nous demanderons ce qui les rend psychologiquement convaincantes. Il s'agit d'une sélection essentielle des formes d'argumentation les plus étudiées par les experts en logique, en philosophie de la science et en psychologie du raisonnement. Chacune peut être résumée en une « recette » et quelques commentaires sur cette recette. Toutes présentent un aspect important et général du mécanisme des argumentations. Comme nous le verrons, aucune d'elles n'est parfaitement étanche et blindée. Cependant, considérées dans leur ensemble, elles constituent un tableau assez fidèle des mécanismes psychologiques de la persuasion fondée sur des argumentations rationnelles.

*Première forme : le rocher sous la surface de l'eau*

On peut voir cette situation comme un gué sur une rivière. Partons de notre rive, c'est-à-dire de ce que nous savons et pensons déjà vrai, et rejoignons l'autre rive, c'est-à-dire la conclusion, en posant d'abord le pied sur la prémisse, puis sur une pierre solide, invisible, mais qui, nous le savons, se trouve sous la surface de l'eau. En deux bonds, nous sommes de l'autre côté. La prémisse, combinée à un élément auquel il est implicitement fait appel et que nous avons de fortes raisons de croire vrai, débouche sur la conclusion.

En voici un exemple d'une grande actualité :

*Prémisse* : Le marxisme n'a jamais voulu admettre la réalité de la haine ethnique et du fanatisme religieux, qu'il a toujours ramenés à des superstructures artificielles de la lutte entre nantis et démunis, exploiteurs et exploités.

*Conclusion* : Le marxisme n'apporte rien sur les tragédies de l'ex-Yougoslavie, du Rwanda et de l'Algérie.

Le sous-entendu intermédiaire et essentiel est que ces tragédies sont justement dues à la haine ethnique et au fanatisme religieux. Fait que, malheureusement, nous pouvons tous constater. Deux éléments, l'un explicite, l'autre implicite, et nous passons sans incertitude à la conclusion.

Dans ce style d'argumentation, il est précisément fait appel à un point implicite, un rocher sous la surface de l'eau. Mais il ne peut s'agir de n'importe quel rocher. L'argument n'est plus convaincant si l'interlocuteur ne sait pas qu'il existe ou ignore où il se trouve. Il est peu convaincant de conclure que Rover a des moteurs fiables, sachant que Honda a des moteurs fiables, si l'on ne sait pas que certains moteurs Rover sont fabriqués par Honda. (En dernière minute, je devrais ajouter BMW à Rover, mais peu importe.) Inversement, on peut construire une argumentation faussement persuasive si l'on suppose que l'interlocuteur tient pour vrai quelque chose qui, nous le savons, ne l'est pas. Il croit qu'il y a un rocher, alors qu'il n'y en a pas.

*Prémisse* : La ville de New York se trouve dans l'État de New York.
*Conclusion* : La ville de Washington se trouve dans l'État de Washington.

Eh bien non. Washington n'est pas dans l'État de Washington, mais dans *le district de Columbia.*

L'État de Washington existe bien, mais il est très éloigné géographiquement de la ville du même nom. Là, on construit un sophisme en se fondant sur un présupposé très plausible, dans l'abstrait, mais faux dans la réalité, à savoir que toutes les grandes villes américaines se trouvent dans les États qui portent le même nom. Ce type de stratagème est fort ancien et bien connu. Si nous tenons pour vrai quelque chose qui ne l'est pas, et qu'une personne malveillante le sait, il lui est facile de nous faire croire bien d'autres faussetés encore.

Il arrive que la prémisse elle-même nous indique qu'une chose qui nous semblait aller de soi n'est pas vraie et nous invite implicitement à nous appuyer sur cette information pour passer à la conclusion. Ainsi, l'argumentation suivante est plutôt convaincante :

*Prémisse* : New York n'est pas la capitale de l'État de New York.
*Conclusion* : Los Angeles n'est pas la capitale de la Californie.

Ça marche (en effet, la capitale de la Californie est Sacramento). La prémisse suffit à faire naître implicitement une idée plus générale d'où découle la conclusion, à savoir que la ville la plus grande et la plus connue d'un État n'est pas forcément sa capitale.

Un point intéressant, dans ce schéma de raisonnement extrêmement commun, est que le rocher sous la surface de l'eau ne peut être la prémisse elle-même (ce qui est plutôt une banalité), ni une version légèrement modifiée de la prémisse, ni encore la formule qui représente le raisonnement lui-même, c'est-à-dire : « Si la prémisse est vraie, alors la conclusion est vraie. » Cela peut peut-être sembler évident, mais voyons la différence entre les deux exemples suivants :

*Prémisse* : Mars est une planète du système solaire.
*Conclusion* : Mars tourne autour du Soleil.

C'est convaincant, certes, mais totalement trivial. En effet, être une planète du système solaire signifie, justement, tourner autour du Soleil. Inutile d'argumenter si une simple définition suffit.

L'exemple suivant est déjà différent :

*Prémisse* : Sur Mars, il n'y a pas de chlorophylle.
*Conclusion* : Sur Mars, il n'y a pas de végétation.

Ce n'est peut-être pas très exaltant, mais c'est sans doute convaincant, et nous ne dirions pas que c'est parfaitement banal. Les raisonnements de ce genre sont très utiles, par exemple, dans les laboratoires de recherche, les tribunaux, pour établir des diagnostics, réparer des moteurs et prendre des décisions en matière d'investissement. Il serait donc utile d'établir une différence de principe entre ces deux derniers cas.

Dans le second, ce qui demeure implicite et nous permet de passer de la prémisse à la conclusion, c'est le fait que la chlorophylle est contenue dans les plantes et en révèle la présence. La transition de la prémisse à la conclusion se fait donc cette fois non pas sur la base d'une définition, mais de quelque chose de très proche. Le raisonnement lui-même, dans son ensemble, ressemble terriblement à la prémisse implicite qui nous le fait trouver convaincant. Pourtant, on a la nette impression d'être devant quelque chose de pertinent qui n'est pas parfaitement évident.

Comment établir une différence de principe ?

Malheureusement, il est très difficile de décider une fois pour toutes, dans l'abstrait, quand un raisonnement « ressemble » à un autre et dans quelle mesure il lui ressemble. À l'heure actuelle, il n'existe pas de théorie générale de la similitude psychologique entre les argumentations. La différence entre le premier et le second exemple est bien réelle sur le plan psychologique, mais on ne peut la « mesurer » avec un mètre objectif. Ce qui n'empêche pas de formuler quelques règles d'or afin d'utiliser correctement cette forme de raisonnement et de la rendre persuasive.

Ces règles sont, à peu de chose près, les suivantes :

- se baser sur un fait, une théorie ou une opinion qui sont vrais et dont notre interlocuteur et nous-mêmes avons une connaissance commune implicite ;
- partir d'une prémisse vraie qui, combinée avec ce fait (cette théorie ou cette opinion), conduit inéluctablement à la conclusion ;
- privilégier des prémisses auxquelles l'interlocuteur peut n'avoir jamais pensé explicitement, et en particulier à des prémisses susceptibles de remettre en cause une opinion en apparence évidente et bien établie ;
- privilégier, pour le passage à la conclusion, un fait (ou encore une théorie ou une opinion) implicite, qui peut émerger facilement, mais qui n'est sans doute pas immédiatement présent à l'attention de notre interlocuteur ;
- construire l'argumentation de telle sorte qu'elle soit naturelle, irrésistible, mais également instructive.

Examinons quelques bons exemples à imiter, et quelques exemples, fallacieux, à démasquer.

Voici les bons :

1.
*Prémisse* : New York se trouve presque exactement à la même latitude que Naples.
*Conclusion* : La rigueur du climat hivernal ne dépend pas seulement de la latitude.

Ici, on « s'appuie » sur le fait que New York connaît des hivers notoirement rigoureux alors qu'à Naples beaucoup se vantent de ne même pas avoir de manteau. La prémisse, vraie et pertinente, mais plutôt inattendue, mène à la conclusion de façon très convaincante.

2.

*Prémisse* : Les chats tricolores sont presque toujours des femelles.

*Conclusion* : Il existe un facteur génétique particulier déterminant le pelage tricolore.

L'élément sous-entendu est que le sexe est déterminé génétiquement et que – chose peut-être moins évidente – un trait héréditaire invariablement attaché à un seul des deux sexes est conféré par un chromosome sexuel. La conclusion est convaincante et instructive. En effet, la généticienne anglaise Mary Lyons a montré qu'il s'agit d'un phénomène fort intéressant dit de « mosaïsme » cellulaire, possible uniquement chez les femelles parce qu'elles seules ont deux chromosomes XX (au lieu d'un X et d'un Y chez les mâles) dont chacun est actif à tour de rôle, ce qui entraîne des colorations diverses en des points différents du corps.

3.

*Prémisse* : Lorsque la marée est haute en un point de la Terre, elle est également haute au point qui se trouve aux antipodes.

*Conclusion* : La marée ne résulte pas simplement de l'attraction de la Lune qui fait « gonfler » les eaux par gravitation.

J'ai constaté que, pour beaucoup, cette conclusion est surprenante. Elle devient pourtant inévitable lorsqu'on accepte la prémisse. En effet, les marées sont un des phénomènes quotidiens sur lesquels la majorité des personnes ingénues a des intuitions erronées. Il s'agit, en gros, de « pulsations » rythmiques des masses d'eau dans lesquelles interviennent de façon déterminante, outre l'attraction de la Lune, celle du Soleil et l'inertie de la masse d'eau concernée. En fait, à quelques dizaines de milles de distance, la différence de niveau entre marée haute et marée basse peut tripler ou sextupler. De surcroît, dans certaines zones, il y a deux cycles de marée basse et haute par vingt-quatre heures alors que, dans d'autres, il n'y en a qu'un seul.

4.
*Prémisse* : La vitesse de déplacement d'un électron dans un circuit électrique est de quelques mètres par heure.
*Conclusion* : Le courant électrique n'est pas exactement un flux d'électrons entre deux pôles.

Tout le monde sait que le courant s'établit instantanément lorsque l'on actionne un interrupteur. Et tout le monde croit savoir que le courant est un « flux migratoire » de charges négatives (électrons) vers le pôle positif. La prémisse, surprenante, rend inévitable la conclusion, elle aussi surprenante. En effet, la physique des semi-conducteurs nous enseigne que le courant électrique est une propagation extrêmement rapide (à la vitesse de la lumière) d'une perturbation du champ cristallin global du conducteur. L'image du « flux » de charges n'est qu'une métaphore pratique au niveau de l'électronique élémentaire.

Passons maintenant aux mauvaises argumentations, en considérant des cas réels et vérifiables :

1.
*Prémisse* : Le phosphore est activement impliqué dans les processus cérébraux de la mémoire.
*Conclusion* : Il est bon pour la mémoire de manger du poisson et de prendre des fortifiants riches en phosphore.

L'essence implicite de ces raisonnements, qui a convaincu des générations de médecins de famille et de parents, et a provoqué d'horribles haut-le-cœur chez les malheureux enfants contraints d'avaler de l'huile de foie de morue et diverses autres cochonneries pharmaceutiques, est la suivante : si l'on ingère du phosphore à travers les aliments, il finit dans notre cerveau. Or il a été montré que le phosphore absorbé par voie orale n'atteint pas (j'insiste sur la négation) les centres cérébraux. En outre, il est impossible que le cerveau d'une personne qui se nourrit normalement (voire qui est légèrement sous-alimentée) puisse jamais présenter des carences en phosphore.

La force de cette argumentation a été telle qu'elle a

longtemps résisté à toute réfutation. Tâchons d'être plus vigilants dans l'avenir.

2.

*Prémisse* : Lorsque l'on répand du DDT dans l'atmosphère, ou sur les plantes, il se dépose dans les tissus animaux jusqu'au troisième cycle (c'est-à-dire dans les tissus d'animaux qui mangent des animaux lesquels, à leur tour, mangent des animaux qui mangent des plantes couvertes de DDT).

*Conclusion* : Il faut interdire l'emploi du DDT (et tant pis pour les conséquences).

Le lien, évident aux yeux de beaucoup, entre la prémisse et la conclusion est que la présence de traces de DDT dans les tissus est nocive. En réalité, à ce jour, il n'a jamais été démontré que le DDT soit mauvais pour l'homme ou pour les animaux que nous mangeons. En revanche, la réémergence de la malaria et d'autres maladies véhiculées par les insectes, suite à l'interdiction du DDT, a causé des dommages bien plus considérables, tant pour les humains que pour l'économie.

### *Deuxième forme : monter plus haut pour descendre ensuite plus bas*

Une argumentation peut être très convaincante si elle part de prémisses suffisamment représentatives et assez différentes entre elles qui nous incitent tout d'abord à généraliser puis à accepter la conclusion comme un cas particulier. Il s'agit, pour parler en termes techniques, d'une induction réalisée comme une déduction « inverse ». Voyons-en tout de suite un exemple élémentaire :

*Prémisse 1* : Les rues de Rome étaient désertes pendant la finale de la Coupe du monde.

*Prémisse 2* : Les rues de Cinisello Balsamo étaient désertes pendant la finale de la Coupe du monde.

*Conclusion* : Les rues de Palerme étaient désertes pendant la finale de la Coupe du monde.

Cela nous semble très convaincant, parce que l'on pense d'abord que les rues de toutes les grandes et petites villes d'Italie étaient désertes pendant la finale de la Coupe du monde, et que l'on en tire ensuite la conclusion relative au cas particulier de Palerme.

L'argumentation suivante aurait été bien moins persuasive :

*Prémisse 1* : Les rues de Rome étaient désertes pendant la finale de la Coupe du Latium.

*Prémisse 2* : Les rues d'Ostie étaient désertes pendant la finale de la Coupe du Latium.

*Conclusion* : Les rues de Palerme étaient désertes pendant la finale de la Coupe du Latium.

Dans ce cas, l'argumentation ne persuade plus parce qu'elle ne renvoie plus à un ensemble assez général d'où l'on peut ensuite passer, par déduction, à la conclusion.

Au cœur de ce type de raisonnements réside l'homogénéité des ensembles que nous formons instantanément, dans notre esprit, à partir des prémisses. Le secret consiste à fournir un éventail de prémisses suffisamment large pour apparaître représentatif du plus grand ensemble (toutes les villes d'Italie, toutes les villes du Latium), puis à présenter une conclusion portant sur un autre élément dudit ensemble (ce qui est le cas de Palerme dans le premier ensemble, mais pas dans le second). Si les groupements formés sont vraiment compacts et homogènes, nous supposons spontanément que leurs éléments ont de nombreuses propriétés communes, y compris celle dont il est question dans la conclusion. C'est ce qui fait la force de persuasion de ces raisonnements.

En voici un autre exemple :

*Prémisse 1* : Pour certains modèles de motos, Ducati produit moins d'unités qu'il n'en est demandé.

*Prémisse 2* : Pour certains modèles de motos, Harley Davidson produit moins d'unités qu'il n'en est demandé.

*Conclusion* : Pour certains modèles de motos, BMW préfère perdre des commandes plutôt que de courir le risque d'avoir trop de stock.

L'argumentation est irréprochable, et force est de constater que les choses se passent ainsi. L'ensemble que nous formons mentalement, sur la base des prémisses, est celui des fabricants de motos non japonais, dont fait bien évidemment aussi partie BMW. Dans la conclusion, on fait à peine un pas de plus par rapport aux prémisses, et l'on remonte à la cause la plus probable de l'excès de demande.

Ce type d'argumentation a ses limites, fixées par nos intuitions et par notre bagage cognitif. Non seulement les ensembles doivent nous paraître immédiatement évidents, mais les liens entre les propriétés citées doivent eux aussi nous apparaître naturels, directs, inéluctables.

Le raisonnement suivant serait peu convaincant :

*Prémisse 1* : L'étain est très malléable.
*Prémisse 2* : Le cuivre est très malléable.
*Conclusion* : L'or est un excellent conducteur électrique.

Cela ne nous apparaît même pas comme une argumentation, mais comme une liste d'affirmations sans rapport entre elles. Pourtant, d'un point de vue strictement formel, il n'y a rien à redire. Les deux prémisses nous invitent à remonter aux métaux en général. À partir de la propriété de malléabilité, il est très plausible de passer à celle de la conductibilité électrique (chose que nous avons apprise à l'école). Les métaux possèdent ces deux propriétés (parmi tant d'autres), et l'or est un métal. Par conséquent... mais nul ne trouverait cette argumentation convaincante, même en sachant tout cela.

Pour fonctionner, une argumentation de ce genre doit se maintenir à un niveau psychologiquement clair. La physique, la chimie ou les autres sciences ne peuvent pas suppléer à un manque de plausibilité psychologique. Il faut que nous saisissions tout de suite, dans notre tête, les rapports entre les exemples utilisés et entre les propriétés indiquées. Il n'est pas d'une grande utilité que, dans quelque autre recoin de notre esprit, nous possédions les connaissances nécessaires et suffisantes pour garantir, dans l'abstrait, la conclusion. Les prémisses et la conclusion doivent « s'appartenir » mutuellement, dans un sens non pas scientifique, mais psychologique. Qu'importe même, parfois, que notre connaissance scientifique de ce dont on parle soit très réduite, voire inexistante. Comme nous venons de le voir, une argumentation peut nous paraître peu convaincante même si la conclusion nous paraît plausible pour d'autres raisons, et même si nous comprenons sur quels liens objectifs entre les propriétés se fondent les passages d'une étape à l'autre. Inversement, nous pouvons trouver parfaitement convaincante une argumentation du type suivant, même si elle fait intervenir des propriétés dont nous ne savons pas grand-chose, voire rien du tout :

*Prémisse 1* : Le cerveau du babouin contient de la sérotonine.

*Prémisse 2* : Le cerveau de la sauterelle contient de la sérotonine.

*Conclusion* : Le cerveau de la girafe contient de la sérotonine.

Bien que nous ne sachions rien, ou peu de chose, à propos de la sérotonine, ce raisonnement nous paraît lui aussi très convaincant. En effet, du babouin et de la sauterelle nous remontons inévitablement à tous les animaux (aucune autre catégorie plus « spécialisée » d'êtres vivants ne les contient tous les deux). Et de ceux-ci à la girafe qui est, justement, un animal. Psychologiquement, l'argumentation nous semble tout à fait convaincante, même si nous ne savons pas trop ce qu'est la sérotonine.

Une fois encore, il est très difficile de traiter de façon générale et objective, formelle, les facteurs qui confèrent à une argumentation de ce type une transparence psychologique spéciale. Tous, y compris les enfants, nous avons des idées très claires, et dans l'ensemble justes, sur les relations de similitude et de différence entre les animaux, tant pour des espèces particulières que pour les plus grands ensembles zoologiques (félins, mammifères, insectes, poissons, etc.). En revanche, nous avons plus de mal à appréhender spontanément et correctement les relations de similitude entre les objets, même les plus courants (bicyclette, avion, fer à repasser, cafetière, etc.). Dans le monde des objets physiques en général, il semble y avoir une sorte d'organisation innée de nos intuitions spontanées au sujet des rapports naturels de cause à effet, appelée « physique ingénue ». Pour l'heure, on ne peut pas dire grand-chose de plus qui soit vraiment général. Les relations entre objets du vaste monde qui méritent d'être qualifiées de « psychologiquement pertinentes » ne sont cernées par aucune formule, par aucune théorie. Heureusement, nos interlocuteurs en ont une perception suffisamment proche de la nôtre pour qu'elles soient souvent tout à fait évidentes.

Les règles d'or que l'on peut en tirer sont les suivantes :

- choisir les prémisses de telle sorte qu'elles soient suffisamment hétérogènes pour sembler choisies pratiquement au hasard, comme des échantillons, mais également assez homogènes pour suggérer un ensemble particulier, et un seul, qui les rapproche toutes ;
- choisir les propriétés mentionnées dans les prémisses de telle sorte qu'elles paraissent parfaitement naturelles, par rapport à l'ensemble en question, et psychologiquement en rapport avec celles indiquées dans la conclusion ;
- présenter une conclusion portant sur un autre membre avéré de l'ensemble, mais auquel on ne penserait pas d'emblée ;
- reprendre, dans la conclusion, la même propriété que dans les prémisses, ou une propriété liée à celle-ci de façon psychologiquement évidente ;
- construire toute l'argumentation de telle sorte qu'elle soit instructive, afin qu'elle révèle quelque chose qui, jusque-là, était très peu évident.

Si je peux me permettre d'associer le sacré au profane,

la plus connue et la plus poétique de ces argumentations se trouve dans l'Évangile [1], dans lequel Jésus dit :

> Regardez les oiseaux du ciel : ils ne sèment ni ne moissonnent, il n'amassent point dans les greniers ; et votre Père céleste les nourrit ! Ne valez-vous pas beaucoup plus qu'eux ? [...] Et du vêtement, pourquoi vous inquiéter ? Observez les lis des champs, comme ils croissent, ils ne peinent ni ne filent et, je vous le dis, Salomon lui-même, dans toute sa gloire, n'a jamais été vêtu comme l'un d'eux. Si Dieu habille ainsi l'herbe des champs, qui est là aujourd'hui et qui demain sera jetée au feu, ne fera-t-il pas bien plus pour vous, gens de peu de foi ?

Voilà une argumentation qui convainc les foules depuis deux mille ans et continue à persuader encore beaucoup de gens aujourd'hui, en dépit d'innombrables exemples tragiques du contraire.

### *Troisième forme : les surprises se compensent*

La vérité de la prémisse (ou des prémisses, s'il y en a plusieurs) produit un effet de surprise et nous incite à accepter la conclusion, qui serait étonnante sans les prémisses.

En voici un exemple banal :

*Prémisse* : Gavi Ligure ne se trouve pas en Ligurie.
*Conclusion* : Le Gavi de Gavi est un vin blanc du Piémont.

Après la douche froide de la prémisse, on n'a plus aucun mal à accepter la conclusion. En effet, ce petit raisonnement est tellement convaincant qu'il en devient irrésistible. Irrésistible, vu la prémisse.

Quelle est l'étendue des possibilités ouvertes par une prémisse qui, en soi, est stupéfiante ? Dans quelle mesure puis-je faire admettre comme vrai un fait normalement jugé

1. Matthieu, 6-26 (Traduction œcuménique biblique). *(N.d.T.)*

improbable ? Et combien d'autres faits, qui en découlent, puis-je également faire admettre comme vrais ? Dans le domaine scientifique, cette situation se présente sans cesse, et il faut des années aux scientifiques, et même aux auteurs d'une découverte, avant d'en mesurer toutes les conséquences. Ils continuent à croire vraies des choses que leur propre découverte a rendues peu plausibles. Puis, tout à coup, ils se frappent le front en s'exclamant : « Bon Dieu, mais c'est bien sûr, comment n'y ai-je pas pensé plus tôt ? ! »

L'esprit humain est ainsi fait. Il ne parcourt pas automatiquement tous les maillons d'une chaîne, même s'il les connaît tous et les sait tous solides, dans l'abstrait. Ce sont surtout les connaissances nouvelles et inattendues qui provoquent cette forme de myopie temporaire. On apprend qu'est vrai quelque chose que l'on croyait faux. Et dans un autre coin de sa tête, on sait que, si telle chose est vraie, alors telle autre l'est également. Pourtant, on n'en vient pas à l'inévitable conclusion. Les philosophes professionnels disent, en termes abscons, que l'ensemble des connaissances humaines, y compris celles d'un individu unique, n'est pas « fermé par implication ».

Une manifestation très terre à terre de ce phénomène est celle de la simple distraction. Je sais très bien que l'anniversaire de Marie est le 5 octobre. Si, à un moment donné, vous me demandez : « C'est quand, l'anniversaire de Marie ? », je répondrai sans hésiter : « Le 5 octobre. » Les mois et les jours passent. Le 5 octobre arrive. Je sais que l'on est le 5 octobre parce que j'ai acheté le journal, sur lequel j'ai vu la date, et parce que j'ai signé des lettres commerciales qui l'indiquaient visiblement. Et pourtant, j'oublie que c'est l'anniversaire de Marie. Distraction, certes. Mais le phénomène est plus profond et plus général, et se produit même lorsque nous nous efforçons d'être attentifs.

Ainsi, Albert Einstein formula un jour une objection qui parut tout d'abord terrible à l'encontre de la théorie des quanta. Un peu plus tard, un illustre interlocuteur lui démontra que cette objection ne tenait pas, en vertu justement de la théorie de la relativité restreinte qu'Einstein lui-même avait énoncée. Même les génies peuvent avoir du mal à percevoir toutes les conséquences de leur découverte.

En général, il s'agit du problème dit de la plausibilité conditionnelle : quelle est la probabilité que ceci soit vrai, sachant que cela l'est également ? Et en particulier, si l'on sait que quelque chose de surprenant, d'exceptionnel, est vrai, quelle est la probabilité qu'il en dérive quelque chose de surprenant ? Et quelle est la probabilité, inversement, que le cours normal des événements se rétablisse ? La plausibilité conditionnelle est un processus psychologique, et non logique. C'est pourquoi la logique pure et le calcul des probabilités ne nous sont pas d'un grand secours.

*Prémisse* : Nous sommes en juillet, et il a plu pendant seize jours consécutifs.
*Conclusion* : Demain, il ne pleuvra pas.

Sommes-nous convaincus ? Ne serait-il pas plus convaincant de conclure que demain aussi il pleuvra ? Dans ce cas, notre incertitude est due au fait que la pluie du jour précédent n'est pas la cause de la pluie du jour suivant. Il s'agit seulement d'un indice, d'un signal. Elle est due à des facteurs atmosphériques plus globaux et d'une plus longue durée. Il a néanmoins été calculé qu'en moyenne, sur la terre, en toute saison, il y a une probabilité d'environ 60 % de deviner la bonne réponse à la question « Quel temps fera-t-il demain ? » en répondant tout simplement : « Le même qu'aujourd'hui. » Pourtant, nous suivons tous une intuition statistique peu justifiable mais très forte, une sorte de règle de compensation. Sachant que, normalement, en juillet, il ne pleut pas beaucoup, nous sommes enclins à supposer que l'équilibre va se rétablir et que la pluie va cesser.

Dans d'autres cas, en revanche, un fait exceptionnel nous pousse à nous attendre à d'autres faits exceptionnels.

*Prémisse* : Georges peut boire sept cafés dans la journée et dormir toute la nuit sur ses deux oreilles.

*Conclusion* : Georges peut boire huit cafés dans la journée et dormir toute la nuit sur ses deux oreilles.

Dans ce type d'argumentation, la persuasion résulte de ce que l'on appelle la « monotonie » : il serait peu raisonnable de s'attendre que Georges devienne tout à coup insomniaque à la huitième tasse de café. Nous reviendrons bientôt sur cette notion de monotonie.

Les trois principaux ingrédients de cette forme d'argumentation sont les suivants : 1. une prémisse, vraie, mais inattendue ; 2. un passage obligé, implicite, mais irrésistible, par un élément qui explique comment peut se produire ce qu'affirme la prémisse ; 3. une conclusion qui découle de façon très plausible de 1. et 2.

Le grand philosophe américain Charles Sanders Peirce, un des pères du pragmatisme, propose le schéma de raisonnement suivant, d'une portée extrêmement générale :

Un fait donné, appelé F, a été observé sans l'ombre d'un doute. Ce fait F est stupéfiant. Mais si l'on suppose aussi la vérité de E (qui peut être un autre fait plus général, un principe, une théorie, ou encore une cause), alors F n'est plus stupéfiant, mais au contraire une conséquence naturelle de E (la lettre E suggère l'idée d'explication).

Il est donc raisonnable de supposer que E est vrai. Demandons-nous en quoi cette formule générale de Peirce est persuasive.

Il n'est pas difficile de trouver des exemples qui la rendent convaincante. En science, on procède justement bien souvent de la sorte. Pour citer un exemple célèbre, Ernest Rutherford, bombardant un mince feuillet d'or de particules alpha, constata que la majorité de ces minuscules particules le traversait comme si de rien n'était, mais qu'une infime minorité (environ une sur mille) était violemment renvoyée en arrière. On comprend le caractère renversant de cette observation à travers son fameux commentaire : « C'est comme si on avait tiré au canon sur une feuille de papier et que certains boulets avaient rebondi dessus. »

Mais si l'on supposait que l'atome n'était pas uniformément plein, et que toute sa masse était concentrée dans une toute petite région extrêmement dense, le noyau atomique, cette observation n'avait plus rien de stupéfiant. Il devenait même inévitable que la plupart des particules passent sans problème à travers le vide des atomes et que les rares particules qui, par hasard, heurtaient le noyau, rebondissent violemment. C'est ainsi que l'hypothèse de l'existence d'un noyau atomique fut avancée pour la première fois. Ce qui rendait, et rend encore, cette hypothèse stupéfiante, c'est que la matière est en majorité constituée de vide.

Pour avoir une idée de la fréquence et de la force de persuasion de ce type de raisonnement, il n'est même pas nécessaire de faire appel aux grands scientifiques. Dans un célèbre récit d'Arthur Conan Doyle, Sherlock Holmes enquête sur le fait que le chien de garde n'avait pas aboyé quand l'assassin était entré, ce qui était très surprenant. Cependant, en conjecturant que l'« intrus » ait été le maître de maison, il devenait naturel que le chien n'ait pas aboyé. Holmes pose donc cette hypothèse et finit par trouver d'autres indices qui la confirment.

Nul doute que Peirce n'ait défini un type de raisonnement qui fonctionne. Il convient cependant de prendre des gants avant de l'élever au rang de principe universel et de déclarer qu'il est toujours convaincant. Ainsi, l'hypothèse qui explique le fait pourrait être encore plus stupéfiante que le fait lui-même. Peut-être même n'est-ce pas grave si elle explique aussi d'autres faits qui paraissaient au premier abord stupéfiants, ou si elle permet de prévoir d'autres faits nouveaux, dont certains sont stupéfiants et d'autres non. En revanche, si elle explique uniquement ce fait, et est encore plus étonnante que le fait lui-même, elle n'avance à rien.

Il y a quelques années, une de mes connaissances italiennes, un homme raffiné et cosmopolite, avait fait partie d'une expédition aux Philippines de médecins, d'anthropologues et de simples curieux aisés partis vérifier *de visu* le bien-fondé de certaines informations mirobolantes sur des interventions chirurgicales effectuées, disait-on, à mains nues. On avait entendu des histoires, et vu des photographies et même quelques films, de sorciers locaux qui extrayaient des kystes, des tumeurs et même des projectiles ou autres objets métalliques du corps de leurs patients, en l'ouvrant et en le refermant rapidement à l'aide de leurs seules mains, le tout sans aucun saignement. Des équipes bien plus expérimentées et plus sérieuses révélèrent plus tard qu'il s'agissait d'habiles supercheries réalisées avec une grande maîtrise de l'illusion par ces mages. Mais cet homme était versé dans les philosophies orientales, penchait fortement en faveur des critiques de la science et de la médecine « orthodoxes », et il fut convaincu d'avoir constaté que ces incroyables opérations à mains nues étaient bien une réalité. À l'occasion d'un dîner, il nous raconta ce qu'il avait vu (ou avait cru voir). Face au grand scepticisme de certains d'entre nous, et de l'air de celui qui expose un incontournable théorème, il expliqua que ces opérations à mains nues sans effusion de sang n'avaient rien de surprenant. « C'est qu'ils n'interviennent pas directement sur le corps biologique, mais sur le corps astral. » « Oh, c'est fascinant ! » s'exclama une dame avec ravissement. Fort heureusement, la conversation passa à autre chose. J'ignore quelle accumulation de croyances et de doctrines le poussa à penser que les opérations à mains nues sans effusion de sang dérivaient tout à fait « naturellement » d'une intervention sur une chose appelée « corps astral ». Je préférai ne pas approfondir la question. Pour beaucoup d'entre nous, assurément, son « explication » paraît encore plus invraisemblable que ce qu'elle prétend expliquer. La crédulité requise pour l'admettre serait plus grande encore et non diminuée. Le schéma de Peirce se lézarde face à de tels cas.

En dépit de longues et ingénieuses tentatives faites par des logiciens, par des philosophes de la science et par des chercheurs afin de tracer une ligne de démarcation objective, purement formelle, universelle, entre des hypothèses authentiquement scientifiques, comme celle du noyau atomique, et des hypothèses farfelues, comme celle du corps astral, on n'a pu que constater l'impossibilité de tracer cette ligne sur la seule base de la forme. Elle est très nette pour toutes les personnes ayant une formation scientifique, mais doit néanmoins faire appel à un bagage cognitif complexe, à un genre d'investigation particulier, et à des critères de rigueur théorique et expérimentale précis. On ne peut distinguer entre science et superstition en se fondant uniquement sur la forme des hypothèses. Autrement dit, on ne peut consacrer l'hypothèse du noyau atomique comme scientifique (erronée, peut-être, mais néanmoins scientifique) et rejeter l'hypothèse du corps astral comme insensée sur la seule base de la forme du discours. Et il n'est guère utile de faire valoir, comme ces philosophes, logiciens et chercheurs s'y sont efforcés, qu'une hypothèse comme celle du noyau atomique est fondée sur des observations expérimentales, alors que l'idée d'un corps astral ne repose sur rien. Ce monsieur avait bien « observé » des faits en apparence incroyables, et il avait bien formulé une hypothèse qui, selon lui, les expliquait très simplement et avec une grande élégance. Dans ce type d'argumentation, les surprises ne se compensent pas toujours. Et il n'y a pas de substitut à une véritable culture scientifique.

En revanche, il existe des règles d'or applicables à cette forme d'argumentation. Si elles sont correctement utilisées, elles peuvent pour le moins limiter les dégâts :

- partir d'une ou de plusieurs prémisses qui soient surprenantes pour de bonnes raisons, c'est-à-dire qui révèlent quelque chose d'inattendu pour le sens commun, mais, examinées de plus près, de compatible avec des connaissances technico-scientifiques plus poussées ;
- faire appel à une explication qui peut être surprenante, mais doit être solide, simple et inévitable, et suggérer, immédiatement, de nombreuses conséquences autres que la conclusion à laquelle on veut aboutir ;
- choisir une conclusion qui dérive en droite ligne des

prémisses et de l'explication, sans faire appel à d'autres hypothèses ou explications ;

• tracer, aux yeux de l'interlocuteur, un itinéraire psychologiquement naturel et obligé ;

• ne jamais causer plus d'une surprise à la fois.

Dans le cas de Rutherford et du noyau atomique, toutes ces règles ont été observées. Il est difficile d'imaginer une autre explication rendant aussi bien compte, aussi simplement et aussi naturellement, des phénomènes observés. Une fois l'existence du noyau atomique admise, la conclusion s'ensuivait sans faire appel à d'autres hypothèses supplémentaires, sans recourir à d'autres explications stupéfiantes.

Voyons maintenant, en revanche, un exemple historiquement bien étayé et très instructif d'un raisonnement qui, formulé presque littéralement, tel que je le transcris, a induit les immunologistes en erreur pendant plus d'un demi-siècle (de 1900 à 1950 environ) :

*Prémisse* : Les organismes sont capables de fabriquer des anticorps très spécifiques, y compris contre des substances artificielles, qui n'ont jamais existé auparavant dans la nature.

*Conclusion* : Ces molécules extérieures (antigènes) servent de clichés ou de moules à l'organisme pour la formation d'anticorps spécifiques.

La force de persuasion de cette argumentation reposait entièrement sur l'idée qu'il n'y a rien d'inutile dans la nature. Pour citer la réaction d'un célèbre biochimiste des années 1930 (le Hongrois Félix Haurovitz), il était « inconcevable » qu'un organisme (un lapin, une souris ou un être humain) ait en lui depuis toujours, c'est-à-dire depuis les origines de son espèce, des molécules complexes dont la seule et unique « finalité » aurait été de se lier à des substances artificielles qui n'avaient jamais existé auparavant dans la nature.

C'est là une histoire longue et complexe, sur laquelle nous ne nous attarderons pas trop. Il suffit de dire que, des années 1950 jusqu'à nos jours, on a accumulé de nombreuses preuves irréfutables contre l'idée que les organismes fabriquent des anticorps à partir de clichés ou de moules d'origine extérieure. Tous les types d'anticorps sont présents dans l'organisme sans aucune intervention externe, par suite d'une cascade de recombinaisons programmées dans leurs gènes. Le contact avec les substances étrangères à l'organisme – y compris des substances artificielles qui n'ont jamais existé auparavant dans la nature – ne fait qu'augmenter le nombre des anticorps spécifiques qui, parmi tous ceux qui existent, peuvent par coïncidence se combiner chimiquement avec ces substances. La rencontre de ces substances augmente leur nombre, mais ne les « crée » pas *ex nihilo*. En outre, il ne se trouve presque plus personne aujourd'hui, dans les milieux scientifiques, pour penser que la nature ne produit que ce qui est utile à l'organisme. La panoplie des anticorps (appelée « répertoire ») qui sont toujours spontanément présents dans un organisme supérieur (par exemple, un être humain) est de l'ordre de plusieurs milliards de types différents. Vu cette multiplicité des formes différentes d'anticorps, il est inévitable qu'il existe déjà, pour toute molécule introduite de l'extérieur, au moins un type d'anticorps capable, par le plus grand des hasards, de « la reconnaître ». Je mets « la reconnaître » entre guillemets parce que les deux molécules ne s'étaient jamais « rencontrées » auparavant. Cette immense variété de formes d'anticorps a une fonction importante et très utile à l'organisme : celle de le défendre contre les infections. En revanche, il n'y a aucun sens à supposer que chaque type d'anticorps existe « pour » servir à quelque chose. Aujourd'hui, nous pouvons fort bien penser que les anticorps capables de reconnaître quelques molécules artificielles extravagantes, créées pour la première fois le mois précédent par les chimistes d'un laboratoire, sont présents dans le système immunitaire de notre espèce depuis ses origines sans finalité particulière. L'immensité du répertoire des anticorps a, pour ainsi dire, sa « raison d'être », mais les différents types d'anticorps en tant que tels, pris isolément, n'en ont pas.

Pendant un demi-siècle, tous les biologistes ont trouvé convaincante une argumentation qui amenait à croire l'inverse de ce que l'on croit aujourd'hui. Il n'y avait pas de vice de forme. On ne peut absolument pas dire qu'il s'agissait d'un sophisme. L'argumentation était fausse pour des raisons de contenu, et non de forme. Ce sont les « évidences » implicites qui sous-tendaient cette argumentation qui étaient erronées. Le panorama conceptuel de la biologie a radicalement changé à partir du début des années 1950. La prémisse reste vraie : en effet, les organismes fabriquent des anticorps spéficiques y compris contre des substances synthétiques, qui n'ont jamais existé auparavant dans la nature. Mais on ne croit plus à l'économie de la nature, et l'on a compris qu'il est biologiquement impossible qu'une molécule extérieure « dicte » à l'appareil immunitaire la forme d'un anticorps. Les conséquences que l'on en tire aujourd'hui sont donc très différentes.

Voici ce que devient aujourd'hui cette argumentation, présentée sous la même forme :

*Prémisse* : Les organismes sont capables de fabriquer des anticorps très spécifiques, y compris contre des substances artificielles qui n'ont jamais existé dans la nature.

*Conclusion* : Le répertoire des formes moléculaires spontanément présentes dans le système immunitaire d'un organisme est immense. (Il y a toujours au moins une de ces formes pour toute substance possible.)

Cette conclusion est tellement incroyable que tous les immunologistes l'ont trouvée « inconcevable » pendant un demi-siècle. Pourtant, si elle est vraie (ce qui est le cas), l'étrangeté de la prémisse disparaît. De nos jours, le fait décrit dans la prémisse s'explique naturellement et directement grâce à l'immensité du répertoire des anticorps.

Comme je l'ai déjà dit, il peut paraître curieux d'employer le terme « reconnaître » en parlant d'une « rencontre » entre des acteurs qui ne s'étaient jamais vus jusque-là. Pour des raisons d'espace et afin de ne pas impatienter le lecteur, je ne me lancerai pas dans le développement d'une argumentation susceptible d'écarter aussi cette apparente incongruité. L'explication se trouve dans les bons manuels d'immunologie. Je me contenterai de proposer cette version synthétique :

*Prémisse 1* : Une serrure donnée est ouverte par une seule clé parmi des milliards d'autres clés présentes.
*Prémisse 2* : Cette clé n'a pas été fabriquée pour ouvrir cette serrure. (Cette serrure n'existait même pas lorsque la clé a été fabriquée.)
*Conclusion* : La clé et la serrure se reconnaissent par hasard sans avoir jamais été en contact auparavant.

### *Quatrième forme : s'il y a une cause, il y a une argumentation*

En se combinant avec un mécanisme de cause à effet jugé valide et pertinent, la prémisse (ou les prémisses) mène à la conclusion.

*Prémisse* : Une couche de glace s'était formée sur le trottoir.
*Conclusion* : Un piéton a été emmené aux urgences.

Par rapport à la première forme, celle du rocher sous la surface de l'eau, nous nous sommes spécialisés. Le rocher n'est pas de n'importe quelle nature, mais est une relation de cause à effet. À première vue, il pourrait sembler qu'il s'agit d'une bonne relation, bien solide. Ne disait-on pas, dans l'Antiquité, que savoir, c'est savoir à travers les choses ?

Aujourd'hui, forts de nos schémas de causalité, nous pouvons aller jusqu'à omettre, à laisser sous-entendues, de nombreuses phases intermédiaires. La prémisse peut aboutir à la conclusion en laissant sous la surface de l'eau non plus un, mais de nombreux rochers. Inutile d'expliciter la glissade du pauvre piéton, inutile de parler de sa chute, des blessures qu'elle provoque, de la précipitation des passants et de l'appel de l'ambulance. Lorsqu'une solide chaîne de causes et d'effets se déroule sans heurt devant notre imagination, les étapes intermédiaires peuvent être omises.

Le problème, c'est qu'il y a des limites qui, une fois de plus, sont psychologiques et non physiques. L'argumentation suivante est nettement moins convaincante :

*Prémisse* : Un front froid est passé sur la ville.
*Conclusion* : Ses parents sont allés voir une personne admise aux urgences.

Dans ce cas, l'argumentation ne fonctionne pas, parce que l'on a sauté trop d'étapes intermédiaires. Du point de vue de la chaîne objective des causes et des effets, dans le vaste monde, il est possible que la prémisse rende la conclusion fort probable, mais le lien nous échappe totalement du point de vue psychologique. En effet, nous avions établi que le lien de causalité devait être pertinent. Or, entre le front froid et la visite aux urgences, la pertinence a perdu plus d'une fois son chemin.

Malheureusement, là encore, nous nous trouvons dans la situation précédemment rencontrée. Il n'existe pas de théorie formelle de la pertinence (cf. p. 154). Il n'est pas possible d'examiner la forme « pure » de deux phrases et de décider, sur une base logique, ou tout au moins indépendante de leur contenu, s'il y a ou non un rapport de pertinence entre elles. Ce que nous savons instinctivement, ou croyons savoir, sur ce que l'on estime normalement pertinent compte beaucoup. Entre la plaque de glace et le transfert aux urgences, il y a une pertinence très claire qui nous a peut-être aussi été inculquée par nos mères, par nos grand-mères et par nos tantes depuis notre tendre enfance. Le schéma de causalité est universel et évident pour tout le monde.

Ces dernières années, les chercheurs cognitivistes ont dressé un premier inventaire des relations de cause à effet connues de tous, y compris des enfants. Il s'agit de nos connaissances ingénues sur les mécanismes de causalité élémentaires du monde. Les sciences en ont réfuté beaucoup et modifié bien d'autres encore, mais, pour nous autres, communs des mortels, il s'agit d'intuitions très solides et très convaincantes. Il s'agit d'une connaissance faillible, mais dont les composantes innées sont fortement ancrées. N'importe quel enfant (mais aucun physicien) sera convaincu par un raisonnement comme le suivant :

*Prémisse 1* : Une petite voiture retenue par une ficelle tourne en spirale autour d'un pilier.
*Prémisse 2* : Tout à coup, la ficelle se casse.
*Conclusion* : La petite voiture va poursuivre une course courbe, tout au moins pendant quelques secondes.

Il faut un certain effort, et avoir fait un peu de physique élémentaire, pour réfuter cette intuition et comprendre qu'au contraire la petite voiture prendra tout de suite la « tangente » en suivant toujours une trajectoire rectiligne.

D'autres schémas de causalité, fruits de l'expérience et de l'expérimentation, peuvent être parfaitement connus d'un groupe de personnes, mais ignorés d'un autre. Dans ce cas, une argumentation peut parfois n'être persuasive que pour certains experts. Tout le monde trouvera celle-ci convaincante :

*Prémisse* : Par un dimanche d'août, une rafale de vent a balayé la mer, jusqu'alors calme.
*Conclusion* : De nombreuses embarcations se sont trouvées en difficulté.

En revanche, seuls les spécialistes de la voile trouveront celle-ci convaincante :

*Prémisse* : L'équipage avait oublié d'enlever la retenue de bôme.
*Conclusion* : Sous l'effet de la forte rafale subite, la grand-voile s'est déchirée.

On peut se demander à quel point il est possible d'« éloigner » la prémisse de la conclusion tout en maintenant la pertinence psychologique et donc la force de persuasion de l'argumentation. En général, cela dépend d'un ensemble de connaissances communes sous-entendues. Parfois, la chaîne de liens de causalité peut s'allonger considérablement. En revanche, entre des interlocuteurs qui savent parfaitement de quoi il est question et de qui l'on parle, l'argumentation suivante peut être parfaitement convaincante :

*Prémisse* : Les gérants de station-service étaient en grève.
*Conclusion* : Leur mariage a capoté.

Différentes histoires privées et plusieurs liens de cause à effet peuvent rendre cette argumentation persuasive si elle est présentée par un interlocuteur particulier à un autre interlocuteur particulier. Mais ainsi exposée, elle ne paraît convaincante ni à vous ni à moi. Il ne s'agit pas d'une argumentation convaincante en général. La pertinence des liens de causalité est toujours liée à un contexte donné, mais si ce contexte est implicitement connu de tous, alors l'argumentation est convaincante pour tout le monde. Il sera bon, en dehors de milieux spécialisés, de rester dans le cadre de ces connaissances évidentes.

Les difficultés ne s'arrêtent pas là. Pour nous en rendre compte, prenons toujours, à compter de maintenant, des liens de causalité accessibles à tout le monde et respectons systématiquement les canons d'une pertinence évidente pour tous.

Voyons comment, pour cette quatrième forme, une argumentation convaincante peut fondre comme neige au soleil dès que l'on supprime un seul anneau causal pertinent entre la prémisse et la conclusion.

Forme « brève » (très persuasive) :

*Prémisse* : Le roi meurt.
*Conclusion* : Des funérailles nationales vont avoir lieu.

Forme « longue » (nullement convaincante, c'est le moins que l'on puisse dire) :

*Prémisse 1* : Le système solaire explose.
*Prémisse 2* : Tout le monde meurt.
*Prémisse 3* : Le roi meurt.
*Conclusion* : Des funérailles nationales vont avoir lieu.

Cet exemple, intentionnellement ridicule, et donc parfaitement transparent, ne doit pas nous induire en erreur. Il serait impossible de formaliser les réseaux de cause à effet que nous avons tous en tête de façon à rendre objective la différence entre la forme « brève » et la forme « longue » de cette argumentation. Il s'agirait ni plus ni moins d'examiner d'un point de vue logique, formel, ou tout au moins indépendant des contenus tous les liens de causalité qui doivent « tenir debout », dans le cadre global de nos connaissances, pour que « tiennent debout » certains autres liens de causalité plus spécifiques. C'est là un des problèmes que l'on sait insoluble (nous le retrouverons sous d'autres formes comme le *frame problem*, ou dilemme du robot – cf. p. 154). Cette forme d'argumentation est donc très importante, très usitée et en général efficace, mais il est impossible de lui trouver une justification authentiquement, indiscutablement « universelle ».

### *Cinquième forme : de 99, passer à 100*

Cette forme d'argumentation est extrêmement ancienne et a été largement étudiée depuis des siècles. Il s'agit de ce qu'on appelle l'« induction » : à partir d'un certain nombre d'exemples positifs (les prémisses), on passe à un autre exemple, que l'on devine lui aussi positif (la conclusion).

Le secret consiste ici à choisir les prémisses de telle sorte qu'elles constituent un éventail suffisamment large, puis à choisir une conclusion qui soit naturellement « couverte » par les plis de l'éventail, ou encore qui élargisse légèrement l'éventail de façon plausible. Par rapport à la deuxième forme rencontrée plus haut, il n'est pas indispensable de « remonter » à une catégorie générale avant de redescendre par déduction jusqu'à la conclusion. Dans ce cas, on « saute » en quelque sorte directement à la conclusion à partir des prémisses. Nous verrons mieux un peu plus loin que, parfois, la force d'une induction particulière est supérieure à celle de toute déduction faite à partir d'ensembles plus généraux, ou de principes généraux. Mais avançons pas à pas.

Voici tout de suite un exemple d'induction classique, à partir d'une seule prémisse :

*Prémisse* : Les renards ont un organe appelé « épiploon ».
*Conclusion* : Les chiens ont un organe appelé « épiploon ».

En revanche, celui-ci n'a rien de convaincant :

*Prémisse* : Les renards ont un organe appelé « épiploon ».
*Conclusion* : Les poissons rouges ont un organe appelé « épiploon ».

Dans des exemples comme ceux-ci, sur lesquels peuvent se prononcer avec certitude même des gamins de cinq ou six ans, une échelle de ressemblance naturelle entre en ligne de compte. Plus les catégories d'animaux dont on parle dans les prémisses et dans la conclusion sont semblables, plus l'argumentation est convaincante.

Celle-ci l'est :

*Prémisse* : Les mouches ont besoin de traces de magnésium pour pouvoir déposer leurs œufs.
*Conclusion* : Les abeilles ont besoin de traces de magnésium pour pouvoir déposer leurs œufs.

En revanche, celle-ci l'est peu :

*Prémisse* : Les mouches ont besoin de traces de magnésium pour pouvoir déposer leurs œufs.
*Conclusion* : Les saumons ont besoin de traces de magnésium pour pouvoir déposer leurs œufs.

S'agissant d'animaux, nous avons tous, grâce à mère Nature, des intuitions extrêmement sûres et en général justes, sur les ressemblances et les dissemblances. D'innombrables exemples du genre des précédents permettent justement aux psychologues cognitivistes d'évaluer nos intuitions. En effet, il est bon de souligner que, ce que les argumentations reproduites ci-dessus en guise d'exemples mettent à l'épreuve, ce sont nos intuitions de similitude entre les renards et les chiens, entre les renards et les poissons rouges, entre les mouches et les abeilles, et ainsi de suite. Le magnésium et l'épiploon n'ont pas grand-chose à voir dans l'histoire. Nous verrons un peu plus loin que le tableau se complique lorsqu'il devient également important de faire attention aux propriétés spécifiques dont il est question.

Passons maintenant à des inductions sur des groupes d'un autre genre, définis « socialement » et non par des propriétés naturelles. Tout en conservant les critères formels de ce type d'induction ponctuelle, prenons des exemples, convaincants, comme le suivant :

*Prémisse* : Aux États-Unis, les bons mécaniciens auto gagnent très bien leur vie par rapport à d'autres travailleurs manuels.
*Conclusion* : Aux États-Unis, les bons électriciens auto gagnent très bien leur vie par rapport à d'autres travailleurs manuels.

Et non convaincants, comme celui-ci :

*Prémisse* : Aux États-Unis, les diplômés de psychologie deviennent d'excellents vendeurs.
*Conclusion* : Aux États-Unis, les diplômés de chimie deviennent d'excellents vendeurs.

D'intéressants mécanismes psychologiques sont mobilisés par des argumentations de ce genre. Parfois, la force de persuasion de ces raisonnements, c'est-à-dire la force de l'induction, est plus grande pour un cas particulier que pour l'ensemble de la catégorie formée par les prémisses et la conclusion. Ainsi, quelle catégorie générale de diplômés est telle qu'elle inclut les diplômés de psychologie des États-

Unis, mais non les lauréats de chimie, toujours aux États-Unis ? Il ne nous serait peut-être pas trop difficile de répondre. Pourtant, il n'y a pas d'argumentation relative à ces catégories plus générales *en tant que telles* qui nous paraisse plus persuasive que ces exemples ponctuels. C'est même plutôt à partir d'opinions éparses sur des propriétés particulières comme celles-ci que nous construisons nos catégories générales.

Prenons un autre exemple, plutôt convaincant :

*Prémisse* : Les éleveurs de bétail doivent, aux termes de la loi, s'approvisionner régulièrement en lots de vaccins contre la rage.

*Conclusion* : Les zoologistes doivent, aux termes de la loi, s'approvisionner régulièrement en lots de vaccins contre la rage.

Et un autre, cette fois-ci fort peu convaincant :

*Prémisse* : Les éleveurs de bétail s'efforcent de limiter les croisements entre races.

*Conclusion* : Les zoologistes s'efforcent de limiter les croisements entre races.

Les groupes, ou catégories professionnelles, dont il est question dans ces deux exemples sont les mêmes, mais les propriétés sur lesquelles reposent respectivement ces deux argumentations sont différentes. Nous nous sentons suffisamment assurés pour accepter la première, mais non la seconde. Cependant, nous aurions beaucoup de mal à justifier ces intuitions (correctes) d'après des règles générales sur les éleveurs en général et les zoologistes en général. Nous sommes plus certains de notre jugement sur ces cas particuliers que d'un jugement « en amont » concernant les éleveurs et les zoologistes.

Passons maintenant à un exemple portant sur des catégories naturelles, mais dans lequel il importe (contrairement aux cas de l'épiploon et du magnésium) de faire attention aux propriétés dont on parle :

*Prémisse 1* : Les tigres distinguent très bien le jaune du vert.

*Prémisse 2* : Les lions distinguent très bien le jaune du vert.

*Conclusion* : Les chats siamois distinguent très bien le jaune du vert.

Tout cela semble fort plausible. C'est une induction « féline » que nous sommes naturellement portés à faire.

Le cas suivant est très différent :

*Prémisse 1* : Les tigres se produisent dans tous les grands cirques.

*Prémisse 2* : Les lions se produisent dans tous les grands cirques.

*Conclusion* : Les chats siamois se produisent dans tous les grands cirques.

De nouveau, les catégories naturelles sont les mêmes dans les deux exemples, mais la force de persuasion de l'argumentation est radicalement, et même risiblement, différente.

Comme vous le saviez déjà, les ensembles ou les catégories, tant naturels (lions, saumons, insectes) que sociaux (chimistes, mécaniciens auto, vendeurs), peuvent être très semblables par certains aspects et très différents par d'autres. La force d'une induction dépend de la force des ressemblances entre les ensembles, sous certains angles. Lorsque nous rencontrons une argumentation jouant sur ces similitudes, nous voyons tout de suite si elles fonctionnent ou non. Pourtant, il nous serait souvent difficile de dire dans l'abstrait et en général quels ensembles sont semblables et par quels aspects. Nous nous fions à nos intuitions plus au niveau des détails qu'au niveau des généralités. Comme je l'ai déjà souligné, nos inductions au niveau du particulier constituent souvent la base de nos inductions plus générales.

Bien souvent, dans la vie quotidienne, nous sommes appelés, tout au moins implicitement, à nous prononcer sur la plausibilité de conclusions qui englobent tant des catégories légèrement différentes que des propriétés légèrement différentes.

*Prémisse* : Les enfants qui ont un QI très élevé ont souvent de mauvais résultats scolaires.
*Conclusion* : Les génies s'adaptent souvent mal à une vie normale.
*Prémisse* : De nombreux moniteurs de ski ont un autre travail.
*Conclusion* : De nombreux maîtres nageurs étudient pendant leur temps libre.

Nous aurions du mal à généraliser, à expliquer quel type de raisonnement commun nous avons suivi dans ces deux exemples. En faisant un petit effort, nous pourrions sans doute quand même y arriver. L'essentiel, c'est que la conclusion à laquelle nous parviendrons ne nous persuadera certainement pas plus que ne nous persuade chacun de ces cas particuliers. Le philosophe Ludwig Wittgenstein avait souligné, il y a bien des années, l'importance de ce fait pour une théorie de la certitude. Il arrive que le particulier persuade plus que le général, même s'il est un cas particulier de cette classe générale.

L'induction quotidienne est donc fondée sur un mélange de similitude entre catégories et entre aspects, ou propriétés, de ces catégories. Pourtant, nous aimerions trouver des règles générales, formelles, indépendantes du contenu. Une règle d'or consisterait à couvrir, avec les prémisses, un champ aussi vaste que possible au sein de la catégorie choisie. Pour bien comprendre, concrètement, comment fonctionne cette règle d'or, comparons les deux argumentations suivantes :

*Prémisse 1* : Mars a une rotation en deux phases.
*Prémisse 2* : Vénus a une rotation en deux phases.
*Prémisse 3* : La Terre a une rotation en deux phases.
*Conclusion* : Jupiter a une rotation en deux phases.

Élargissons l'éventail des prémisses en en ajoutant une quatrième :

*Prémisse 1* : Mars a une rotation en deux phases.
*Prémisse 2* : Vénus a une rotation en deux phases.
*Prémisse 3* : La Terre a une rotation en deux phases.
***Prémisse 4* : Saturne a une rotation en deux phases.**
*Conclusion* : Jupiter a une rotation en deux phases.

Maintenant, nous nous sentons plus disposés à accepter la conclusion. L'induction s'est renforcée. La seconde argumentation est plus persuasive que la première.

Pouvons-nous véritablement en faire une règle générale, universelle, indépendante du contenu ? L'exemple suivant est une douche froide :

*Prémisse 1* : Le boxeur Rossi de l'équipe toscane est un poids plume.
*Prémisse 2* : Le boxeur Verdi de l'équipe toscane est un poids coq.
*Prémisse 3* : Le boxeur Bini de l'équipe toscane est un poids plume.
*Conclusion* : Le prochain boxeur de l'équipe toscane que nous pèserons ne sera pas un poids moyen.

Ajoutons maintenant une autre prémisse qui élargit l'éventail et constitue, sur le plan formel, une nouvelle « confirmation » :

*Prémisse 1* : Le boxeur Rossi de l'équipe toscane est un poids plume.
*Prémisse 2* : Le boxeur Verdi de l'équipe toscane est un poids coq.
*Prémisse 3* : Le boxeur Bini de l'équipe toscane est un poids plume.
***Prémisse 4* : Le boxeur Listri de l'équipe toscane est un poids lourd.**
*Conclusion* : Le prochain boxeur de l'équipe toscane que nous pèserons ne sera pas un poids moyen.

Inutile de le dire, cette nouvelle prémisse ôte toute force à l'argumentation qui était pourtant, auparavant, très convaincante. Et il ne sert pas à grand-chose d'indiquer que l'éventail est maintenant plus large et que, prise isolément, la nouvelle prémisse aussi est un cas positif de confirmation. Nous comprenons tous intuitivement que c'est justement l'« ouverture » de l'éventail qui détruit la force de l'argumentation. Si, auparavant, nous avions raison de penser que le poids des boxeurs était toujours en deçà d'un certain seuil et que, pour cette raison, la conclusion était plausible, maintenant, nous avons raison de penser le contraire.

Peut-être apparaît-il peu naturel d'aboutir à une conclusion portant sur une « fenêtre » (les poids moyens) et non sur un seuil. En effet, si notre conclusion avait été que le poids des boxeurs de cette équipe était, dans l'ensemble, peu élevé, la nouvelle prémisse aurait infirmé cette hypothèse. On peut facilement trouver d'autres exemples ne débouchant pas sur des fenêtres. Prenons les cas suivants :

*Prémisse 1* : Le premier train du matin est arrivé avec vingt minutes de retard.
*Prémisse 2* : Le deuxième train du matin est arrivé avec quinze minutes de retard.
*Prémisse 3* : Le troisième train du matin est arrivé avec vingt-cinq minutes de retard.
*Conclusion* : Le prochain train n'arrivera pas à l'heure.
*Prémisse 1* : Le premier train du matin est arrivé avec vingt minutes de retard.
*Prémisse 2* : Le deuxième train du matin est arrivé avec quinze minutes de retard.
*Prémisse 3* : Le troisième train du matin est arrivé avec vingt-cinq minutes de retard.
***Prémisse 4* : Le quatrième train du matin est arrivé avec vingt minutes d'avance.**
*Conclusion* : Le prochain train n'arrivera pas à l'heure.

Beaucoup s'accorderont pour trouver cette seconde argumentation moins convaincante que la première, bien qu'elle apporte une « confirmation » supplémentaire. Ici, à la place d'une nouvelle « fenêtre », on a une affirmation « ponctuelle », que la plus grande ouverture de l'éventail rend non pas plus plausible, mais moins plausible. Le phénomène, intact dans son essence, se retrouve aussi dans des exemples de nature très différente de ceux que l'on vient de voir.

*Prémisse 1* : Le chien a sa moralité primitive.
*Prémisse 2* : Le chat a sa moralité primitive.
*Conclusion* : Les animaux en contact avec l'homme développent une moralité primitive.

Confrontons maintenant cette argumentation avec la suivante :

*Prémisse 1* : Le chien a sa moralité primitive.
*Prémisse 2* : Le chat a sa moralité primitive.
***Prémisse 3* : Le pou a sa moralité primitive.**
*Conclusion* : Les animaux en contact avec l'homme développent une moralité primitive.

De nouveau, nous avons ouvert plus largement l'éventail, et ajouté une nouvelle prémisse (que nous supposons) vraie, mais l'argumentation a perdu toute sa plausibilité. Nous comprenons tous parfaitement pourquoi, mais il nous serait extrêmement difficile de formaliser nos raisons et d'établir une règle universelle de type formel.

Pourtant, il serait téméraire d'abandonner totalement, pour manque de plausibilité, le critère selon lequel une hypothèse est d'autant plus vérifiée que ses confirmations sont nombreuses et que le champ délimité par ses confirmations est vaste. Le problème, c'est que l'on ne peut rendre ce critère objectif, automatique, purement formel.

On dit, en termes bien austères, que la clé de voûte de ces différences repose sur des considérations intuitives d'« addivité », de « projetabilité », d'« homogénéité » et de « monotonie ». Au-delà de ces termes abscons, l'intuition est claire et forte : une péniche capable de transporter deux éléphants peut, à plus forte raison, en transporter un. Mais un chariot qui roule bien sur quatre roues ne roule pas mieux sur trois. De la même façon, dix hommes qui peuvent soulever chacun trente kilos parviennent, ensemble, à en soulever trois cents, mais dix hommes capables de courir chacun à vingt kilomètres/heure ne peuvent pas courir, ensemble, à deux cents kilomètres/heure. Tel est, en termes simples, la différence entre les propriétés additives (le poids, le volume) et celles qui ne le sont pas (bien rouler sur quatre roues ou sur trois, courir seul ou en groupe à une certaine vitesse).

Les mathématiciens ont pu démontrer, au grand désappointement de ceux qui construisent des modèles formels du raisonnement pour les appliquer ensuite à des systèmes experts, qu'il n'existe pas de critères universels, objectifs, indépendants de nos connaissances particulières, pour distinguer les grandeurs additives des grandeurs non additives. Toute règle générale risquerait d'être immédiatement réfutée par un contre-exemple, comme ceux du chariot et des coureurs « unis ».

Nous suggérons, tout en restant conscients de ces limites, quelques petites règles d'or de l'induction bien ancrées dans notre bon sens ordinaire, évident, non formalisable :

• choisir les prémisses de telle sorte qu'elles assurent une couverture suffisante et solide, et qu'elles exploitent nos bonnes intuitions de similitude ;

• choisir les propriétés sur lesquelles porte l'argumentation de telle sorte qu'elles soient en rapport avec la couverture des prémisses et de la conclusion (c'est là qu'entrent en ligne de compte les considérations d'additivité, de monotonie et autres, sur lesquelles il est impossible d'être plus rigoureux de manière générale) ;

• choisir la conclusion de telle sorte qu'elle « prolonge » bien la couverture des prémisses et exploite le caractère intuitif des caractéristiques sur lesquelles portent cette conclusion et ces prémisses.

## *Sixième forme : conclure au nom de la loi*

Rares sont les formes d'argumentation que l'on ait trouvées aussi convaincantes que celle-ci, ce qui ne les a pas empêchées d'être tout aussi ingénieusement critiquées (surtout par le grand philosophe américain Nelson Goodman).

De la prémisse (ou des prémisses), on passe à la conclusion parce qu'il s'agit de cas particuliers d'une loi générale que l'on connaît bien ou que l'on peut facilement deviner.

Tout naturellement et fort justement, on pense tout de suite aux lois scientifiques et aux propriétés chimiques, physiques ou biologiques liées à ces lois :

*Prémisse* : Une barrette d'acier flotte dans le mercure.
*Conclusion* : Une barrette d'aluminium flotte dans le mercure.

De même, nous sommes convaincus par l'exemple suivant :

*Prémisse* : Le cerveau de la souris contient des millions et des millions de neurones.
*Conclusion* : Le cerveau du babouin contient des millions et des millions de neurones.

Mais il n'est nul besoin de faire appel à la science et aux propriétés naturelles des corps pour forger l'exemple suivant :

*Prémisse* : La pièce de vingt-cinq cents que j'ai en poche comporte un aigle gravé sur une des deux faces.
*Conclusion* : La pièce de vingt-cinq cents que tu as en poche comporte un aigle gravé sur une des deux faces.

Nos connaissances du cours des choses dans le monde suffisent à nous assurer de la conclusion, considérant la prémisse.

Ce genre de relations, gouvernées par des lois et des règles générales, nous donne l'audace de construire des cas hypothétiques et de présenter des argumentations persuasives fondées sur ceux-ci :

*Prémisse 1* : La barrette que voici ne flotte pas dans le mercure.
*Prémisse 2* : Si elle était en aluminium, elle flotterait dans le mercure.

*Conclusion* : Cette barrette n'est pas en aluminium.

Ce raisonnement nous convainc. Que jette la première pierre celui qui n'a pas utilisé des raisonnements de ce genre dans les circonstances les plus variées. Un médecin ne pourrait porter un diagnostic, un détective découvrir les coupables et un mécanicien réparer un moteur sans recourir à ce type d'argumentation. Il arrive même bien souvent que nous nous les tenions à nous-mêmes pour nous persuader de la justesse d'une conclusion ou d'une décision.

En jargon philosophique, on parle de « contrefaits » ou de « situations contrefactuelles » parce que l'on part de quelque chose d'imaginaire, de contraire à ce que l'on voit, observe, ou constate pour en conclure ensuite quelque chose de très convaincant, qui s'applique de façon véridique à la réalité.

La caricature de ce type d'argumentation est bien connue : « Si les poules avaient des dents... » ou : « Avec des si, on mettrait Paris en bouteille... » Mais il n'y aurait pas de science, de technologie, de jurisprudence, ni même de relations amoureuses, si nous n'étions pas capables de tirer les conclusions justes de raisonnements de ce genre.

Quelle différence objective, formelle, logique, y a-t-il entre le cas de la barrette qui n'est pas en aluminium et celui des poules qui ont des dents ? Pour ne pas nous étendre exagérément sur cette histoire fort longue et très compliquée, disons que la différence réside dans l'existence de la fameuse loi. Lorsqu'il existe une loi universelle, ou un principe très fort et général, qui unit notre supposition à ses conséquences hypothétiques, la conclusion du raisonnement est valide, le contrefait est convaincant. La science nous l'enseigne.

Tous les jours, dans les laboratoires de recherche, on recourt au raisonnement sur des contrefaits : « La trace sur la lamelle suit une trajectoire courbe. Si la particule n'avait pas eu de charge électrique, sa trace aurait été rectiligne, et donc la particule a une charge électrique. »

« Si le facteur que nous avons isolé était une protéine, nous aurions obtenu une coloration jaune au contact de ce réactif. Étant donné qu'aucune coloration n'apparaît, notre facteur ne peut être une protéine. » Et ainsi de suite.

Dans les sciences, il est très avantageux que les relations, par exemple entre trajectoires et charges électriques, ou entre types de substances et colorations avec des réactifs, soient vraiment universelles. On retrouve rarement cette invariabilité et cette universalité dans les relations entre les objets de la vie quotidienne. Un vieux proverbe dit qu'aucune chaîne n'est plus résistante que son maillon le plus faible. On peut dire la même chose d'une argumentation ou d'un raisonnement. En voici une preuve, rendue célèbre par Nelson Goodman :

*Prémisse* : Toutes les pièces que j'ai dans la poche droite sont en argent.

*Conclusion* : Si ce jeton de téléphone était dans ma poche droite, il serait en argent.

On sourit. Pourquoi ? Eh bien, il est clair qu'il n'y a pas de « loi » ou de « principe » qui dise que tous les objets que j'ai dans ma poche droite sont forcément en argent, et encore moins qu'ils deviennent en argent lorsqu'on les y met. Il ne fallait pas être un grand philosophe pour découvrir une telle banalité. En revanche, ce que Goodman a mis en lumière est beaucoup plus important et bien plus embarrassant. En effet, à l'examen de la forme de la prémisse et, de nouveau, de la forme de notre raisonnement, nous ne pouvons pas nous rendre compte qu'il ne s'agit pas d'une véritable loi. Des expressions comme « tous les électrons ont une charge négative » et « toutes les pièces que j'ai dans ma poche droite sont en argent » ont la même « forme logique ». La différence, capitale, et parfaitement évidente à tout le monde, ne tient pas à quelque chose de logique, de formel, mais à quelque chose de substantiel. Entre une véritable loi, permettant de raisonner par hypothèses et contrefaits, et une simple description contingente toute bête, comme celle des pièces de monnaie dans ma poche, la différence ne réside pas dans la forme. Autrement dit, la seule syntaxe de la phrase, sa seule « forme logique », ne permet pas de faire la distinction.

Et pourquoi le devrait-elle, vous demanderez-vous peut-être ? Nous reviendrons sous peu sur ce problème, en parlant plus généralement des relations entre logique et argumentation scientifique. Pour le moment, il suffit de dire qu'elle le devrait, qu'il serait beaucoup mieux qu'il en aille ainsi, parce que, ou bien nous pouvons nous fonder sur quelque chose comme la forme (par exemple, sur le fait qu'une loi parle typiquement de « tous » les corps d'un genre donné), ou bien nous devons nous fonder sur ce que nous savons de façon casuelle. La différence, tellement essentielle, entre une véritable loi universelle et une simple description d'un fait unique disparaît alors. Ou plutôt, elle s'appuie sur nos connaissances occasionnelles, changeantes, au coup par coup. Mais celles-ci ne peuvent plus s'« appuyer » à leur tour sur la certitude que confèrent des raisonnements rigoureux et des lois universelles. Ce qui rend un raisonnement rigoureux, ce qui caractérise une loi universelle, repose à son tour sur ce que nous savons de façon contingente. La force de la logique nous a abandonnés. Nous nous retrouvons sans aucune véritable « garantie » de la justesse des raisonnements. Il n'y a plus de garantie déductive. On passe de quelque chose qui est un peu plus général à quelque chose qui l'est un peu moins. Et cela ne satisfait certainement pas nos ambitions de parvenir à une « certitude absolue », surtout dans les sciences exactes. Si les critères de jugement avaient vraiment pu être exprimés en des termes purement logiques, mathématiques, ou tout au moins formels, nécessaires, indépendants des contenus et des contingences, alors le plus dur aurait été fait. On aurait pu utiliser un tamis universel, un test parfaitement automatique afin de séparer le grain de l'ivraie, de distinguer sûrement et une fois pour toutes les raisonnements valides de ceux qui ne le sont pas. Or nous devons, bien au contraire, nous contenter d'une série de tamis plus ou moins fins, que nous devons savoir choisir de cas en cas. Il nous faut utiliser ce qu'il est humainement possible de savoir avec une assurance suffisante. Les formes de raisonnement par contrefaits, qui reposent sur des lois, des principes et des normes d'une fiabilité suffisante, doivent nous paraître assez persuasives.

Laissons les détails de ces questions aux théoriciens professionnels du raisonnement scientifique et distillons, comme à l'habitude, quelques petites règles d'or :

• choisissez des cas hypothétiques dont vous contrôlez, de même que votre interlocuteur, toutes les variantes les plus plausibles (il est difficile de contrôler toutes les variantes possibles) ;

• tenez-vous-en à des cas hypothétiques qui sont, à un détail près, parfaitement semblables au cas réel correspondant ;

• concentrez-vous sur ce détail-là et faites appel à un principe, à une loi, à une règle, à une régularité que vous tenez pour certaine et qui s'applique sans nul doute à la fois au cas réel et au cas hypothétique ;

• construisez une conclusion sûre, mais, en même temps, non évidente. Et, comme toujours, dans l'ensemble, l'argumentation doit être instructive.

### *Septième forme : vous ne pensiez pas que j'étais logique*

En résumé, nous avons vu que tout ce qui est logique n'est pas pour autant convaincant. Nous allons maintenant voir quelque chose d'encore plus surprenant : il arrive que ne soit pas vrai tout ce qui découle logiquement de prémisses vraies. Quand, au cours des premières décennies de ce siècle, les scientifiques et les philosophes se sont demandé ce que les sciences exactes avaient de spécial par rapport à d'autres formes de connaissance humaine, et surtout ce qui leur avait permis de remporter triomphe sur triomphe, ils ont eu une intuition intéressante. Le « secret » de la physique, de la chimie, de la physiologie et des technologies fondées sur celles-ci (la biologie moléculaire n'avait pas encore atteint un stade de développement comparable à celui d'aujourd'hui) était le suivant : s'appuyer sur des faits objectivement observables et raisonner à partir de ceux-ci, sur la base de la pure logique.

Nombre de scientifiques peu avertis de philosophie croient aujourd'hui encore, quoique peut-être tacitement, que c'est vraiment là le « secret » de la méthode scientifique : ne croire que ce que l'on peut mesurer de façon répétée et ses inévitables conséquences logiques. Le reste est du ressort du Malin.

Le précepte distillé par les logiciens et les philosophes de la science au milieu des années 1930 (ceux qu'on a appelés « les néo-positivistes logiques ») était, en essence, le suivant : si l'on a de bonnes raisons de croire vrai un fait donné, ou une hypothèse donnée, alors on doit avoir de bonnes raisons de croire que toutes ses conséquences logiques, et elles seules, le sont également.

Ce qui compte le plus, c'est le « toutes » et le « seules ».

Une variante particulièrement importante de ce précepte était la suivante : une théorie scientifique doit impliquer logiquement toutes ses conséquences expérimentales.

Autrement dit, une théorie et les expériences qui la confirment doivent être parfaitement compatibles entre elles au niveau de la pure logique.

La logique, surtout grâce aux brillants travaux de pionniers comme l'Allemand Gottlob Frege, l'Italien Giuseppe Peano et l'Anglais Bertrand Russell, avait véritablement élaboré un calcul des conséquences. Et il s'agissait bien de calcul, puisque l'on avait conçu des formules universelles qui permettaient de passer, papier et crayon en main, sans aucune erreur ni incertitude, de n'importe quelle affirmation à toutes ses conséquences logiques, et elles seules. Ce calcul présentait l'énorme intérêt d'être absolument objectif. Il ne reposait ni sur des opinions préconçues ni sur des contenus particuliers. Un raisonnement fondé sur cette méthode et sur des données expérimentales incontestables aurait dû persuader même un martien, un ange ou un ordinateur, sans parler d'êtres humains diligents et rationnels. Et, pensait-on, il aurait plus particulièrement dû persuader tout adversaire scientifique, et même non scientifique. Les équivalents modernes du cardinal Bellarmino (celui qui obligea Galilée à abjurer ses théories) auraient dû déposer tous leurs pouvoirs sur l'autel de cristal de la logique pure. Finis les préjugés, les idéologies, les superstitions et autres fragilités lamentables de l'esprit humain, tout le monde allait pouvoir calculer objectivement les mêmes conséquences vraies et exclure par là même, d'un commun accord, toutes les faussetés. Un véritable paradis !

Les néo-positivistes logiques préconisaient des raisonnements combinant très strictement des faits et des conséquences logiques, c'est-à-dire, concrètement, des argumentations du genre :

*Prémisse* : La température est la mesure de l'agitation des molécules.
*Conclusion* : Lorsqu'il n'y a aucune agitation des molécules, la température est de zéro absolu.
*Prémisse 1* : Aucun organe physique ne peut se déplacer à une vitesse supérieure à celle de la lumière.
*Prémisse 2* : Deux trains roulant l'un vers l'autre sur une même voie rectiligne, chacun à une vitesse de 100 km/h par rapport à la terre, se rapprochent à une vitesse de 200 km/h.
*Conclusion* : Lorsqu'on approche de la vitesse de la lumière, les vitesses ne s'additionnent plus.

La conclusion est stupéfiante et pourtant correcte et inéluctable, vu les prémisses. En effet, dans la théorie de la relativité restreinte, la somme des vitesses comporte un facteur de correction qui devient d'autant plus grand que la vitesse relative augmente.

Dans les années 1930, les raisonnements de ce type fleurissaient déjà dans les sciences exactes, et cette tendance allait se renforcer au cours des décennies suivantes. Le mélange de rigueur expérimentale et de logique de raisonnement implacable donne de bons résultats. L'intuition de base des néo-positivistes logiques demeure importante et puissante. Pourtant, leur paradis a bien vite été remis en cause par quelques paradoxes. On a découvert qu'il existe non seulement des raisonnements parfaitement convaincants qui n'ont, à leur base, aucune formule logique (comme beaucoup de ceux que nous avons vus dans les pages précédentes), mais également des raisonnements d'une grande subtilité logique qui aboutissent néanmoins à des conclusions objectivement inacceptables. L'un des premiers et des plus connus est le paradoxe dit de Jean Nicod, du nom du logicien français qui l'a découvert dès le début des années 1930. Un minimum de « cuisine » logique est nécessaire pour comprendre de quoi il s'agit.

Suivons à la lettre la recette des néo-positivistes logiques : on prend un fait bien certain, ou une loi scientifique bien consolidée, et on en calcule les conséquences logiques. Si j'ai de bonnes raisons de croire vrai(e) ce fait ou cette loi, alors je dois en juger vraies également toutes les conséquences logiques. Or, en logique, il existe des équivalences fortes, indéniables. Certaines formules, on le démontre à l'aide de théorèmes, sont « logiquement » équivalentes à certaines autres. Autrement dit, il est logiquement impossible que l'une soit vraie et l'autre non, et *vice versa*.

Examinons-en une en particulier, celle sur laquelle repose le paradoxe de Nicod, et supposons même qu'il fasse nuit : « La nuit, tous les chats sont gris » est logiquement équivalent à la phrase suivante, un peu bizarre : « Pour tout $x$, si $x$ est un chat, alors $x$ est gris. »

Cette formule est, à son tour, parfaitement équivalente, du point de vue strictement logique, à la suivante : « Pour tout $x$, si $x$ n'est pas gris, alors $x$ n'est pas un chat. »

Pour sa part, Nicod a utilisé la phrase « Tous les corbeaux sont noirs », mais c'est pareil. N'importe quel exemple convient, étant donné qu'il s'agit d'un paradoxe d'une portée extrêmement générale.

Comme nous venons de le voir, la traduction d'une phrase ordinaire comme « La nuit, tous les chats sont gris » dans le langage abstrait de la logique fait intervenir une « proposition conditionnelle » du genre « si..., alors... ». Nous reviendrons longuement sur ce point par la suite (cf. p. 146), car les propositions conditionnelles sont une des formes d'argumentation les plus répandues, mais aussi, comme nous le verrons, les plus confuses. Le paradoxe de Nicod est entièrement basé sur cette traduction logique d'une « proposition universelle » en une « proposition conditionnelle ». La forme caractéristique d'une loi scientifique est précisément du type « Tous les $x$ sont $y$ », « Tout $x$ est un $y$ », « N'importe quel $x$ est $y$ », etc. (« Tous les électrons ont un spin magnétique » ; « Deux corps, quels qu'ils soient, s'attirent avec une force inversement proportionnelle au carré de leur distance » ; « Pour toute force, il y a une force égale et contraire », et ainsi de suite.) En logique, il existe ce que l'on appelle « le quantificateur universel » (le symbole $\forall$), qui rend l'idée de « tous », « n'importe quel », « chaque », mais est trop fort pour être employé seul. En termes très intuitifs, si l'on veut que $x$ se réfère aux chats (ou aux électrons ou aux forces), on ne peut utiliser l'expression $\forall x$ pour dire « Tous les chats » (ou « Tous les électrons » ou « Toutes les forces »), parce que en logique cela signifie que tout, c'est-à-dire toute chose qui existe, existera ou a existé, est un chat (ou un électron ou une force). La façon correcte de traduire le sens courant de « Tous les chats » dans le langage de la logique consiste à combiner le symbole du quantificateur universel quel que soit $\forall$ avec le symbole des propositions conditionnelles pour produire une formule qui se lit alors : « Pour tout $x$, si $x$ est un chat, alors... » Là, tout va bien, nous avons vraiment traduit notre loi scientifique en une formule logique.

Mais le paradoxe de Nicod est déjà prêt à surgir de sa boîte. Pour des raisons sur lesquelles nous reviendrons plus loin, en logique, affirmer « Si *p*... alors *q*... » équivaut à affirmer « Si non *q*... alors non *p*... » Non, il n'y a pas de coquille, je n'ai pas écrit « Si non *p*, alors non *q* », comme nous le penserions tous : dans cette formule, *q* précède *p*. En logique, telles sont les deux affirmations équivalentes. D'où le paradoxe.

Puisque nous sommes en train de parler de science, peut-être vaudrait-il mieux ne pas utiliser des exemples de chats et de corbeaux, mais des exemples ayant trait à quelque chose de plus en rapport avec la science. Considérons : « Tous les électrons possèdent un spin magnétique. »

Par suite de notre opération de « cuisine » logique, nous devons admettre que cette hypothèse est logiquement équivalente à la suivante : « Tout ce qui n'a pas de spin magnétique n'est pas un électron. »

À les entendre, ces deux expressions nous paraissent très différentes, mais, logiquement, elles sont parfaitement équivalentes. D'un point de vue concret, elles ne le sont absolument pas. Le paradoxe devient évident lorsque l'on conclut, comme nous devrions le faire, que toute expérience, ou observation, confirmant la première hypothèse confirme aussi la seconde, logiquement équivalente. Et *vice versa*. Voilà qui est, n'en déplaise aux néo-positivistes logiques, très, très étrange. Mon cendrier n'a pas de spin magnétique et n'est pas un électron. De même pour un ballon de football, ma grand-mère, la Ferrari 308 et le chien de Jean. C'est vrai de tout ce qui existe au monde, qui n'a pas de spin magnétique et n'est pas un électron. C'est là une façon bien curieuse de « vérifier » l'hypothèse selon laquelle tous les électrons ont un spin magnétique. Pourtant, la logique impose cette curieuse équivalence entre les observations se rapportant à cette hypothèse.

Tout physicien, et toute personne de bon sens, suggérera de vérifier cette hypothèse en observant d'autres électrons en plus de ceux qui ont déjà été observés, d'autres particules qui ont un spin magnétique (par exemple, les protons) ou encore d'autres particules très proches de l'électron qui ont ou non un spin magnétique. Pour vérifier une hypothèse scientifique de portée universelle (dans laquelle apparaît le mot « tous »), il faut observer d'autres spécimens de ce groupe qui n'ont pas encore été examinés et des spécimens de groupes très semblables à celui-ci. Il paraît fou d'essayer de confirmer, ou de réfuter, l'hypothèse selon laquelle tous les électrons ont un spin magnétique en tournicotant autour de ma grand-mère, d'une Ferrari 308 et du chien de Jean avec un magnétomètre ultrasensible. La logique pure nous a vraiment détournés de notre chemin.

Quelques philosophes d'inspiration néo-positiviste ont fait remarquer, de façon bien peu convaincante à mon avis, qu'en observant des corps dépourvus de spin magnétique et en constatant que ce ne sont pas des électrons on apprend aussi quelque chose de pertinent, même si c'est bien peu de chose, sur l'hypothèse qui veut que tous les électrons aient un spin magnétique. En dépit de ces faibles défenses, le paradoxe de Nicod reste un formidable écueil. La seule combinaison d'observations et de logique pure peut déboucher sur des absurdités. Le précepte de ces logiciens et philosophes demande à être sérieusement révisé.

Voyons un autre paradoxe, de facture plus récente.

En suivant, là encore, le principe du respect de toutes les conséquences logiques, et elles seules, nous trouverons l'argumentation suivante convaincante :

*Prémisse* : Sur vingt billes que j'ai extraites au hasard, les yeux bandés, de cette urne, vingt d'entre elles étaient noires.

*Conclusion* : Toutes les billes contenues dans cette urne sont de la même couleur.

Il importe de constater, maintenant, que nous trouverons encore plus persuasive l'argumentation suivante :

*Prémisse 1* : Sur vingt billes que j'ai extraites de cette urne au hasard, les yeux bandés, vingt d'entre elles étaient noires.

*Prémisse 2* : Sur **dix** autres billes que j'ai extraites de cette urne au hasard, les yeux bandés, dix d'entre elles étaient noires.

*Conclusion* : Toutes les billes contenues dans cette urne sont de la même couleur.

La raison est tellement intuitive qu'il ne paraît pas nécessaire de faire appel à la logique. Faisons-le néanmoins, car une surprise nous attend.

Donc, dans le jargon de la logique, nous dirons que, si une hypothèse est appuyée par une observation (les vingt billes) et que cette même hypothèse est également appuyée par une autre observation indépendante de la première (dix autres billes différentes des premières), alors elle est encore plus fortement étayée par la combinaison des deux. En logique, on parle de « conjonction ». Et en jargon, on dit que la conjonction de vérifications expérimentales indépendantes, dont chacune est logiquement compatible avec une même hypothèse, est encore logiquement compatible avec ladite hypothèse. Elle renforce même la probabilité qu'elle soit vraie.

Et maintenant, voici le démenti cinglant. Comparons les deux argumentations suivantes, distinctes et indépendantes, puis opérons leur « conjonction » logique en une troisième :

PREMIÈRE ARGUMENTATION

*Prémisse* : Sur vingt billes que j'ai extraites de cette urne au hasard, les yeux bandés, vingt d'entre elles étaient jaunes.

*Conclusion* : Toutes les billes contenues dans cette urne sont de la même couleur.

DEUXIÈME ARGUMENTATION

*Prémisse* : Sur vingt billes que j'ai extraites au hasard, les yeux bandés, de cette urne, vingt d'entre elles étaient vertes.

*Conclusion* : Toutes les billes contenues dans cette urne sont de la même couleur.

CONJONCTION LOGIQUE (DES DEUX PRÉCÉDENTES)

*Prémisse 1* : Sur vingt billes que j'ai extraites au hasard, les yeux bandés, de cette urne, vingt d'entre elles étaient jaunes.

*Prémisse 2* : Sur vingt billes que j'ai extraites au hasard, les yeux bandés, de cette urne, vingt d'entre elles étaient vertes.

*Conclusion* : Toutes les billes contenues dans cette urne sont de la même couleur.

Le résultat frise le comique. Notez bien que l'on ne précise pas quelle est la couleur des billes, sans quoi la compatibilité logique entre les observations et l'hypothèse ne tiendrait pas. On suppose seulement que toutes les billes sont de la même couleur, sans la préciser. Le résultat de la « conjonction » logique est une catastrophe. Pourtant, il n'existe pas de moyen objectif purement logique permettant de faire la distinction entre le cas précédent, où la conjonction des observations renforçait effectivement l'hypothèse, et celui-ci. La différence nous saute aux yeux (si l'on peut dire...), mais ne comptez pas sur la logique pour l'expliquer. La grande puissance de la logique réside précisément dans le fait qu'elle ne s'occupe pas des contenus, et ne fait que calculer des formes et des relations entre les formes. Lorsque tout ce qui compte est de nature formelle, elle fait merveille. Mais lorsque la différence réside dans les contenus (comme dans le cas des billes et de leurs couleurs), la logique se révèle impuissante.

Au fond, le paradis des néo-positivistes logiques était artificiel. Il y a bien longtemps que leurs thèses initiales ne font pratiquement plus d'adeptes. Elles ont été modifiées, atténuées, réactualisées jusqu'à être quasiment méconnaissables. La place de la logique pure dans les argumentations scientifiques est très importante, mais elle doit toujours partager le terrain avec des connaissances spécialisées, des intuitions subtiles et un langage extrêmement technique.

Entre la véritable science et les singeries scientifiques, il existe une différence nette et assez objective. Le problème est que l'on ne peut *pas* « mesurer » cette différence grâce à la *seule* analyse de la forme logique de leurs hypothèses. Le rôle de la logique pure, ou plutôt des logiques pures (comme la logique inductive, la logique épistémique, la logique quantique, la logique non monotone, et d'autres encore), est très spécifique. Ces disciplines formelles sont d'une grande utilité, mais pas suffisantes. C'est pourquoi il *demeure* capital de pouvoir examiner, comme nous l'avons fait, les formes *psychologiquement* persuasives des argumentations.

Le paradis des néo-positivistes logiques s'est transformé en une multiplicité de petits vallons enchanteurs, de-ci de-là.

## *Un regard d'ensemble : ni avec elles ni sans elles*

La subdivision en sept formes, avec nos sept cordes de la persuasion, n'est pas à prendre rigoureusement au pied de la lettre. Chacune d'elles a son histoire illustre et représente une forme d'argumentation assez clairement identifiable. Elles auraient facilement pu être neuf ou dix, ou au contraire se réduire à cinq ou six. Il aurait suffi de les rendre plus générales ou, inversement, de les spécialiser davantage. Il convient néanmoins de souligner un point important : il n'existe pas de forme universelle *unique* d'argumentation psychologiquement persuasive. Quel que soit le mode de classification ou de description choisi, il y en a plusieurs. Il n'y en a ni une ni des centaines. Il s'agit de quelques dizaines de formes nettement repérables et d'une dizaine de *types* d'argumentations. Depuis Aristote, les spécialistes des syllogismes – sur lesquels nous nous sommes déjà arrêtés – ont distingué une soixantaine de formes différentes. Mais nombre de leurs subtiles différences échappent aux profanes. Dans la vie quotidienne, nous avons tendance à considérer « le » syllogisme comme *une* forme d'argumentation. Pourtant, nous comprenons tous spontanément la différence entre les formes que nous venons de voir. Chacune d'elles correspond à une théorie particulière de l'argumentation et a une force de persuasion spécifique. Chacune d'elles saisit une composante importante de la persuasion. Il est facile, d'ailleurs, d'inventer rapidement de nombreux exemples réellement convaincants et de nous rappeler des exemples déjà rencontrés.

Si l'on prend chaque forme dans l'abstrait, il apparaît clairement qu'elle représente quelque chose de profond, de constant et de très général, qui rassemble de nombreux exemples individuels de contenus différents. L'impossibilité de considérer chacune d'elles comme absolue est démontrée par les contre-exemples, qui nous viennent eux aussi tout de suite à l'esprit, ou que nous reconnaissons tout au moins comme problématiques lorsqu'ils nous sont présentés. Ce catalogue essentiel des formes d'argumentations psychologiquement convaincantes est tel que l'on ne peut ni se passer d'elles ni s'y fier aveuglément. Persuasion, rationalité et nombre de choses que nous savons d'instinct sont finement entremêlées. Nul, tout au moins pour l'heure, n'a pu établir une théorie complète et générale de cette combinatoire. Il n'existe que quelques piliers épars et quelques structures relativement solides que l'on peut bâtir à partir de ceux-ci. Nous en avons vu sept. Mais, autour de chacune d'elles, nous l'avons constaté, il y a aussi des zones d'ombre. Il est donc intéressant de poursuivre l'exploration du vaste territoire qui s'étend entre deux piliers. Par exemple, du territoire du langage ordinaire et des argumentations qu'il permet de construire.

# VII

# « SI..., ALORS... » ET LE « FER À CHEVAL » DES LOGICIENS

Nous avons vu que la force de persuasion d'une argumentation résulte parfois de formes élémentaires, plus simples, judicieusement combinées, de même que le processus psychologique qui préside à un raisonnement spécifique peut parfois être décomposé en mécanismes mentaux élémentaires. Ces subdivisions successives doivent cependant toucher le fond à un moment donné. En mathématiques et en logique aussi, il arrive que des énoncés soient, en soi, tellement évidents qu'ils ne peuvent être « justifiés » par quoi que ce soit d'autre d'encore plus clair. En dernière analyse, ce sont plutôt eux (les axiomes), qui « fondent » tout le reste. On ne saurait que dire à quelqu'un qui, face à un axiome indiscutable, déclarerait avec sincérité et obstination qu'il ne peut l'accepter. On ne saurait sur quoi s'appuyer, à quel saint se vouer.

Dans le monde du raisonnement et des argumentations, il existe un « atome » élémentaire, un noyau de tous les noyaux. Il s'agit de ce qu'on appelle le *modus ponens*, qui est clairement identifié par les logiciens depuis l'Antiquité et fait aussi, depuis peu, l'objet de recherches de la part des linguistes et des psychologues, sous de nouveaux angles théoriques et expérimentaux. La force de persuasion de ce modèle d'argumentation est telle qu'un organisme ou un ordinateur incapable de l'utiliser nous apparaîtrait dénué de toute véritable intelligence.

Une longue tradition veut que l'on exprime cette forme de pensée par la formule suivante :

Si p, alors q.

p,

donc :

q.

L'exemple type est du genre suivant :

*Si l'on met deux pièces de 5 francs dans la machine, alors on obtient une canette de Coca-Cola.*

*Je mets deux pièces de 5 francs dans la machine.*

Donc :

*J'obtiens une canette de Coca-Cola.*

La vie quotidienne serait un épouvantable casse-tête pour qui ne comprendrait pas spontanément la valeur d'un petit raisonnement (les spécialistes parlent d'« inférence ») de ce type. Mais, dans le langage courant, il est le plus souvent exprimé par des expressions qui ne contiennent pas explicitement un « si..., alors... ». Le « alors » est presque toujours omis, et c'est la « logique » de la situation elle-même qui véhicule implicitement le déroulement du *modus ponens.*

L'enfant dit à sa mère : « J'ai très soif. » La mère, sans lever les yeux de sa revue, répond d'un ton exaspéré : « Il y a du Coca dans le frigo. » L'enfant va dans la cuisine et se sert.

C'est là une variante terre à terre, que nous pourrions baptiser *modus ponens domesticus*. Elle permet juste de toucher du doigt la difficulté que l'on aurait à mener une vie normale à côté d'une créature qui, de par sa constitution, serait incapable de comprendre la force omniprésente de cet atome de raisonnement.

### *Dis mon nom avant l'aube*

Nous voici maintenant au pied du trône d'un empereur. Turandot, personnage de Giacomo Puccini, entre en scène :

L'étranger inconnu a déjà résolu les trois formidables énigmes de la cruelle Turandot. Une seule mauvaise réponse, et il aurait été décapité. Mais il a la vie sauve et a gagné la main de Turandot. Pour elle, en revanche, tout semble perdu. Elle a beau adresser de déchirantes supplications à son empereur de père, rien n'y fait. Celui-ci lui rappelle que sa parole est sacrée. Cependant, le prince Calaf ne veut pas l'épouser contre son gré, uniquement par décret. Il veut lui donner une autre chance et se montrer généreux au prix de sa propre vie. « Dis-moi le nom que je porte avant l'aube, et à l'aube je mourrai. » Malgré tout, il est encore entre les mains de Turandot. Si elle découvre son nom avant que le jour ne se lève, elle pourra encore le faire tuer. La tragédie progresse inéluctablement vers la phase suivante, logique et cruelle. Avant l'aube, justement, Turandot fait torturer à mort « la candide Liù », l'esclave qui connaît le nom mystérieux et peut le révéler. Liù ne parle pas, le nom n'est pas révélé. Calaf ne meurt pas et finit même par conquérir le cœur de « la princesse de glace », troublée et attendrie par le sacrifice de la pauvre Liù, mue par son seul amour pour Calaf.

Voilà un *modus ponens impérial.*

Suivant une scrupuleuse démarche pédagogique, nous pourrions traduire la tragédie de Turandot en formule logique. Cela donne :

p = « Turandot découvre le nom de l'étranger avant l'aube. »

q = « L'étranger est décapité. »

Si p, alors q.

Non p,

Donc :

Non q.

Un logicien aurait déjà dégainé son arme, ou tout au moins sorti son stylo rouge, et nous aurait mis un zéro pointé. En effet, c'est là une fidèle traduction du drame de la princesse en symboles logiques, mais ce raisonnement n'est pas valide sur le plan logique. Il l'est au niveau humain, linguistique, psychologique et pragmatique, mais pas à celui de la logique. En logique, « si p, alors q » ne mène *pas* à la conclusion « si non p, alors non q ». Comme nous l'avons déjà vu au sujet du paradoxe de Nicod, curieusement, la conséquence strictement logique de « si p, alors q » est l'inverse de ce que nous attendons communément, à savoir : « Si non q, alors non p » (cf. p. 131).

Exprimée en langage ordinaire, cette formule paraît extrêmement curieuse. « Si l'étranger ne meurt pas à l'aube, alors Turandot ne découvre pas son nom avant l'aube. »

Comme si l'on pouvait remonter le temps ! En effet, dans le langage habituel, les formules conditionnelles (« si..., alors... »), y compris celles des princes et des empereurs, sous-entendent souvent un « avant » et un « après » (cf. p. 189). La conséquence logiquement irréprochable d'une prémisse correcte est non seulement incorrecte, mais même impossible, inconcevable. L'ordre temporel est inversé, et les effets de ce retournement sont inacceptables. En fait, l'expression de la condition en logique n'est pas la même que dans la vie courante. Le symbole logique ne traduit pas vraiment le « si..., alors... » de notre langage quotidien. Tâchons d'y voir plus clair.

## *Les propositions conditionnelles*

J'ai parlé, métaphoriquement, du *modus ponens* comme d'un atome d'argumentation, mais j'aurais plutôt dû utiliser l'image d'une molécule, parce que nous avons vu qu'il est à son tour composé de plusieurs parties. Surtout dans le cas des expressions conditionnelles du fameux type

« si..., alors... ». Il convient donc d'examiner de plus près ce « connecteur » de propositions omniprésent, résistant et plutôt complexe.

Pour nous tous, dans la vie courante (et donc aussi dans les romans et les livrets d'opéras), du défi de Calaf,

« Si tu trouves mon nom avant l'aube, alors je mourrai à l'aube »,

découle :

« Si tu ne trouves *pas* mon nom avant l'aube, alors je ne mourrai *pas* à l'aube. »

La courageuse déclaration de l'étranger inconnu suffit à faire comprendre qu'il en est ainsi. Les règles du langage et les règles normales de l'existence nous garantissent que telle est l'interprétation correcte de son défi à Turandot et au destin. *D'abord,* Turandot découvre (si elle le peut) le nom de l'étranger, *puis* celui-ci, alias le prince Calaf, est mis à mort. Nous dirions, nous, que c'est « logique ». Mais dans la logique pure, il n'existe pas de succession temporelle de ce genre.

Pour comprendre les raisons des purs logiciens, nous devons avant tout considérer la formule « si p, alors q » comme valide dans l'absolu et de façon nécessaire, inéluctable, quoi qu'il arrive, dans « tous les mondes possibles » (comme ces messieurs aiment à le dire).

L'idée de base est la suivante : prenons la formule « si p, alors q » comme un *tout* et voyons quand le tout est vrai, ou faux, selon qu'isolément ses éléments p et q sont vrais ou faux. On peut ainsi créer une table, que l'on trouve dans tous les manuels de logique élémentaire et est appelée « table de vérité des propositions conditionnelles » (ou tout au moins de leur version la plus « nette »).

| Antécédent (p) | Conséquence (q) | Proposition conditionnelle ($\supset$) (comme « tout ») |
|---|---|---|
| (1) Vrai | Vrai | Vraie |
| (2) Vrai | Faux | Fausse |
| (3) Faux | Vrai | Vraie |
| (4) Faux | Faux | Vraie |

Cette table correspond à un sens particulier de la proposition conditionnelle moléculaire (le « tout ») : l'antécédent est une condition suffisante, mais pas nécessaire, à la réalisation de ce que dit le conséquent. Dans le cas (1), tout est clair : la condition est remplie, et la conséquence réalisée ; donc, la proposition moléculaire est vraie. En (2), en revanche, la condition apparaît *non* suffisante, et le « tout » s'effondre donc : la proposition moléculaire est fausse. Pour ce qui est des cas (3) et (4), il faut bien se rappeler que la condition indiquée dans l'antécédent est *seulement* suffisante, mais pas nécessaire. Tous deux le confirment. Il importe en particulier d'avoir validé le cas (4), c'est-à-dire d'avoir établi que le « tout » tient (est encore vrai) lorsque *ni* l'antécédent *ni* le conséquent ne sont réalisés.

D'autres interprétations des propositions conditionnelles veulent que, lorsque l'antécédent est faux, le tout « disparaisse », autrement dit, que la proposition moléculaire ne tienne plus. Et certains cas réels nous incitent aussi à penser ainsi. « Si vous avons un garçon, nous l'appellerons Simon » ne permet pas de dire quoi que ce soit s'il naît une fille, ou si le couple n'a pas d'enfant. Le couple aura dit la vérité s'il naît effectivement un fils *et* qu'il est baptisé Simon. Il aura dit une fausseté s'il naît un garçon et qu'il ne s'appelle *pas* Simon. En revanche, s'ils ont une fille, ou n'ont pas d'enfant, ils n'auront dit ni une vérité ni une fausseté. Laissons de côté ici le problème de la sincérité de leurs intentions au moment où ils font cette déclaration. Tenons-nous-en à la vérité de fait. Il paraît raisonnable, par exemple, si un pari a été lancé, de rembourser la mise et d'annuler purement et simplement le pari. Quand p est faux, le tout (c'est-à-dire la proposition moléculaire en tant que telle) demeure indéterminé.

Quelle que soit l'interprétation pour laquelle on opte, la table des valeurs de vérité garantit une équivalence parfaite entre le « si p, alors q » *des logiciens* et le « si non q, alors non p », *toujours des logiciens*. Intuitivement, cette équivalence pourrait nous sembler moins étrange quand « non q » est vrai (et donc q faux) et que « non p » est faux (et donc p vrai), ce qui nous donne une formule globale « si non q, alors non p » qui est fausse. Exactement comme la formule équivalente « si p, alors q » lorsque, justement, p est vrai et q faux. Il est intéressant de noter que nous utilisons spontanément cette formule « inverse » et négative lorsque nous voulons faire de l'esprit ou donner dans le paradoxe :

« Si toi, tu es poète, alors moi, je suis le roi d'Italie. »

« Si ça, c'est de la philosophie, alors *Elle*, c'est la *Critique de la raison pure.* »

Ici, nous présumons que le « tout » est bon, autrement dit, nous tenons la proposition globale pour valide. Comme il est évident que la conséquence est fausse (je ne suis pas le roi d'Italie, *Elle* n'est pas la *Critique de la raison pure*), il en découle que l'antécédent est nié, ce qui est précisément ce que nous voulions. On a bien « si non q, alors non p ».

Le « si..., alors... » des langues ordinaires ne coïncide pas avec le « si p, alors q » des logiciens, c'est-à-dire avec leurs symboles (le fer à cheval), ou →, qui désignent une proposition conditionnelle. Le problème, c'est que nous ne pouvons pas non plus dire que notre « si..., alors... » n'a rien à voir avec ce « connecteur » de la logique pure. Un divorce radical et irréparable entre le langage et la logique sur ce point aurait des conséquences trop graves.

Voyons tout d'abord pourquoi ils doivent être différents, et ensuite pourquoi ils ne doivent pas l'être exagérément.

## *Le « si..., alors... » de la langue courante*

La différence entre le « si..., alors... » du raisonnement ordinaire et la proposition conditionnelle des logiciens apparaît clairement dans diverses situations paradoxales de « traduction » de l'un dans l'autre. Il s'agit de situations dans lesquelles un raisonnement logiquement valide, fondé sur une proposition conditionnelle, nous mène à une argumentation peu persuasive, et inversement, de situations dans lesquelles une argumentation parfaitement persuasive se traduit par un raisonnement non valide sur le plan logique. Avant toute chose, et avant même de passer à des exemples, il convient de souligner que le sens de « si..., alors... » est souvent rendu par des expressions qui ne contiennent pas explicitement le « si », et encore moins le « alors ». On trouve très couramment des cas du genre :

*Donne-lui une pièce et il te laissera entrer.*

*Mets du super, sinon le moteur cogne.*

*Qu'il essaie, et je lui éclate la tête.*

Par souci de simplicité, nous ne ferons pas la différence, ici, entre le « si..., alors... » en complet veston et le sens « conditionnel » implicitement, et efficacement, attribué à des expressions de ce genre. Nous nous contenterons de les considérer comme des variantes stylistiques.

Nous venons de voir, avec l'exemple de Turandot, que les propositions conditionnelles ordinaires (et même impériales) indiquent un avant et un après. C'est pourquoi l'inversion des deux parties, en infirmant les deux, comme le font les logiciens, déboucherait sur des expressions inacceptables, voire absurdes.

*Si tu te baignes dans de l'eau froide pendant la digestion, tu feras une congestion*

est sans problème, mais son « équivalent » logique est incompréhensible :

*Si tu ne fais pas de congestion, alors tu ne te baignes pas dans de l'eau froide pendant la digestion.*

Le sens, pour nous tout à fait limpide, d'un avant et d'un après ne permet pas d'appliquer à de tels cas l'inversion avec négation si chère au cœur des logiciens. En effet, nous, nous vivons dans un monde dans lequel le temps s'écoule toujours de l'avant vers l'après, tandis que, dans le monde abstrait de la logique, l'inverse pourrait très bien se produire, ou il pourrait même ne pas y avoir de temps. C'est là un premier motif capital de « divorce » entre l'expression conditionnelle de la logique et celle du raisonnement commun.

Voyons d'autres facettes importantes des formulations conditionnelles courantes qui sont totalement étrangères à celles de la logique :

a) Les conséquences automatiques d'un acte volontaire :

*Tire la queue du chien, et il te mordra.*

*Si tu prends ce médicament, tu guériras vite.*

*Qui vole un œuf vole un bœuf.*

b) Le rapport de cause à effet :

*S'il ne pleut pas d'ici trois jours, le blé ne poussera pas.*

*Pour obtenir cette couleur, il faut ajouter le réactif.*

*Quand on aime, on ne compte pas.*

*Tant va la cruche à l'eau qu'à la fin elle se casse.*

c) La supposition, la conjecture, la simple probabilité :

*S'il n'est pas rentré à 5 heures, c'est que son directeur l'aura retenu.*

*Si la fièvre baisse, c'est que l'infection est jugulée.*

*Si les snipers ne tirent pas, c'est signe que les Serbes respectent l'armistice.*

*S'il l'a dit, c'est qu'il a de bonnes raisons.*

d) La définition, ou le mode de préparation :

*Si vous vous entendez pour ne pas baisser les prix, vous créez, de fait, un monopole.*

*Si sur le schéma on change, dans l'ordre, l'intensité et la tension, les nœuds et les branches, les résistances et les condensateurs, on obtient ce que l'on appelle un « circuit dual ».*

*Si l'on ajoute à une solution sursaturée un cristal bien formé de cette même substance, on introduit un germe de cristallisation.*

e) L'occasion, la spirale favorable (sans aucune signification « conditionnelle » véritable) :

*Si tu veux qu'on t'emmène en voiture, Jean part dans cinq minutes.* (Il est évident que, quoi qu'il arrive, Jean partira dans cinq minutes).

*Si tu cherches un bon professeur de latin, c'est lui le meilleur.*

*Si tu veux te faire un œuf sur le plat, il y a une poêle dans le placard.*

f) Le paradoxe, en forme d'alexandrin pour lui donner davantage de force :

*Si ma tante en avait, elle serait mon oncle.*

Cette petite liste n'épuise pas toutes les facettes de l'usage quotidien des expressions conditionnelles, mais elle donne une idée de leur omniprésence et de la subtilité de leurs significations et de leurs emplois. Le « fer à cheval » renversé des logiciens a un sens trop restreint pour les englober toutes. En outre, dans l'usage courant, on présuppose que les deux parties d'une proposition conditionnelle ont entre elles ce fameux rapport essentiel et non formalisable de *pertinence* (cf. point suivant). Une pertinence qui doit être évidente, sur le plan psychologique ou pragmatique. Nous nous en rendons très bien compte intuitivement, mais cela a aussi été démontré expérimentalement : des propositions conditionnelles peu naturelles, farfelues, voire seulement trop abstraites, sont pour nous difficiles à retenir et nous avons du mal à nous appuyer dessus pour raisonner. Nous avons alors de la peine à imaginer les différents cas possibles, par exemple les diverses conclusions qui correspondent à diverses prémisses.

Du point de vue logique, il n'y aurait rien à redire à des propositions conditionnelles comme celles-ci :

*Si ma tante porte un pull rose, alors la masse du neutrino est inférieure à celle du neutron.*

*Si cinq est inférieur à deux, alors la Lune est faite de fromage.*

*Si le chien aboie d'ici une heure, alors Saturne a plus de sept lunes.*

Un sujet sera gravement déstabilisé si on lui présente une longue liste de propositions conditionnelles « non pertinentes » de ce genre en lui demandant de les retenir puis de tirer, quelques minutes plus tard, les conséquences logiques de « Ma tante porte un pull marron » et de « La Lune est en silicium. »

De petites histoires comme celles-ci pourront déjà améliorer la situation :

Des savants atomistes se livrent à des expériences top secret et doivent communiquer à des collègues leurs résultats sur la masse du neutrino. Ils se servent de la tante de l'un d'entre eux pour transmettre des messages codés. Si, lorsqu'elle vient à la cantine de l'institut, elle porte un pull rose, cela veut dire que, d'après leurs toutes dernières expériences, la masse du neutrino est inférieure à la masse du neutron.

C'est idiot, mais cela suffit pour créer une relation de « pertinence » entre les deux moitiés de la proposition conditionnelle, pour la retenir et pour nous permettre d'imaginer les conséquences « logiques » de ses variantes possibles (*Si ma tante porte un pull marron...*).

Sans un minimum de pertinence, on ne « conditionnalise » pas ou, tout au moins, on ne se souvient pas des propositions atomiques et l'on ne peut raisonner sur cette base. Des études récentes, effectuées y compris sur de jeunes enfants, ont montré à quel point ce lien de pertinence est important pour que nous puissions utiliser correctement les propositions conditionnelles.

La relation de pertinence n'est pas définissable par la logique. Ce serait merveilleux (nous l'avons déjà vu, cf. p. 113), mais ce n'est pas le cas. Pourtant, dans le raisonnement quotidien, et même dans le raisonnement scientifique, le rapport de pertinence est vital. Les expressions conditionnelles que nous employons dans la vie de tous les jours font en général appel à des rapports de pertinence parfaitement évidents ou comportent en elles-mêmes les indices relatifs à la nature de cette pertinence.

Il est bien normal, à ce stade, de se demander ce que l'on pourrait dire de général et d'intéressant sur la pertinence elle-même. Certes, la logique pure ne nous est d'aucun secours, mais la linguistique, la psychologie et les sciences cognitives peuvent peut-être nous aider. Tout au moins jusqu'à un certain point.

*La pertinence*

À la question : « Vous voulez un café ? », il est répondu : « Ça m'empêcherait de dormir. »

Ça veut dire oui ou non ?

Dans un cas, celui qui répond ainsi s'apprête à conduire toute la nuit. Dans l'autre, il est en chemise de nuit, pantoufles et bonnet de nuit, et va bientôt aller se coucher.

Interpréter correctement une telle réponse, à la lumière d'une situation donnée, de certains sous-entendus et de leurs implications évidentes, nous le faisons avec une telle facilité et une telle spontanéité que nous ne réalisons pas à quel point c'est époustouflant. Ce n'est que lorsqu'on essaie de fabriquer, que sais-je, un robot-majordome, ou encore de programmer un ordinateur-secrétaire (susceptibles d'agir et d'interagir avec nous en conversant en langage ordinaire) que nous nous rendons compte de ce que la compétence humaine qui nous permet de saisir toutes sortes de relations de pertinence a d'extraordinaire.

Nous sommes tellement habitués à interpréter des questions comme des négations (« Tu es fou, ou quoi ? ») ou comme des ordres (« Tu pourrais envoyer ce fax ? »), des négations comme des injonctions (« Ne me dis pas que tu ne t'es pas encore lavé les dents ! »), des affirmations comme des dénégations (« Il ne manquerait plus que ça ! »), et ainsi de suite, que nous n'avons plus conscience de l'étrangeté de ces faits. Il faut que nous soyons forcés à réfléchir sur ces interactions banales entre êtres humains normaux, par exemple lorsqu'il apparaît que quelque chose ne va pas. Les autistes sont capables de réagir à la question : « Tu peux me passer le sel ? » par un : « Oui, je le peux » des plus sincères, qui n'est ensuite suivi d'aucun geste concret. L'interprétation de ce genre d'expressions au pied de la lettre a toujours été une source de plaisanteries et de gags (on peut penser à Francis Blanche, avec son fameux mage et son complice : « Pouvez-vous nous dire comment s'appelle cette dame ? » « Oui, je le peux » ; ou au célèbre : « Qu'est-ce que vous entendez par là ? » « Par là, je n'entends rien »).

L'argument généralement invoqué pour expliquer ces phénomènes est qu'il existe un « contexte » parfaitement connu de tous, qu'il existe des conventions entre les locuteurs, elles aussi parfaitement connues, et que nous sommes capables d'interpréter correctement une expression parce que nous la plaçons dans ce contexte et respectons ces conventions. Les étrangers, les enfants, les ordinateurs et les personnes atteintes de déficits cognitifs sont souvent en difficulté parce que quelque chose s'interpose entre eux, les expressions en cause et le « contexte » qui permet de les interpréter. Le problème consiste à savoir ce qu'est exactement ce « contexte » et comment interagissent, dans notre tête, contexte, expression et interprétation.

Revenons-en à l'innocent exemple du café et de l'absence de sommeil. Supposons que l'on veuille programmer un ordinateur de telle sorte qu'il commande la cafetière, ou enseigner les bonnes manières à un étranger venant d'un pays où il n'y a ni café ni voitures. Il ne fait aucun doute que certains fragments de notre connaissance du monde sont très pertinents, comme le fait que s'endormir au volant peut provoquer des accidents graves, qu'une personne qui va se coucher désire dormir, ou que Marseille est très loin de Bordeaux (en admettant que l'interlocuteur doive conduire jusqu'à Bordeaux et que le café lui ait été offert à Marseille). D'autres, en revanche, ne le sont absolument pas, comme le fait que la bombe atomique est faite de plutonium, que l'Amérique fut découverte en 1492, que Reagan a été président des États-Unis, ou qu'Aberdeen est très loin de Calcutta. L'ennui, c'est qu'il est impossible de cerner une fois pour toutes, et de façon générale, *tous* les fragments de connaissance du monde – et *uniquement ceux-là* – qui sont *pertinents* pour une situation, *quelle qu'elle soit.* C'est le *frame problem* qui resurgit.

Peut-être avons-nous pu nous en sortir pour le café qui empêche de dormir, mais une minute plus tard, l'échange suivant a lieu :

« Alors, je peux vous offrir un bourbon ?

– Ça me ferait perdre la mémoire. »

De nouveau, est-ce un oui ou un non ?

Et il n'y a plus qu'à recommencer depuis le début.

Autrement dit, ne faire appel qu'à un « contexte » et à des « conventions tacites », c'est déclarer notre incapacité à résoudre le problème. Et en effet, le *frame problem* est insoluble dans l'absolu.

Une petite lueur a commencé à filtrer lorsque l'on s'est rendu compte que, très souvent, la pertinence du contenu est choisie *par la phrase elle-même.* Dans l'immense réseau de connaissances et de rapports de dépendance qui se cache dans notre grenier mental, la phrase que nous venons d'entendre ne projette qu'un *mince* faisceau de lumière. Mais notre interlocuteur veut toujours que, pour interpréter cette phrase, nous fassions *le moins d'efforts possible* et que cela nous mène à des conclusions qui, pour nous, sont *aussi informatives que possible.* Ça n'a l'air de rien, mais c'est capital. Ni le contexte *seul* ni la phrase *seule* ne permettent d'arriver à la conclusion que notre interlocuteur veut que nous tirions, et qu'il *sait* que nous pouvons tirer. C'est cette phrase, plus le contexte *pertinent,* assujettis aux contraintes d'« élucubration minimale » et d'« informativité maximale » qui nous permettent de parvenir à la conclusion.

La nature humaine est ainsi faite : cette « règle de pertinence », elle est tacitement en nous. Tout interlocuteur sait que nous pouvons, en combinant la phrase et le contexte pertinent, en venir à la conclusion. Et il sait que la phrase *facilite* la détermination du contexte pertinent, dans l'océan de tout ce que nous savons, désirons et supposons en général. Il le sait parce qu'il l'a choisie à dessein. Il l'a choisie avec pertinence et entend que nous la comprenions de même. Nous savons que c'est ainsi qu'il l'entend, et, lui, il sait que nous savons qu'il l'entend ainsi. Le tout, bien entendu, sans que nous ne nous en rendions compte le moins du monde. Mais la phrase, cette phrase-là, est énoncée. Et de là, on « décolle ».

Revenons à Turandot. Isolons la partie pertinente du « contexte » qu'elle connaît, un instant avant que Calaf ne lance son défi.

Dans le cadre de ce contexte, Turandot ne peut tirer la conclusion : « Il est encore à ma merci. » Tout porte même à croire le contraire. Prenons maintenant la phrase de Calaf, seule : « Dis mon nom avant l'aube, et à l'aube je mourrai. »

Pour qui ne connaît pas l'histoire, elle n'a pas grand sens. Seule, inscrite sur une feuille de papier et glissée dans une bouteille jetée à la mer, elle ne permettrait certainement pas à un lecteur ignorant de conclure que Calaf a offert une dernière chance à Turandot. Hors contexte, cette phrase signifie seulement qu'il existe une personne X telle que, si une autre personne Y, différente de X, dit le nom de X avant l'aube (une aube déterminée), alors X mourra à cette aube-là. Un point, c'est tout. Mais, dans la vie réelle, et dans la fiction, les choses sont différentes. Calaf veut que Turandot comprenne, et l'auteur du livret de l'opéra désire que nous comprenions tous qu'il lui est accordé une dernière possibilité folle et généreuse d'échapper à un destin qu'elle juge abominable : être mariée à cet étranger. Le contexte pertinent, efficacement évoqué par cette phrase, *et* la phrase, *ensemble*, mènent à la conclusion.

Telle est, réduite à l'essentiel, la récente « théorie de la pertinence » élaborée par l'anthropologue français Dan Sperber et la linguiste anglaise Deirdre Wilson (en s'appuyant en partie sur une idée antérieure du philosophe américain Paul Grice), et avantageusement appliquée par le linguiste anglais Neil Smith à la compréhension des propositions conditionnelles dans la langue ordinaire. Certes, il ne s'agit en rien d'une théorie révolutionnaire ; elle ne pourrait être comparée à celles de la relativité, de la mécanique quantique ou à la découverte du code génétique. Ses auteurs seraient les premiers à en convenir. Elle nous a néanmoins tirés d'un bel embarras. Elle a permis d'éliminer un grave paradoxe de la communication et de l'argumentation, que nous avons déjà entrevu mais qu'il est bon d'examiner de plus près :

*Premier membre du dilemme* : l'interprétation correcte de phrases comme « Ça m'empêcherait de dormir », « Ça me ferait perdre la mémoire », ou de propositions conditionnelles comme « Dis mon nom avant l'aube... » est déterminée par le contexte en général. Il y a alors renvoi à l'infini, vu que le contexte « en général » ne peut être circonscrit, ni en théorie ni en pratique. On peut tout au plus cerner, de cas en cas, intuitivement et à grand-peine, le contexte d'*une* seule phrase (ou d'un tout petit groupe de phrases analogues).

*Second membre* : l'autre possibilité est que l'interprétation soit déterminée par le contenu *intrinsèque* de la phrase et par la forme (logique) « pure » de l'argumentation, ou par une combinaison strictement et universellement réglementée entre contenu intrinsèque et forme pure. Dans ce cas, même celui qui trouve la bouteille à la mer *doit* pouvoir parvenir à la conclusion « minimale » : « Une dernière chance a été offerte à quelqu'un s'il découvre un nom donné avant une aube donnée. » Or il est clair que cette conclusion est inaccessible si l'on ne sait rien du contexte pertinent. Comprendre la signification littérale des parties de la phrase, et de la phrase dans son ensemble (tâche qui n'a déjà rien de trivial) ne *suffit* pas pour parvenir à cette conclusion.

La théorie de la pertinence de Sperber et de Wilson permet de sortir de ce paradoxe. Elle ne se borne pas à dire « il faut un peu de chaque » (ce qui est juste, mais parfaitement trivial), mais suggère justement une *façon* de procéder. Les contraintes de moindre élucubration et d'informativité maximale permettent de « couper court » dans la chaîne, potentiellement infinie, des implications et des présuppositions.

Voyons cela brièvement, sur l'exemple déjà rencontré.

Reprenons-le : « Vous voulez un café ? » (Notons qu'il existe diverses formules équivalentes : « Je peux vous faire un café ? », « Que diriez-vous d'un bon petit café ? », etc.). La réponse *explicite* est : « Ça m'empêcherait de dormir. » Alors, reconstituons quelques maillons, en amont, de la chaîne des présuppositions, et, en aval, de celle des implications.

*Grosso modo*, en amont, la chaîne des implications *pertinentes* pourrait ressembler à celle-ci (le symbole → désigne une petite montée vers des présuppositions plus générales, mais, attention, toujours parmi celles qui sont pertinentes) :

« Ça m'empêcherait de dormir » → « Je sais que tu sais que je dois rouler jusqu'à Bordeaux » → « Je sais que tu sais que Bordeaux est très loin » → « Pour aller à Bordeaux, il faut conduire toute la nuit » → « Conduire en ayant sommeil peut entraîner des accidents » → « Les accidents de voiture sont une cause probable de dommages matériels, corporels, et même de mort » → « En général, on cherche à éviter à tout prix un accident de voiture » → « En général, on recherche activement des événements agréables et on fuit activement les événements désagréables » → → →...

Et bien vite on en arrive, par étapes successives, à une sorte de théorie générale sur la nature humaine et sur les moyens de s'en sortir en ce bas monde.

Les heures passent et, perdu dans ces élucubrations, notre interlocuteur continue de se demander s'il doit ou non préparer ce sacré café.

Humain parmi les humains, il entend que cette gigantesque chaîne soit « coupée » dès que sera atteinte une présupposition « suffisant » à faire prendre une décision sur le café. Cela se produira à peu près (avec un ou deux maillons d'incertitude) à la hauteur du « Conduire en ayant sommeil peut entraîner des accidents. » Tout le reste, nous le savons, fait partie de notre bagage cognitif général, et notre interlocuteur sait que nous savons, et que nous savons qu'il sait que nous savons. Mais, au-delà de ce maillon, la suite de la chaîne *n'est plus pertinente*. Elle reste rangée dans quelque arrière-plan amorphe. Le présupposé tacite qui est *le plus* informatif est celui de la conduite en n'ayant pas envie de dormir. Et c'est là que nous *devons* nous arrêter.

Jetons aussi un coup d'œil en « aval », c'est-à-dire aux implications, en nous limitant une fois encore exclusivement à celles qui, dans l'abstrait, sont pertinentes. Reprenons notre petite flèche, qui va cette fois-ci dans l'autre sens, autrement dit de la réponse vers ses implications, et non vers les présuppositions.

« Ça m'empêcherait de dormir » → « Mes yeux ne se fermeraient pas » → « La tension artérielle resterait à un niveau normal » → « La température du corps resterait à un niveau normal » → « Le signal biochimique provenant du tronc cérébral serait... » → → →...

Et ainsi de suite, vers une phénoménologie raffinée de l'état de veille et de l'état de sommeil qui, pour un expert en neurophysiologie, pourrait constituer tout un livre.

De nouveau, les heures défilent, et l'on ne sait sur quel pied danser. Faut-il faire du café ou laisser tomber ? Si les choses se passaient ainsi, nous serions pris au piège d'une énième version du *frame problem*, ou dilemme du robot. Le cadre considéré est trop vaste, la chaîne de conséquences trop longue et trop ramifiée. C'est l'impasse.

Nous savons cependant qu'il n'en va pas ainsi. Dieu merci, nous ne sommes pas des robots et ne sommes jamais victimes de ce genre de dilemmes paralysants. Il peut nous arriver de nous méprendre, de mettre du poison dans le café, ou d'espérer en secret que notre interlocuteur se tue dans un accident de voiture, mais... *nous agissons* !

Dans cette chaîne qui se déroule de façon abstraite et utopique devant les yeux de notre interlocuteur, seule la première étape, peut-être la seconde, tout au plus, est *la plus* informative possible. En effet, répondre à l'offre de café qui est faite par « La tension artérielle resterait à un niveau normal » passerait pour une mauvaise plaisanterie, une bravade, ou un trait d'esprit, bref pour une réplique *peu naturelle*. Et ce serait pire encore avec une description détaillée du fonctionnement biochimique du cerveau. *Y compris dans une conversation entre neurochimistes*. Ce serait une blague d'initiés, et non une réponse normale. Mais si l'on exclut les astuces, le point d'informativité maximale et d'incitation minimale aux élucubrations est très vite atteint. Normalement, et sans qu'il soit nécessaire de le dire, nous nous maintenons toujours à ce niveau, et nous présupposons que nos interlocuteurs en font autant.

En dépit de la grande variabilité de la vie et des diversités entre les cultures et les personnes, la communication s'établit efficacement. Les points de pertinence maximale sont toujours à portée de main. Et c'est précisément en vertu du principe de pertinence maximale qu'une question peut vouloir dire non.

Voici l'échange que j'ai entendu, l'autre jour, entre deux biologistes :

*Pourquoi tu n'achètes pas une maison ?*

*Et l'argent, c'est toi qui vas me le donner ?*

La réponse est elle aussi une question (purement rhétorique, bien entendu), qui suffit à souligner l'idée fort pertinente que cette personne ne s'attend absolument pas que son collègue lui donne de quoi acheter une maison. En posant cette question comme réponse, il affirme implicitement (mais clairement) qu'il n'a pas les moyens de le faire. Il est donc hors de question qu'il achète une maison.

Les exemples de ce genre abondent. Ce qui compte, c'est l'idée centrale de la théorie de la pertinence et la façon de résoudre les deux termes du problème.

Après cet aperçu d'universalité et d'une lueur de théorie véritable dans l'immense bazar des expressions et des usages linguistiques, revenons à nos propositions conditionnelles et au *modus ponens*.

### *Autres incompatibilités entre le quotidien et le « fer à cheval »*

Le grand-père dit à son petit-fils :

*Demain, s'il pleut, nous n'irons pas nous promener.*

Le lendemain, non seulement il pleut, mais, de surcroît, il vente.

Fort justement, le petit-fils se dit que (à plus forte raison) il ne sortira pas avec son grand-père. En logique, pour ne pas abandonner si vite les adeptes de cette science, le principe suivant devrait *toujours* s'appliquer :

Si p, alors q.

p & r,

donc :

q.

En effet, l'expression « p & r » (la « conjonction » de p et r) est telle qu'elle est vraie si, et seulement si, p et r sont tous les deux vrais. Donc, si la conjonction est vraie, p est forcément vrai, et le *modus ponens* doit fonctionner. On doit pouvoir conclure par q. (Laissons de côté le cas spécial, et « aberrant », où r est justement égal à « non p », ou à « non q ».)

Un autre cas banal, qui confirme ce principe :

*S'il insiste lourdement pour me rembourser l'essence du voyage, ça me vexera.*

*Il insiste pour me rembourser l'essence et l'usure des pneus.*

Donc (à plus forte raison) :

*Je suis vexé.*

Mais considérons l'exemple suivant (de Neil Smith), qui le réfute :

*Si Papa Montaigu vient, la fête sera un grand succès.*

*Papa Montaigu va venir, et Papa Capulet aussi.*

Qui oserait en « conclure » que la fête sera un grand succès ?

En logique, inutile de le dire, il n'y a pas de place pour

les inimitiés tribales, ni pour les multiples facteurs qui peuvent faire d'une fête une grande réussite. Mais, dans la vie ordinaire, si. Voilà une autre raison de bien faire la distinction entre les propositions conditionnelles ordinaires et le « fer à cheval » renversé.

Les lois de la logique peuvent avoir d'autres conséquences catastrophiques, en matière de propositions conditionnelles, lorsqu'elles sont appliquées aux argumentations quotidiennes. Nul ne sera convaincu par le raisonnement suivant, pourtant logiquement irréprochable :

*Prémisse* : Si *tant* la clé principale *que* celle du panneau sont introduites, alors le moteur démarre.

Donc :

*Ou* le moteur démarre quand la clé principale est introduite, *ou bien* le moteur démarre quand la clé du panneau est introduite.

Chose bien normale, nul n'est convaincu par une argumentation de ce type, pourtant logiquement sans faille. Le secret, c'est que le « ou » des logiciens est lui *aussi* différent de nos « ou..., ou bien » de la langue courante.

En revanche, l'argumentation suivante est tout à fait persuasive, bien qu'elle soit « invalide » du point de vue strictement logique :

*Le dîner sera servi dans la salle ou, s'il fait beau, sur la terrasse.*

Donc :

*Le dîner sera servi soit dans la salle, soit sur la terrasse.*

Les choses se compliquent encore plus lorsque l'on raisonne à partir de contrefaits (cf. p. 126). Ainsi, on n'est guère convaincu par le passage d'une proposition conditionnelle à un contrefait fondé sur celle-ci (cet exemple, bien connu, est dû à E. Adams) :

*Si Oswald n'a pas tué Kennedy, il est clair que quelqu'un d'autre l'a fait.*

*Si Oswald n'avait pas tué Kennedy, il est clair que quelqu'un d'autre l'aurait fait.*

La seconde considération n'est pas la conséquence de la première. La première est certainement vraie, alors que l'on peut deviser longuement sur la seconde.

Pour le pur logicien, les cas de propositions conditionnelles comme celles-ci sont eux aussi très problématiques :

*Si l'on peut mourir de baisers, alors tue-moi aussi.*

*Le monde peut s'effondrer, je veux Turandot.*

*Si je te donne un conseil, tu le suivras ?*

Voyons maintenant comment on peut expliquer bon nombre de ces situations grâce à la théorie de la pertinence.

## *Le « fer à cheval » et la pertinence*

La différence entre la simple affirmation du conséquent (« Il te laissera entrer ») et l'utilisation d'une proposition conditionnelle (« Si tu lui donnes quelques pièces, il te laissera entrer ») tient à ce qu'elle souligne le pouvoir de ces quelques pièces et à ce qu'elle laisse clairement entendre que, si l'on ne donne pas d'argent, on n'entre pas. Et c'est précisément pour cela que, dans le discours courant, nous recourons au « si..., alors... ».

Partons toujours de la présupposition suivante : notre interlocuteur doit avoir de bonnes raisons de dire ce qu'il dit, et il compte sur le fait que nous les devinerons facilement. Et, parmi ces raisons, il y a la volonté d'être le plus pertinent possible dans ce qu'il dit.

Nous comprenons tous ce que veut dire : « S'il pleut, allons quand même nous promener. »

Il va de soi que la promenade aura lieu même s'il ne pleut pas. C'est ce qu'indique le « quand même ». Alors, pourquoi ne pas dire simplement : « Nous irons nous promener », sans autre commentaire ni proposition conditionnelle ? C'est que, normalement, la pluie dissuade de se livrer à des activités d'extérieur, et l'interlocuteur veut nous faire savoir que, contrairement à ce que nous pensions sans doute, il entend bien faire cette promenade même s'il pleut.

Il réussit à être *plus* pertinent en disant cela qu'en affirmant tout bonnement : « Nous irons nous promener », précisément parce que, seule, cette affirmation invite à poser la question « Même s'il pleut ? »

Des présuppositions de pertinence analogues expliquent nombre des exemples anormaux déjà rencontrés, sur lesquels les logiciens ne nous éclairaient guère. On peut aussi citer le cas des « fausses » propositions conditionnelles, dans lesquelles le conséquent est toujours vrai, *indépendamment* de l'antécédent.

*Si tu veux qu'on te dépose quelque part, Jean part dans cinq minutes.*

*Si tu veux un bon professeur de latin, c'est lui le meilleur.*

*Si tu veux te faire un œuf sur le plat, la poêle est là-haut dans le placard.*

Dans tous ces exemples, le locuteur veut avant tout signaler la *disponibilité* de quelque chose. Celui à qui il s'adresse est informé d'une possibilité *permanente,* mais qui présente un intérêt (c'est-à-dire devient pertinente) *si, et seulement si,* on a certains besoins ou certaines intentions. Vu ces besoins ou ces intentions, cette possibilité devient particulièrement attrayante, parce qu'elle est à portée de main. Il ne devient pertinent de signaler son existence, et qui plus est son existence dans tous les cas, que si le besoin, le désir ou l'intention du destinataire existe aussi. Le contexte pertinent qui permet de tirer la conséquence utile est évident : on préfère se faire emmener en voiture, plutôt que de marcher longtemps ou de prendre les transports en commun ; on préfère se faire aider par le meilleur expert qui soit, surtout si c'est un ami, etc. L'emploi d'une proposition conditionnelle est pertinent justement pour signaler l'avantage que présente cette occasion, *au vu* de certaines conditions.

Un autre cas dans lequel le principe de pertinence maximale explique notre interprétation des propositions conditionnelles même lorsque la logique pure ne nous est d'aucun secours est celui des conjonctions.

*Si Papa Montaigu vient, la fête sera un grand succès.*

*Si Papa Montaigu vient et Papa Capulet aussi, la fête sera une catastrophe.*

*Papa Montaigu vient, et Papa Capulet aussi.*

Logiquement, cette dernière proposition implique :

*Papa Montaigu vient.*

À ce stade, le logicien nous intimerait l'ordre de tirer la conclusion impossible, absurde et contradictoire que voici : *La fête sera un grand succès, et la fête sera une catastrophe.*

Nous autres, au contraire, nous concluons tous que, « bien évidemment », la fête va être une catastrophe. Pourquoi cela ? L'essentiel, qui, ici, n'est pas de nature logique, mais cognitive, est qu'une conjonction est *plus informative* que chacun des termes qu'elle réunit, pris isolément. Il serait stupide et irresponsable de ne dire que « Papa Montaigu vient » en sachant que Papa Capulet vient *lui aussi*. En logique, si « p et q » est vrai (comme un tout), alors p et q, isolément, sont aussi forcément vrais. Mais cela *ne vaut pas* dans le langage ordinaire. Quand on sait qu'une conjonction est vraie, en vertu du principe de pertinence, il *faut* l'exprimer tout entière. Un juge pourrait très bien nous accuser de rétention d'informations, voire de faux témoignage, si nous déclarions sous serment, après le carnage survenu à l'occasion de la fête, « Il y avait les Montaigu » en omettant de dire qu'il y avait aussi les Capulet.

Par conséquent, lorsque la prémisse conjointe « Papa Montaigu vient, et Papa Capulet vient aussi » est valable, la prémisse isolée « Papa Montaigu vient » *tombe* implicitement, mais obligatoirement. En effet, seule, elle laisse entendre que Papa Montaigu ne sera pas là, ce qui serait faux si « Papa Montaigu vient, et Papa Capulet vient aussi » est vrai. La conjonction, intrinsèquement plus riche en informations, l'emporte sur chacun des « conjoints » considéré seul. Elle est plus pertinente que chacun d'eux. Nous en concluons donc que la fête va tourner au désastre.

La contradiction soulevée par le logicien ne tient plus. Le principe de pertinence explique bien comment nous,

nous interprétons ce type de propositions conditionnelles à conjonction.

Nous ne reprendrons pas un par un tous les exemples de propositions conditionnelles déjà rencontrés pour expliquer en détail comment le principe de pertinence explique leur fonctionnement. Il suffit d'en avoir saisi l'esprit. Ce qui compte, c'est que « la proposition conditionnelle » des logiciens – autrement dit le « fer à cheval » renversé, avec sa table de vérité hyperclassique –, *combinée* avec le principe de pertinence, *suffit* à expliquer *comment on raisonne au moyen de propositions conditionnelles dans la vie courante.*

La signification du « si..., alors... » et de toutes les expressions synonymes est bien celui que présente la table de vérité, mais les relations de pertinence entre l'antécédent et le conséquent, et les relations de pertinence entre ceux-ci et leur contexte, ne sont pas du ressort de la logique, mais de celui des sciences cognitives et, en particulier, de la pragmatique à orientation cognitive, dont Sperber, Wilson, Smith et quelques autres sont les fondateurs. Le principe de pertinence est justement la « loi » pragmatique qui régit tous ces cas. Pragmatique, mais aussi, notons-le bien, universelle et accessible à tous sans aucun « apprentissage ».

Une heureuse conséquence de cette théorie des propositions conditionnelles est qu'elle couvre aussi, sans heurts ni fractures, les propositions conditionnelles contrefactuelles. Il arrive qu'il soit assez difficile de reconstituer le contexte pertinent d'un contrefait, mais, avec un certain effort, on y parvient, et, dans la plupart des cas, on réussit à expliquer la force du raisonnement de façon satisfaisante.

Reprenons le cas d'Oswald et de Kennedy.

*Si Oswald n'a pas tué Kennedy, quelqu'un d'autre l'a fait.*

Ici, le contexte pertinent est tellement clair et tellement incontestable que la conclusion est inévitable. Kennedy a été tué, par conséquent, quelqu'un l'a tué, et si le meurtrier n'est pas Oswald, c'est que c'est quelqu'un d'autre.

Voyons maintenant le contrefait :

*Si Oswald n'avait pas tué Kennedy, quelqu'un d'autre l'aurait fait.*

Pour nous tous, il est évident qu'il y a (au moins) deux hypothèses pertinentes telles que, une fois qu'elles ont été admises, la conclusion en découle inévitablement : (1) Il y a eu (au moins) un complot visant à tuer Kennedy. (2) Ni la CIA, ni le FBI, ni aucun autre service de protection n'*aurait* pu empêcher l'assassinat de Kennedy. Les gens n'admettent pas tous ces deux hypothèses, et ils n'acceptent donc pas tous la validité de ce contrefait (alors que tous doivent accepter celle de la proposition conditionnelle « factuelle » vue plus haut). En revanche, tout le monde comprend ce qu'il veut dire et dans quel cadre hypothétique il est valide. Tous comprennent qu'une fois que (1) et (2) sont admises, il s'ensuit inévitablement que, si Oswald n'avait pas tué Kennedy, quelqu'un d'autre l'aurait fait. Le principe de pertinence explique *comment* nous *comprenons* ce contrefait, qu'on le trouve valable ou qu'on le tienne pour une élucubration perverse, dénuée de tout fondement.

## *Un regard d'ensemble : entre la logique et l'expédient*

Un logicien et philosophe américain renommé m'a récemment confié que, pour lui, nul n'a encore trouvé de théorie vraiment satisfaisante des propositions conditionnelles, et ce malgré les importantes avancées réalisées grâce à David Lewis et à Robert Stalnaker, sur le front de la logique, à Angelika Kratzer et à Neil Smith, sur celui de la linguistique, à Peter Wason et à Philip N. Johnson-Laird, en psychologie et à Paul Grice, à Dan Sperber et à Deirdre Wilson (pour ne citer que les chercheurs les plus connus) dans le domaine de la pragmatique. Les problèmes relatifs aux contrefaits que soulève Neil Goodman depuis le milieu des années 1950 (cf. p. 126) ont été élagués et circonscrits, mais ils sont encore en grande partie irrésolus. Pourtant, tous autant que nous sommes, nous utilisons chaque jour, sans sourciller, une très grande variété de raisonnements et d'arguments construits sur des propositions conditionnelles et des contrefaits. Il semblerait presque que la logique spontanée du « si..., alors... », pétrie comme elle l'est de connaissances contingentes, d'allusions, de présuppositions tacites et d'expédients rhétoriques, transcende les règles formelles et les schémas abstraits. Bien qu'il s'agisse d'une brique essentielle du raisonnement et d'une des formes d'argumentation les plus étudiées depuis des siècles, le mystère du *modus ponens* n'est donc pas encore totalement percé.

Un seul résultat semble désormais fermement établi : le « si..., alors... » du langage ordinaire n'est pas la même chose que le « fer à cheval » des logiciens, mais n'est *pas non plus radicalement différent*. En combinant de façon systématique et créative le petit tableau précédemment reproduit, c'est-à-dire la partie logico-formelle du problème, avec une théorie raisonnable de la pertinence, on peut rendre compte des usages multiples des propositions conditionnelles et les relier sans solution de continuité aux raisonnements par contrefaits. Voilà qui constitue donc une première amorce de théorie de la persuasion fondée sur le « si..., alors... », qu'il reste maintenant à intégrer à une meilleure compréhension d'autres aspects intéressants des argumentations reposant sur le langage courant.

# VIII

## LA CONVAINCANTE LÉGÈRETÉ DU LANGAGE

Un professeur de logique à Oxford entre dans un grand magasin et, alors qu'il se dirige vers l'escalier mécanique, voit avec stupeur une pancarte : « Prenez les chiens dans vos bras » (*Dogs must be carried*). Il hésite un instant, puis se précipite sur d'autres clients alentour pour saisir leurs chiens. En effet, le logicien qu'il est comprend que ce message signifie : « En arrivant devant cette pancarte, il est obligatoire de prendre aussitôt des chiens dans les bras. »

Nos langues sont des instruments extrêmement raffinés et peuvent être manipulées à des fins diverses, à partir de différences qui peuvent paraître minces. Celui qui a posé cette pancarte n'est certainement pas un logicien et voulait, bien entendu, qu'on l'interprète comme suit : « *Si* vous avez un chien et voulez emprunter l'escalier mécanique, *alors* vous devez le prendre dans vos bras. » La raison, bien facile à comprendre, est qu'autrement le chien risque de se faire mal. Il fallait être logicien pour comprendre de travers un message aussi évident. À sa décharge, nous devons néanmoins noter qu'il est moins évident de comprendre *comment* à partir de la syntaxe d'une telle phrase, nous obtenons le sens d'un « si..., alors... ».

À Cambridge, Massachusetts, le centre de collecte des dons de l'Armée du Salut comporte un guichet bien pratique, accessible de la rue sans même descendre de voiture.

Il est indiqué : « Les dons en argent ne sont pas acceptés. » Il serait insensé de prendre cette phrase au pied de la lettre et de supposer que cette organisation caritative n'entend jamais recevoir, par quelque canal que ce soit, des dons en argent. Nous comprenons tous qu'ils doivent être remis selon d'autres modalités, et non à ce guichet si facile d'accès.

Les écrits de ce genre font justement appel à notre compréhension des choses du monde ; ils ont (comme on le dit en termes doctes) une composante pragmatique implicite. On pourrait dire que le sens de tels énoncés est avant tout dicté par les conventions sociales et par les règles de coexistence sociale. Ce serait exact. Ce qui ne l'est pas, en revanche, c'est de conclure que *seules* ces conventions et ces règles en déterminent la signification. Comme l'exemple du logicien d'Oxford le souligne à sa façon, il existe aussi une composante de signification intrinsèque ; ce que le message dit *littéralement* compte également. Il y a une partie de sens « strict » et une partie d'« usage » de ce sens. En général, ces deux pièces du puzzle s'insèrent remarquablement bien l'une dans l'autre. En effet, nous savons composer des textes que d'autres gens comprennent immédiatement. Il est très intéressant d'étudier aussi quelques exemples dans lesquels ces pièces ne s'emboîtent *pas*. Ils nous amèneront directement au cœur de quelques phénomènes logiques, linguistiques et pragmatiques plutôt complexes, que l'art de la persuasion doit savoir exploiter avec justesse et efficacité. Contentons-nous ici d'examiner les particules les plus élémentaires du langage : les articles, adjectifs et conjonctions. Nous laisserons aux traités savants le soin d'analyser les figures rhétoriques compliquées. Nous verrons que ces petites particules ont déjà bien assez de « structure » pour nous donner la migraine.

Revenons un instant au « si..., alors... » et appliquons-le aux verbes traduisant des opérations de l'esprit.

*Un bloc mental*

Ne lâchons pas de sitôt les logiciens, dont un autre principe inviolable est inapplicable à certains raisonnements typiques de la vie quotidienne. Il nous dit, en essence, que la vérité se transmet le long de « chaînes » de conséquences logiques. Autrement dit, si p implique q, et que q implique r, alors quand j'affirme p, j'affirme aussi r. Nous avons déjà vu (cf. p. 113) que, du point de vue *psychologique,* on ne peut éloigner exagérément une prémisse de ses conséquences ultimes, et qu'il est impossible de mesurer la plausibilité psychologique à l'aune de la logique pure. Il n'est cependant pas difficile de trouver des cas où une telle « chaîne de transmission » apparaît aussi dans le raisonnement ordinaire.

*Dans cette régate, un voilier qui serre bien le vent est avantagé.*

*Dans cette régate, un voilier avantagé peut battre Stars and Stripes.*

*Kookaburra serre bien le vent, par conséquent il peut battre Stars and Stripes.*

Pas de problèmes.

Il faut néanmoins que nous connaissions explicitement la chaîne de conséquences logiques, de même que notre interlocuteur. Pour nous, c'est là un élément capital, alors le pur logicien ne prête attention qu'à ce qui est objectivement vrai et à ce qui est objectivement faux. Pour nous, affirmer ou nier, croire ou ne pas croire, dire la vérité ou un mensonge sont autant de notions fortement entremêlées à ce que nous savons, et que nous savons que d'autres savent.

Le cas paradigmatique où la chaîne des conséquences se bloque est celui des verbes dits « psychiques », c'est-à-dire des verbes indiquant des états et des contenus mentaux. Quelque chose se détraque quand on emploie des verbes comme « estimer », « croire », « supposer », « conclure ». L'insupportable légèreté de ces termes mentaux nous joue de mauvais tours. (Dans la Conclusion, à propos du dilemme de Wotan, nous verrons les problèmes qu'engendrent certaines inférences fondées sur le verbe « vouloir ».)

Leroux pense que Leblanc est quelqu'un de très bien. Leblanc est son voisin. Leroux pense donc que son voisin est quelqu'un de très bien. Là encore, il n'y a rien à redire. Mais prenons le cas suivant : Leroux pense que Leblanc est quelqu'un de très bien. Leblanc est (à l'insu de Leroux) un dangereux terroriste. Il fait semblant de mener une vie normale et en réalité, il ne s'appelle pas Leblanc. Il est évident que nous ne pouvons pas en déduire que Leroux pense qu'un dangereux terroriste est quelqu'un de très bien. La chaîne se grippe à cause de l'ignorance naïve de Leroux.

Par contre, tant que l'on traite de faits objectifs, de propriétés objectivement vérifiables, la chaîne peut continuer de se dérouler. Leblanc est un dangereux terroriste. Il pèse quatre-vingt-cinq kilos. Aucune tergiversation possible, nous sommes inéluctablement amenés à conclure : le dangereux terroriste pèse quatre-vingts kilos. Les choses changent, nous l'avons vu, lorsqu'il est question non de faits objectifs, mais de ce qui passe par la tête des gens, de qualités perçues et jugées par d'autres êtres humains. Des verbes comme croire, estimer, supposer ou conclure bloquent la chaîne. Leroux peut très bien considérer que Leblanc est quelqu'un de très bien tout en tenant les terroristes pour la pire racaille. Il n'y a là aucune contradiction. C'est tout simplement qu'il ignore que Leblanc *est justement* un terroriste. Bien entendu, s'il le savait et continuait néanmoins de trouver que c'est quelqu'un de très bien, là, il se contredirait.

Il y a aussi les cas intermédiaires, les plus intéressants, où l'on ne sait trop que conclure. Serrer la main de quelqu'un est un acte parfaitement objectif, un geste qui peut être filmé ou photographié. Leroux a serré la main de Leblanc. Leblanc est un dangereux terroriste. Je devrais inéluctablement en conclure, tout comme pour les quatre-vingt-cinq kilos, que Leroux a serré la main d'un dangereux terroriste. Or j'hésite à le faire, parce que, dans la vie courante, serrer la main de quelqu'un n'est pas seulement un geste objectif, que l'on peut filmer et photographier, mais aussi un acte comportant une part volontaire. Il signifie témoigner de son amitié, saluer cordialement. Nous avons du mal à « conclure » d'emblée que Leroux a serré la main d'un dangereux terroriste. Nous comprenons bien que, dans l'enceinte d'un tribunal, face à un procureur retors et impitoyable, nous pourrions être très gênés (comme on le voit dans les téléfilms) : « Répondez uniquement par oui ou par non : Leblanc a-t-il serré la main de ce dangereux terroriste ? »

Outre le geste innocent qui consiste à serrer la main d'une autre personne, il y a aussi des cas limites, comme de financer une entreprise, d'accueillir quelqu'un ou de lui offrir un asile, qui sont pour moitié objectifs et factuels, et pour moitié psychologiques. Un procès peut rendre de telles ambiguïtés tout à fait dramatiques.

L'embarras suscité par une chaîne de déductions déroulée jusqu'à ses conséquences extrêmes dans des cas comportant l'élément psychologique, voire moral, que constituent des gestes comme un serrement de mains n'est pas seulement mis en évidence par des procureurs cyniques et acharnés. Il y a fort à parier que, si les journaux publiaient en gras à la une que le dangereux terroriste qui se faisait appeler Leblanc a été arrêté, *le pauvre Leroux* aurait une réaction d'effroi. Il se dirait avec horreur, devant son miroir : j'ai serré la main d'un dangereux terroriste ! Quoique conscient du fait qu'il ignorait les agissements de son voisin et croyait serrer la main d'un homme courtois et empressé, il ne pourrait réprimer ce sentiment. Et dans un petit pourcentage de cas de ce genre, mais un pourcentage néanmoins non nul, on se sent coupable *comme si* l'on avait fait ce geste *en sachant* que Leblanc était un dangereux terroriste.

Il faut beaucoup de prudence et de discernement pour parcourir maillon après maillon une chaîne d'inférences portant sur des états d'âme et des verbes à contenu psychologique. En effet, en abusant des propriétés particulières de ces verbes et d'expressions situées à mi-chemin entre le psychologique et l'objectif, on peut construire délibérément, à la limite de l'honnêteté, des argumentations qui ont l'air convaincantes. Les lignes de démarcation entre syntaxe, sémantique, logique, pragmatique et emploi des argumentations deviennent alors sinueuses. Certains auraient beau jeu de soutenir ici qu'en réalité ces lignes n'existent pas. Ils pourraient nous convaincre que (comme beaucoup aiment encore à le dire aujourd'hui) la syntaxe est au service de la pragmatique. C'est pourquoi il convient de s'arrêter un petit moment sur ce point.

## Contra pragmaticos

Pour certains, la signification des expressions linguistiques et l'usage que nous en faisons sont toujours intimement et inextricablement liés. Je les appellerai les « pragmatistes ». C'est dans les mots « toujours » et « inextricablement » que réside la pomme de discorde entre eux et moi. Et pour renforcer encore leur thèse, marchant sur les traces du philosophe Ludwig Wittgenstein, les pragmatistes affirment que l'usage *est* la signification.

Le philosophe américain John Searle s'est fait un malin plaisir de réduire cette thèse à l'absurde.

Imaginez un officier américain qui, pendant la Seconde Guerre mondiale, se perd sur la ligne de front. Supposant que les Allemands ne tirent pas à vue sur un des leurs et qu'il suffirait de lancer une phrase en allemand pour se faire reconnaître comme tel, il se creuse la tête pour se souvenir d'une phrase en allemand. Tout ce qui lui revient à l'esprit, c'est un vers étudié à l'école : *Kennst du das Land wo die Zitronen blühen* ? (vers de Goethe sur l'Italie qui signifie :

« Connais-tu le pays où fleurissent les citronniers ? »). Il envisage, au premier signe d'approche d'une patrouille allemande, de le crier haut et fort. Supposons donc qu'il le fasse. L'usage de cette phrase consistera à dire « je suis un des vôtres, ne tirez-pas », mais ce n'est *pas* ce qu'elle signifie ; elle veut dire : « Connais-tu le pays où fleurissent les citronniers ? » Il faudrait être fou pour soutenir le contraire. Et si les pragmatistes rétorquaient que l'usage dont ils parlent, celui qui se confond avec la signification, suppose toute une communauté homogène de locuteurs, et non le cas isolé et malheureux d'un individu perdu sur le front, alors nous pourrions très bien imaginer qu'il n'y ait pas un seul, mais mille officiers américains égarés, que tous ne connaissent que ce vers et que tous envisagent de l'employer comme précédemment. Peut-être cela suffirait-il à transformer la signification de ce vers de Goethe en « Je suis un des vôtres, ne tirez-pas ? » Certainement pas. Bien sûr, signification et emploi s'entremêlent, mais le premier ne peut être *identifié* avec le second. On peut (et, si l'on est linguiste, psychologue ou philosophe du langage, on doit) séparer le grain de l'ivraie, séparer la signification de l'usage. Le cas hypothétique de l'officier perdu met bien en évidence la différence entre les deux.

Je ne sais si ce petit argument aura convaincu tout le monde, mais rappelons-nous également le logicien d'Oxford qui se jetait bizarrement sur des chiens. En anglais, indépendamment de l'emploi qu'on en fait, la phrase *Dogs must be carried* admet l'interprétation qu'en a ce curieux professeur. Tel ne serait pas le cas, en revanche, de la phrase : « Si vous avez un chien avec vous et que vous désirez monter aux niveaux supérieurs avec ce chien en empruntant l'escalator, alors vous devez le prendre dans vos bras. » Il est fait appel au bon sens des clients (à l'exclusion des logiciens) pour interpréter ainsi la pancarte. Sa signification littérale admet aussi cette lecture et est compatible avec cet usage, mais c'est tout. Un fer à repasser employé en guise de marteau *demeure* un fer à repasser. Le message *Dogs must be carried* est intrinsèquement ambivalent et a à la fois la signification choisie par le logicien (il faut porter des chiens dans les bras) et celle pour laquelle opte l'écrasante majorité des autres clients (si vous avez un chien..., alors...). Sa traduction littérale en français (« Les chiens doivent être portés dans les bras ») pourrait avoir des effets encore plus embarrassants sur le professeur. Peut-être le pousserait-elle à essayer de porter dans ses bras tous les chiens d'Oxford. Le locuteur d'anglais ne peut rien au fait que ce panneau doit dire *dogs*, et non *the dogs*, de même que celui de français ne peut rien au fait que, dans sa langue, on dit « les chiens », et non « chiens » tout court. « Chiens doivent être portés dans les bras » paraîtrait très curieux.

Pour pouvoir approfondir l'art de la persuasion, nous devons avant toute chose être nous-mêmes convaincus qu'il y a des faits linguistiques qui échappent à notre contrôle quand nous parlons ou écrivons. Ils rendent les expressions utilisées compatibles avec certains emplois, et les locuteurs d'une langue les exploitent tous les jours sans même s'en rendre compte. Tous tant que nous sommes, nous utilisons certaines expressions à nos fins, et nous en inventons de nouvelles, mais nous n'avons pas le pouvoir de créer, ni même de modifier, ces particularités linguistiques. Il y a des limites bien précises au modelage de la signification par l'usage.

Pour nous en convaincre, il nous faut partir de faits de notre langue dont nous ne sommes pas conscients, mais que nous comprenons néanmoins instantanément, sans efforts ni incertitude.

## *Tous, un, aucun*

L'instrument linguistique le plus élémentaire, le plus innocent et peut-être aussi le plus pointu, pour mesurer la force d'une expression, est l'emploi des particules essentielles du langage que l'on appelle les « quantificateurs », c'est-à-dire de termes comme « tous », « certains », « aucun », « chaque », « presque tous », etc. Il convient, pour de bonnes raisons, de leur adjoindre les articles définis (le, la, les), les articles indéfinis (un, des, etc.) et, curieusement, leur éventuelle absence. En effet, la présence, ou l'absence, d'un article a souvent pour fonction de « quantifier » quelque chose dans la phrase. « Chiens méchants » signifie que les chiens spécifiques qui vivent dans la maison où se trouve ce panneau sont susceptibles d'attaquer et de mordre, alors que « les chiens méchants » désigne *tous* les chiens d'un ensemble donné, qui sont tous susceptibles d'attaquer et de mordre. « Les chiens mordent » peut, en fonction du contexte sous-entendu, signifier que tous les chiens considérés mordent (à Oxford, par exemple), mais aussi que tous les chiens qui existent, ont existé ou existeront dans le monde, sans aucune exception, mordent. Il en ressort donc que l'article et son absence doivent être considérés comme des quantificateurs.

Il est facile de se rendre compte, sous une forme épurée, et sur des cas simples, de la contribution décisive de ces particules du langage à la signification et à la force d'une argumentation. Si je dis « On a vu des dames distinguées escroquer les supermarchés avec de faux bons de réduction », je laisse entendre que les dames distinguées ne le font pas toutes, et que les dames distinguées ne sont pas les seules à le faire. Ou plutôt, je laisse planer, dans cet énoncé, un jugement sur le fait que *même* des dames distinguées s'abaissent à ces misérables fraudes. Je vous invite ensuite à conclure : et les femmes des petits employés, alors ! Pauvres supermarchés ! Quelle époque !

L'expression « des dames distinguées », avec l'article indéfini, couvre un certain nombre d'individus non identifiés de la catégorie concernée. Il serait légèrement différent de dire : « On a vu quelques dames distinguées escroquer les supermarchés avec de faux bons de réduction. » Cette phrase impliquerait qu'elles ne sont ni nombreuses ni représentatives. Le message s'affaiblit. C'est plus un jugement sur la décadence de la grande bourgeoisie que sur celle de notre société dans son ensemble. Je peux cependant renforcer à la fois cette idée et le pessimisme ambiant en disant : « On a vu les femmes les plus distinguées escroquer les supermarchés avec de faux bons de réduction. » Je laisse alors entendre que beaucoup d'entre elles (voire toutes) le font, *et* que nous avons de ce fait de bonnes raisons de déplorer la dégradation des mœurs à notre époque.

Le jeu entre les marques génériques et spécifiques, dans lequel les coups sont souvent dictés par les seuls articles, est très subtil. « La théorie paraît extravagante à l'étudiant » peut désigner une théorie particulière et un étudiant particulier, ou une théorie particulière et les étudiants en général, mais aussi les théories en général et les étudiants en général. « Au début, la théorie paraît toujours extravagante à l'étudiant » renforce cette interprétation, disons, universelle. Cette formulation est synonyme de « Au début, une théorie paraît toujours extravagante à un étudiant. » Les linguistes ont noté que ces alternances entre le générique et le spécifique font naître d'intéressants casse-tête. « La parabole est une section particulière du cône » admet l'interprétation « Une parabole est une section particulière d'un cône », mais les choses changent dans le cas suivant :

*Euclide a défini la parabole comme la section d'un plan parallèle au côté du cône.*

Nous sommes dans le domaine des définitions universelles, valides pour toutes les paraboles, à toutes les époques. Nous le restons si nous disons :

*Euclide a très précisément décrit une parabole comme la section d'un plan parallèle au côté du cône.*

En revanche, il y a une grande différence entre :

*Euclide a très précisément décrit la parabole,*

et

*Euclide a très précisément décrit une parabole.*

Dans le second cas, nous sommes plus enclins à comprendre qu'il en a décrit une en particulier.

En effet, l'alternance entre « le », « la » et « un »,

« une », pour désigner l'exemplaire caractéristique, générique, d'une classe, ne fonctionne pas toujours. « La parabole est une courbe quadratique » véhicule la même idée que « Une parabole est une courbe quadratique », mais « Le dinosaure a disparu par suite d'une glaciation » ne véhicule pas la même idée que « Un dinosaure a disparu par suite d'une glaciation. » Dans ce cas, l'opposition entre le générique et le spécifique est très claire.

Une importante conséquence de cette alternance est qu'avec les marqueurs génériques, mais pas les spécifiques, on peut construire des expressions qui sont naturellement interprétées comme un « si..., alors... ».

« Je ne peux accepter d'excuse tardive » implique que, si cette excuse avait été présentée plus tôt, je l'aurais peut-être acceptée. « Je ne peux accepter l'excuse tardive » n'implique rien. Il n'y a pas d'interprétation du type « si..., alors... ». Je n'accepte pas cette chose-ci. Un point, c'est tout. Les marqueurs génériques accompagnés d'un adjectif (nous l'avons entrevu en parlant du paradoxe de Nicod : « Tous les chats sont gris » – cf. p. 131) admettent logiquement, tacitement, les présupposés typiques d'une « proposition conditionnelle ». « Un chien marron, je n'aime pas ça » laisse la porte ouverte à une tentative avec des chiens d'autres couleurs. Bien utilisés, les quantificateurs ont de grands pouvoirs argumentatifs.

Bien entendu, la catégorie des quantificateurs contient aussi les nombres eux-mêmes. « Trois très grands trimeurs demandent trois gros travaux » peut signifier que chacun des trois hommes veut effectuer une des trois tâches, mais aussi qu'ils sont tous volontaires pour trois missions. Mais rien n'exclut, si ce n'est notre paresse mentale, que l'un d'eux veuille faire un travail, et un autre deux. On peut, en perdant un peu de la qualité sonore de la phrase, limiter les interprétations possibles. « Les trois grands trimeurs demandent les trois gros travaux » exclut qu'il puisse y en avoir neuf et renforce légèrement, mais légèrement seulement, l'idée que chacun veut effectuer les trois à lui tout seul. En revanche, « Les trois gros travaux demandent trois très grands trimeurs » donne seulement une idée de la quantité de main-d'œuvre nécessaire. En fait, peut-être aucun travailleur ne s'est-il jamais porté volontaire pour aucune mission. Ici, il s'agit surtout d'indiquer que ces travaux exigent des hommes capables de produire un rendement élevé.

Parfois, ce sont de « petites » différences de ce genre qui peuvent être exploitées à dessein dans une argumentation. Ce qui reste sous-entendu, tout en étant clairement suggéré, donne une force particulière au discours. Le pouvoir du non-dit est énorme, et bien connu.

### *Derrière le non-dit : Al Capone et McCarthy*

Voici des exemples qui montrent de façon lumineuse comment à des expressions superficiellement identiques peuvent correspondre des présupposés très différents (ils ont été proposés, à l'origine, par Noam Chomsky autour des années 1960) :

*Je lui ai demandé que lire.*

*Je lui ai dit que lire.*

Dans le premier cas, il est sous-entendu que c'est moi qui lis, alors que, dans le second, c'est l'autre qui lit. En effet, ces deux phrases en apparence si semblables ont en réalité des structures sous-jacentes très différentes.

D'autres exemples classiques d'une ressemblance trompeuse et d'une grande différence en profondeur sont ceux qui réunissent des noms et des pronoms.

*Jean aime son père.*

*Son père aime Jean.*

Dans la première phrase, « son » et « Jean » vont bien ensemble et peuvent se référer à la même personne (« Jean »). Dans la seconde, en revanche, le « son » ne peut renvoyer à Jean. D'innombrables autres exemples d'énoncés courants que nous comprenons tous sans hésitation, mais que la théorie linguistique a eu bien du mal à analyser, confirment sans cesse à quel point le jeu des présupposés est subtil. Il peut même parfois devenir une forme d'art.

Ainsi, au lendemain du krach de Wall Street, en 1929, le fameux gangster Al Capone convoqua une conférence de presse lors de laquelle il déclara solennellement : « Ce n'est pas moi le responsable de ce désastre. » Cette fanfaronnade, d'un goût plutôt douteux, mais d'une grande efficacité, était entièrement fondée sur un présupposé, à savoir que celui qui nie être responsable d'un événement donné présuppose chez son interlocuteur la croyance qu'il *pouvait* en être tenu pour responsable. C'est bien sur cet effet de bluff que comptait Al Capone.

Pour sa part, le sénateur américain Joseph McCarthy, qui était l'ennemi déclaré des professeurs et de la culture en général, s'était donné pour mission sacrée, dans les années 1950, de libérer les États-Unis du communisme (en déclenchant « la chasse aux sorcières » et en ouvrant l'ère du « maccarthysme », cf. p. 232). Le 9 février 1950, dans la petite ville de Wheeling (dans l'ouest de la Virginie), où il avait été invité par le club féminin du parti républicain, il prononça un discours qui fit date. Un quotidien local fut le premier à rapporter ce bijou de persuasion-manipulation maccarthyste, qui fut ensuite diffusé par l'Associated Press et fut repris par tous les organes de presse des États-Unis :

> Je n'ai pas le temps, ici, de nommer un par un tous les membres du Département d'État qui ont été identifiés comme faisant partie du parti communiste et d'un groupe d'espions. J'ai ici, entre mes mains, une liste de deux cent cinq individus bien connus du secrétaire d'État [qui était alors Dean Acheson] comme membres du parti communiste et qui, néanmoins, sont encore à leur poste de travail et façonnent activement la politique du Département d'État.

Cette affirmation sema la pagaille et fut accueillie avec une certaine incrédulité, tout à fait justifiée. Le Président Truman lui-même dénonça publiquement McCarthy, le traitant de « manipulateur de la vérité ». Quelques jours plus tard, à Denver, dans le Colorado, les deux cent cinq affreux furent plus modérément décrits comme des « sujets à risque ». Et quelques jours plus tard encore, à Salt Lake City, dans l'Utah, le sénateur réduisit fortement sa liste : les deux cent cinq n'étaient plus que cinquante-sept, mais qui avaient leur carte du parti communiste. Par la suite, ces cinquante-sept membres devinrent quatre-vingt-un adeptes.

Notez bien : j'ai écrit *les* deux cent cinq et *ces* cinquante-sept, et je n'aurais pu faire autrement. Nul ne put faire autrement. Lors d'une conférence de presse, un chroniqueur, dégoûté, rembarra McCarthy en lui demandant d'un ton railleur : « Alors, sénateur, soyez précis. Dites-nous une bonne fois pour toutes combien sont, exactement, les communistes du Département d'État. » Et le sous-secrétaire d'État, J. E. Peurifroy, ordonna à McCarthy de les nommer un à un. Mais, ce faisant, il tombait, comme tant d'autres, dans le piège tendu par le sénateur cynique et paranoïaque. McCarthy ne cita jamais un seul nom, et il jubilait. Comme il le confia avec vantardise à un de ses plus proches collaborateurs : « Vous voyez, ils se demandent tous "combien" de communistes il y a au Département d'État, et ils veulent savoir "qui" ils sont. Ils ne cherchent plus à savoir "si" il y en a. »

Ce sont là deux exemples célèbres, tirés de l'histoire récente, qui illustrent la force des présuppositions automatiques. Rapporter une déclaration de non-responsabilité laisse entendre que l'on avait le pouvoir de provoquer le malheur qui est survenu. Et demander, et se demander, *combien* de communistes il y a, et *qui* ils sont, oblige à admettre le sous-entendu selon lequel il y en a. McCarthy était suffisamment malin, et suffisamment malhonnête, pour ne pas parler de communistes « présumés » et encore moins de communistes « présumés par moi, Joseph MacCarthy ». Il utilisa, sans y adjoindre d'adjectif, le terme de communistes, qu'il renforça en parlant aussi d'« espions ». Puis il y colla un nombre assez élevé et assez précis (sans parler ni de « quelques », ni de « beaucoup de », ni même d'« une centaine ») de façon à laisser croire qu'il savait très exactement de quoi il parlait.

Plus récemment, les psychologues cognitifs ont bien approfondi ce que l'on appelle « l'effet d'ancrage ». Si je vous indique un nombre précis, et assez grand, je vous contrains, sans même que vous ne vous en rendiez compte, à rester « ancrés » à ce nombre. Même si l'on est sceptique, comme il convenait de l'être avec McCarthy, on diminue ce nombre, on le divise par deux, on le ramène à un dixième, voire moins, mais on ne le réduit pas purement et simplement à *zéro*. Il paraît difficile de douter de la présence de communistes au sein du Département d'État quand on nous dit qu'il y en a deux cent cinq. Même les incrédules débattent de combien ils sont en admettant le présupposé implicite selon lequel *il y en a*. Et la syntaxe des quantificateurs nous *oblige* à dire « les » deux cent cinq (ou « les » cinquante-sept, ou encore « ces » quatre-vingt-un). Voilà deux exemples réels et attestés du grand pouvoir de persuasion des sous-entendus que font naître les quantificateurs.

## *Le pouvoir des adjectifs*

Intéressons-nous maintenant à la logique des présupposés créée par les adjectifs. Il ne fait aucun doute qu'un chien marron est un chien, et qu'une voiture japonaise est une voiture. Normalement, un nom assorti d'un adjectif reste le même nom, tout en acquérant un trait particulier ou en voyant renforcé un de ses aspects. Par conséquent, l'adjectif restreint le champ d'application du nom, tout en maintenant implicitement qu'il s'agit néanmoins toujours de ce qu'il désigne. Un chien marron appartient à un ensemble forcément plus réduit que celui de tous les chiens, de même qu'une voiture japonaise appartient à un ensemble forcément plus réduit que celui de toutes les voitures. En employant un adjectif, nous réussissons, par un des tours de passe-passe quotidiens du langage, à présenter non pas un, mais bien *trois* ensembles à notre interlocuteur-lecteur : le plus grand (tous les chiens, toutes les voitures), celui dont il est plus particulièrement question (les chiens marron, les voitures japonaises), et, par une sorte d'effet d'ombre, celui qui reste (ce que l'on appelle le « complément », c'est-à-dire les chiens non marron, les voitures non japonaises). En effet, si je dis que les voitures japonaises sont d'une grande qualité et que beaucoup de chiens marron sont des chiens de chasse, je dis aussi, implicitement, quelque chose des automobiles d'une autre origine ou des chiens d'une autre couleur. C'est si vrai que l'on utilise fréquemment un adjectif « au positif » pour sous-entendre quelque chose de négatif à propos du reste. « J'aime les beaux ouvrages » dit aussi quelque chose des ouvrages laids. Je laisse entendre que ceux-là ne me plaisent pas. Je n'ai pas dit que je n'aime *que* les beaux ouvrages, mais pas loin. Une fois encore, j'ai construit un énoncé qui peut être interprété comme signifiant « *Si* un ouvrage est beau, *alors* je l'aime. » Et, dans le langage courant, en dépit de la logique pure (comme nous l'avons déjà vu), nous comprenons tous que, si un ouvrage n'est *pas* beau, alors il ne me plaît *pas*. Les adjectifs permettent donc de dire quelque chose de trois ensembles à la fois. Poursuivons cette réflexion.

L'ombre portée peut s'agrandir encore jusqu'à couvrir des ensembles plus vastes. Ainsi, un grand papillon blanc est blanc comme le sont toutes les choses blanches, mais il ne s'agit pas d'un objet grand dans l'absolu. Nous comprenons tous qu'il est grand *pour un papillon*. Il aura, par exemple, une envergure de cinq centimètres. Ce qui n'est pas aussi grand qu'un éléphant ou un hippopotame. Et il est blanc comme le sont les animaux blancs, qu'il s'agisse d'une chèvre, d'un cygne ou d'un ours polaire. Cependant, comme il ne s'agit pas d'un animal de grande taille, l'étalon de mesure reste implicitement dans les limites dimensionnelles de l'ensemble des papillons, lequel se situe à son tour dans le petit groupe des animaux en général. Cet exemple tout simple montre comment des expressions comme « un grand papillon blanc » introduisent aussi un ensemble de niveau supérieur, celui de tous les animaux. De même, un charbon clair peut très bien être une matière, dans l'absolu, fort sombre. Il n'est clair qu'« en tant que charbon ».

Les linguistes étudient ce genre de cas pour mieux comprendre les subtilités cachées dans les anfractuosités des langues, et c'est ainsi qu'ils ont pu mettre en évidence, par exemple, *comment* certains emplois des adjectifs sous-entendent justement notre fameux « si..., alors... » et *comment* des agencements différents des noms et des adjectifs engendrent des présupposés différents. Voyons sans plus tarder l'incidence que peuvent avoir ces faits sur notre existence quotidienne. « Un honnête député socialiste » n'est pas la même chose qu'« Un député socialiste honnête », et « C'est une fichue canaille » diffère de « C'est une canaille fichue. » Il peut parfois s'agir de nuances, de petits riens, d'un léger renforcement. Mais entre « Maurice est un mauvais garçon » et « Maurice est un garçon mauvais », on perçoit tout de suite une différence de force. Dans le premier cas, on parle d'un petit voyou, peut-être même avec une certaine admiration. C'est comme si l'on sous-entendait qu'il n'est *rien de plus* qu'un mauvais garçon, alors que dans le second cas, il est question d'un garçon franchement malfaisant. Les présupposés ne sont pas les mêmes, et c'est perceptible.

Une combinaison de deux adjectifs crée bien souvent des effets complexes et intéressants. Une puissante voiture allemande est avant tout allemande, et en second lieu puissante. Dans l'ensemble de toutes les voitures, j'ai d'abord choisi les automobiles allemandes puis, parmi celles-ci, un modèle puissant. Un des deux présupposés est toujours plus fort que l'autre. On a moins de mal, en quelque sorte, à contester l'un que l'autre. Une jeune actrice jolie est une personne qui est avant tout actrice, en deuxième lieu jeune et en troisième lieu jolie. En revanche, une jolie actrice jeune est toujours d'abord actrice, mais elle est en deuxième lieu jolie et en troisième lieu jeune. C'est un peu comme les peaux d'un oignon, que l'on élimine les unes après les autres. Étant donné que les jeunes actrices ne sont pas forcément des beautés, et que l'on trouve aussi de jolies actrices parmi les comédiennes d'âge mûr, il apparaît que les deux adjectifs ne se conditionnent pas nécessairement. Il n'en va pas de même, cependant, si je parle d'une bonne pianiste jeune, d'une jeune bonne pianiste et d'une bonne jeune pianiste. Dans ce cas, l'ordre entre le nom et les adjectifs engendre des conditionnements intéressants, comme nous l'avons déjà vu avec le grand papillon blanc. Chaque fois, il est créé une base de référence à l'intérieur d'une autre base de référence plus générale.

Suivons la logique des adjectifs jusqu'à son point de rupture. Un chien marron, comme nous l'avons déjà dit, est bien un chien, mais cela ne marche pas avec un faux stradivarius, une voiture miniature ou un présumé communiste (n'en déplaise au sénateur McCarthy). Ici, l'adjectif bloque le mécanisme normal de présupposition. Ou tout au moins, il devrait le faire. Un faux stradivarius n'est pas un stradivarius, un coupable présumé n'est pas (ou en tout cas peut ne pas être) un coupable. Bien souvent, l'art de la persuasion consiste à naviguer savamment entre ces présupposés, en présentant des coupables présumés comme s'il s'agissait de chiens marron, c'est-à-dire en jouant d'expressions qui déclenchent le réflexe mental normal, celui de présupposer vrai quelque chose qui, en réalité, devrait d'emblée être mis en doute. C'est ce que nous avons vu avec l'exemple de McCarthy.

Dans les langues, ce jeu d'emboîtements est d'une importance capitale. Les purs logiciens ont des armes bien affûtées pour rendre ces implications et ces présuppositions parfaitement transparentes, mais leurs formules cristallines ne rendent pas parfaitement compte de ce qui se passe dans notre tête lorsque nous parlons et que nous écoutons.

## *La conjonction, ou des moyens d'associer*

La conjonction « et » semble servir tout simplement à rapprocher deux choses. Pourtant, le pouvoir d'association de la particule « et » dans l'expression « J'ai vu un film et un documentaire » n'est pas le même que dans l'énoncé « J'ai mangé du pain et du saucisson. » Alors que l'on exclut que le film et le documentaire aient été projetés en même temps sur l'écran, il est très clair, en revanche, que chaque bouchée contenait en même temps du pain et du saucisson.

Il y a quelques années, M. Barre, Premier ministre, suscita un tollé lorsqu'il condamna un sanglant attentat contre une synagogue de Paris en disant que les victimes étaient « des israélites et des Français innocents ». La communauté juive (et pas seulement elle) protesta vigoureusement. Les israélites de France n'étaient-ils donc pas des innocents ? Il regretta sans nul doute de ne pas avoir dit : « des israélites et d'autres Français innocents ».

Le psychologue américain George Lakoff a produit un effet parfaitement symétrique avec son livre intitulé *Women, Fire and Dangerous Things*. Dans l'introduction, il s'attarde sur le piège dans lequel tombent beaucoup de gens en interprétant ce titre comme « les femmes, le feu et *autres* choses dangereuses », ce qui ne correspond pas à ce qui est dit. Ce piège délibérément tendu lui fournit l'occasion de s'étendre sur les interactions entre la syntaxe, la sémantique, la mémoire et les préjugés culturels et sociaux. Pour ma part, je me suis montré assez sceptique quant à l'efficacité de cette tournure malicieuse, peut-être parce que Lakoff s'est fait le champion d'une approche résolument pragmatique de la linguistique avec laquelle je ne suis pas du tout d'accord. J'ai pourtant bien vite dû changer d'avis (sur le titre, veux-je dire, et non sur le contenu du livre). En effet, il m'est arrivé plusieurs fois d'entendre des personnes citer cet ouvrage, en toute bonne foi, comme son auteur l'avait prévu : *Women, fire and other dangerous things*. Une collègue linguiste (une femme, donc) s'étonna de ma réaction amusée et insista, soutenant que c'était bien ce titre-là. Il fallut que j'aille chercher le livre pour la convaincre du contraire.

Il est un peu effrayant de penser que, si quelqu'un avait parlé, dans une conversation, « des femmes, du feu et des choses dangereuses », et qu'il devenait essentiel, pour une raison quelconque, lors d'un procès, de reconstituer ses mots exacts, plus d'un témoin jurerait ses grands dieux l'avoir entendu dire « les femmes, le feu et autres choses dangereuses ». En effet, ces dernières années, il s'est développé toute une branche de la psychologie cognitive appliquée aux témoignages judiciaires qui a mis en évidence divers mécanismes pervers de ce genre. Pervers, mais universels, inconscients, et donc « innocents ». Nous reviendrons plus loin sur ce thème de la persuasion perverse (chapitre 9).

L'effet obtenu par Lakoff est intéressant. En effet, en tant que telle, dans l'abstrait, la conjonction « et » rapproche deux choses quelconques, le grand du petit, le noble de l'ignoble. Mais il arrive que ce rapprochement crée une opposition (comme dans « des israélites et des Français innocents »), ou au contraire une certaine communauté sous-entendue. Ainsi, pour rester dans le même domaine, on trouvait dans les anciens saloons du Far West une pancarte qui disait *Beware of pickpockets and loose women* (« Attention aux pickpockets et aux femmes de petite vertu »). Un vieux tango argentin est encore plus impitoyablement machiste : il dit que les guinguettes sont fréquentées par les *mujeres y malandrinos*. Bien souvent, la « simple » conjonction n'a rien d'innocent.

Elle peut en effet, au-delà de sa traduction strictement logique, introduire des nuances de sens. Elle oscille entre le simple rapprochement, le rapprochement avec combinaison, le rapprochement avec opposition (comme l'apprit notre Premier ministre) et la succession temporelle. On comprend très bien ce que va faire celui qui déclare : « Je vais rentrer et regarder le match à la télé. » Un couple de fraîche date fit sourire quelques amis quand, après un copieux repas, ils prirent congé en disant : « Nous allons faire la sieste, et dormir. » Et un jour, j'entendis une mauvaise langue corriger une de ses amis. Celle-ci avait dit, en parlant de la fille d'une connaissance commune : « Elle s'est mariée et a eu un enfant. » « Non, rectifia l'autre avec un clin d'œil, elle a eu un enfant et elle s'est mariée. »

## *Comment mentir en disant la vérité*

Le candidat a écrit sur sa copie : « Certains triangles sont tels que la somme de leurs angles intérieurs est égale à un angle plat. » L'examinateur est stupéfait : « Alors dessinez-m'en un dont la somme des angles intérieurs n'est *pas* égale à un angle plat. » *Tous* les triangles sont tels que la somme de leurs angles intérieurs est égale à 180° . Le candidat a commis une grave erreur et est justement recalé. Mais, d'un point de vue logique, ce phénomène est curieux. En effet, s'il est vrai que tous les triangles possèdent une propriété donnée, alors il doit aussi inéluctablement être vrai que certains d'entre eux ont cette propriété. Et, bien entendu, le contraire est faux. De « certains », on ne peut en général pas passer à « tous », mais, de « tous », on peut *toujours* passer à « certains ». « Tous » implique logiquement « certains », comme l'exige la logique pure. Ce qui est vrai de tous les membres d'un ensemble l'est forcément aussi de certains d'entre eux. Bref, l'étudiant est recalé pour avoir affirmé une conséquence logique inéluctable d'un fait dont on sait qu'il est universellement vrai.

Un autre professeur lit dans une copie d'examen d'histoire : « Napoléon est mort après 1700. » Et un autre étudiant recalé, exactement pour la même raison. Pourtant, 1921 vient bien après 1700. Lui aussi, il rate son examen pour avoir affirmé quelque chose qui, selon la logique, est une conséquence inexorablement vraie d'un fait dont l'enseignant admet la véracité (à savoir que Napoléon est mort le 5 mai 1821).

Nous avons tous une petite idée de ce qui se passe. Une fois encore, il y a un conflit entre les lois de la logique et nos présuppositions du langage courant. En langage courant, lorsqu'on dit « certains », on laisse entendre que l'on ne veut pas dire « tous », et quand on dit « après 1700 », il est clair que l'on ne veut pas parler d'un siècle plus tard. Un juge peut très bien inculper pour réticence, voire pour faux témoignage, un témoin qui affirmerait sous serment avoir vu l'accusé rentrer chez lui « après 9 heures du matin », alors que l'on peut démontrer qu'il rentra à 11 heures du soir, chose que le témoin sait parfaitement. De même, il est possible d'inculper un témoin affirmant avoir établi qu'il y avait un trou de « plus d'un million » dans la caisse alors que l'on sait avec certitude qu'il manquait deux milliards et demi et qu'il était parfaitement au courant. Pourtant, 11 heures du soir, c'est bien « après 9 heures du matin », tout comme deux milliards et demi font bien « plus d'un million ». En langage ordinaire, mais non dans la logique pure, une affirmation dont la véracité est démontrable et qui découle d'une autre affirmation, vraie elle aussi, peut être fausse. Ou tout au moins être tenue pour équivalente à une fausseté. Elle peut entraîner une condamnation pour faux témoignage, un échec à un examen ou un licenciement. En effet, nous sommes alors en plein dans le royaume de la pragmatique, en dehors de celui de la logique, et même de ceux de la syntaxe et de la sémantique. Il y a néanmoins aussi, dans ce royaume, des principes universels, valides pour tous, dans toutes les langues, dans toutes les situations, sans que nul ne nous les ait jamais enseignés. Les emplois du langage courant prévoient le fameux principe sous-entendu de l'informativité maximale. Par suite des règles tacites de la pertinence, nous présupposons transmettre toujours le maximum d'informations possible. Si nous disons « presque tous », nous ne voulons *pas* que l'on comprenne « tous ». Et nous ne pouvons pas non plus dire « plus de vingt » pour signifier « mille ».

Dans ce dernier cas, cela résulte d'une autre règle que nous connaissons tous d'instinct. En jargon technique, on parle d'« implicitations [1] scalaires », dans la mesure où il subsiste justement une échelle (comme, dans l'ordre : tous, la plupart, certains, un seul, aucun) et des conséquences sous-entendues, différentes en fonction du « barreau » de l'échelle qui est utilisé. « Après 9 heures du matin » signifie une heure imprécise entre 9 et 10, peut-être entre 9 et 11, voire entre 9 heures et midi, mais certainement pas 11 heures du soir. Et en disant « plus d'un million », on laisse entendre – consciemment – un chiffre imprécis entre un et deux millions, peut-être entre un et trois millions, voire entre un et dix millions, mais certainement pas deux milliards et demi.

Vu ce que nous savons des choses du monde, et vu la façon dont nous utilisons le langage, envers et contre la logique, ces professeurs et ce juge ont raison d'agir comme ils le font. Il serait déloyal, malhonnête, et peut-être à l'origine de graves problèmes, de dire à un étranger qui ne sait rien de Trieste que cette ville compte « plus de mille habitants », ou à un enfant peu conscient de la valeur financière des objets que le chef-d'œuvre de Giotto exposé dans le musée coûte « plus de cent mille francs ». Ces deux affirmations sont vraies, dans l'absolu, mais fausses dans la perspective des règles de la pertinence.

Les « implicitations scalaires » sont bien connues, tout au moins tacitement, des sociétés qui présentent dans leurs publicités un chiffre bas, précédé du fatidique : « À partir de... » Dans la vente d'automobiles, de bateaux, de séjours de vacances ou d'appartements, ce genre de formule est astucieusement utilisé. Il s'agit précisément de jouer sur

1. Le terme d'« implicitation » est celui qu'ont utilisé A. Gerschenfeld et D. Sperber, dans leur traduction française de *Relevance*, pour rendre le terme anglais *implicature* employé par P. Grice.

l'ambiguïté entre la vérité littérale et le principe implicite de pertinence maximale. On dit « à partir d'» un chiffre bas, mais on laisse dans le vague le « jusqu'où » du prix réel, en sous-entendant sournoisement que ce chiffre réel ne peut jamais être « trop » au-dessus du nombre plancher.

Il y a quelques années, vaguement attiré par le prix de base, largement étalé sur toute une page d'un quotidien, et relativement peu élevé, d'une voiture allemande de luxe, j'allai me renseigner. Il s'avéra que presque tout était en supplément, de l'accoudoir du conducteur au compte-tours en passant par la cinquième vitesse, les vitres électriques, l'injection électronique et les phares antibrouillard. « Eh bien, dis-je, dans ce cas, je serais intéressé par le modèle bas de gamme, sans aucune option. » La réponse fut qu'en fait il n'existait pas. Il fallait le commander tout spécialement et attendre un temps indéterminé. Bien entendu, des modèles offrant de multiples options étaient, eux, disponibles, pour quasiment le double du prix de base tellement indiqué en si gros caractères dans les publicités. Cela m'irrita et je fis savoir au vendeur que ce genre d'annonce me semblait malhonnête. Il me répondit, en toute candeur, que c'était très efficace. Nombreux étaient les visiteurs qui finissaient par acheter les modèles pleins d'options.

Mon ingénuité m'est revenue en mémoire lorsque j'ai commencé à m'intéresser aux rapports entre la persuasion et la négociation (cf. chapitre 4).

## *Un regard d'ensemble : rhétorique contre hémoglobine*

Les traités de rhétorique s'attardent longuement sur des constructions linguistiques complexes aux noms terrifiants (litote, hendiadys, catachrèse, hypallage, oxymore, et ainsi de suite). Ils les énumèrent en donnant des exemples, le plus souvent tirés du florilège des virtuosités des grands maîtres. Mais pourquoi une architecture linguistique donnée provoque en nous tel ou tel effet (surprise, ironie, scepticisme, dédain, etc.), cela n'est jamais expliqué. On le montre, mais on ne l'explique pas. Tout ce que nous venons de voir, concernant non des architectures complexes, mais des briques, des poutres et des architraves, fait déjà toucher du doigt à quel point il est difficile d'expliquer les effets linguistiques les plus élémentaires. L'effet produit par l'ordre des adjectifs et des noms, par exemple, fait intervenir des concepts linguistiques d'une grande abstraction et des principes syntaxiques qui lasseraient un lecteur non averti au bout d'une demi-page.

Alors, comment se fait-il qu'ils fonctionnent en nous ? C'est très simple. Ce n'est pas aux traités de rhétorique qu'il faut penser, mais plutôt aux traités sur la digestion, ou sur la respiration. Nous digérons très bien toutes sortes d'aliments sans avoir la moindre idée de ce que sont les lipases, les pancréases et la courbe de Micaelis-Menten (clé de voûte des réactions enzymatiques). Et nous respirons sans aucun mal, tout en ignorant la structure tétramérique de l'hémoglobine, la théorie des transitions allostériques et l'effet Bohr. Là encore, une demi-page d'un traité expliquant ces notions nous ennuierait mortellement (à moins, bien évidemment, d'être médecin, physiologiste ou biochimiste). En fin de compte, notre compréhension du langage est « tacite », c'est-à-dire s'effectue sans que nous sachions *comment.* Comme l'a dit le linguiste Noam Chomsky : « C'est quelque chose qui se fait, et non quelque chose que nous faisons, nous. » *En ce sens,* c'est comme la digestion ou la respiration.

Même les constructions syntaxiques les plus élémentaires provoquent en nous des effets de compréhension et de persuasion à travers des mécanismes complexes, universels, inconscients et toujours couronnés de succès. Il arrive qu'une phrase apparemment simple mobilise des « réflexes » mentaux qui ne peuvent être expliqués en totalité qu'en se fondant sur des théories des plus abstraites.

Pour nous en rendre compte, pensons à une phrase comme « La femme de Jean aurait pu être sa meilleure amie. » Elle peut vouloir dire deux choses : 1. Jean aurait pu épouser une femme qui était, au moment où il a décidé de se marier, sa meilleure amie, mais cela ne s'est pas fait ; 2. La femme de Jean aurait pu être pour lui la meilleure des amies, mais cela n'a pas été le cas. Il ne faut pas grand-chose pour transformer cette phrase en une autre, *non* ambiguë, c'est-à-dire signifiant seulement 1., mais pas 2., ou seulement 2., mais pas 1. Comme l'a récemment montré le linguiste et logicien américain James Higginbotham, une explication complète, satisfaisante et détaillée de la façon dont ces constructions transmettent l'un ou l'autre sens à notre esprit (que ce soit la version ambiguë ou les deux autres, non ambiguës), demande que l'on fasse feu *simultanément* des batteries de la théorie la plus avancée de la syntaxe et des canons de la logique modale la plus raffinée. On comprend bien, même intuitivement, que, dans un cas, on fixe « sa meilleure amie » dans le monde réel à l'aide d'une punaise mentale et que l'on explore en pensée divers mondes possibles, dans chacun desquels « la femme de Jean » est une personne différente, tandis que, dans l'autre, on fixe « la femme de Jean » et l'on explore des mondes possibles dans lesquels c'est « sa meilleure amie » qui change. La construction verbale « aurait pu être » signifie qu'au cours de cette sorte de « mission impossible » confiée à notre pensée nous *découvrons* vraiment un monde dans lequel ces deux individus sont *une seule et même* personne, mais que ce monde n'est pas celui de la réalité et que, désormais, il n'y a plus rien à faire. Attention, comme je viens de le dire, ce n'est pas là l'explication de notre travail mental inconscient pour comprendre cette phrase. Ce n'en est qu'une synthèse grossière et très approximative. La véritable explication, en *présupposant* que l'on soit déjà familiarisé avec la théorie syntaxique avancée *et* avec la logique modale, noircirait une vingtaine de pages denses et ultratechniques. Et cela n'a rien d'exceptionnel. Il s'agit seulement d'un exemple parmi tant d'autres.

Il apparaît donc que les traités classiques de rhétorique

donnent tout cela pour escompté, sans même s'apercevoir que nous effectuons toutes ces opérations, et qu'ils se bornent à aménager, en composant des vitrines spéciales, un petit musée d'effets rhétoriques généraux sur lesquels ils apposent de savantes étiquettes. La différence entre ces traités et les sciences cognitives d'aujourd'hui est du même genre que celle qui sépare les maquettes du poumon que l'on peut voir dans les classes de sciences des écoles et le modèle informatisé d'une molécule d'hémoglobine, avec les distances exactes et les angles d'orientation précis de ses milliers d'atomes. On respire parfaitement bien sans n'avoir jamais vu ni l'un ni l'autre. Mais en cas d'insuffisance respiratoire, il sera bon de consulter un physiologiste qualifié, pour qui la molécule d'hémoglobine n'a aucun secret.

# IX

# LA PERSUASION PERVERSE

L'anglais est riche en verbes qui décrivent des types de mouvement très spécifiques (to *spin*, to *swirl*, to *tumble*, to *wobble*, to *coil*, to *curl*, etc.). Pour traduire certains d'entre eux en français, il faut des périphrases entières. C'est si vrai qu'il arrive que nous les adoptions tels quels, comme en physique lorsque l'on parle du *spin* d'un électron. À mi-chemin entre ces verbes traditionnels et le jargon informatique, on trouve le terme *toggle*. On appuie sur une touche, et elle reste en position abaissée, activant une fonction donnée. Puis on appuie de nouveau et elle revient à sa position initiale en désactivant la fonction concernée. Les ordinateurs personnels comportent souvent un *toggle* qui inverse la couleur du fond et celle du texte. J'appuie, et j'ai des caractères blancs sur fond noir. Je rappuie, et je reviens à des caractères noirs sur fond blanc. Eh bien, cette idée de touche à bascule est essentielle pour approcher les processus de la persuasion perverse.

## Toggle, toggle

Imaginons que nous ayons une série de touches à bascule et que nous les enfoncions les unes après les autres pour inverser les composantes classiques de la persuasion.

Voyons ce qui se passe. Pour souci de simplicité, j'indiquerai par T (comme *toggle*) cette action d'inversion, et par E son effet, illustré par un exemple spécifique. Le signe • devrait donner l'idée de la touche sur laquelle il faut appuyer.

T • Opposition entre le dit et le non-dit.

E : Un lord anglais se trouva obligé, par devoir de famille tout autant que de caste, de recommander un parent qu'il détestait pour un poste de haut niveau. Voici ce qu'il écrivit dans sa lettre de recommandation : « Je le tiens en grande estime parce qu'il s'agit d'une personne d'une ponctualité absolue qui a, en outre, une très belle calligraphie. »

T • Compréhension du message.

E : Un professeur de mathématiques de l'université de Florence, éminent chercheur dans le domaine de la géométrie projective, voulut expliquer à la fille de son concierge, lycéenne, le subtil concept de « point à l'infini ». Dans le plan de la géométrie projective (plus abstrait que le plan ordinaire, celui de la géométrie euclidienne), toutes les droites parallèles ayant en commun une direction donnée ont aussi en commun un « point à l'infini ». Chaque direction a « son » point à l'infini, ce qui fait que l'ensemble infini des directions possibles dans le plan forme un « cercle à l'infini ».

Au lycée, bien entendu, on ne l'enseigne pas, et la définition des droites parallèles dit qu'elles « ne se rencontrent jamais ».

Fière de cette leçon dispensée par un illustre professeur, la jeune fille écrivit dans un devoir : « Deux droites sont dites parallèles lorsqu'elles ne se rencontrent jamais au lycée alors qu'elles se rencontrent à l'université. »

T • Rapport entre l'argumentation employée et l'effet sur son destinataire.

E : Considérons *Les Frustrés*, une bande dessinée de Claire Bretécher autrefois publiée dans *Le Nouvel Observa-*

*teur*, qui épinglait systématiquement les tics et les maniérismes de son public, c'est-à-dire de la gauche intellectuelle post-soixante-huitarde.

Une jeune maman au visage défait est en train de s'occuper de son bébé qui braille. On sonne à la porte, et son amie entre. Très élégante, extrêmement snob, et agitée. « Quelle chance tu as, commence-t-elle, de pouvoir rester tranquillement chez toi avec ton adorable bambin ! Veinarde ! » Et elle se lance dans une série d'histoires sur les « supplices » de la vie mondaine qu'elle, elle doit endurer. Le cocktail de l'éditeur à la mode (un vrai raseur, figure-toi), l'inauguration de l'exposition avec toutes les stars du moment (la pagaille, vraiment), les hauts et les bas de ses week-ends exotiques avec ses nombreux soupirants. Et de s'exclamer encore : « La chance que tu as ! » Puis elle salue son amie avec frénésie et disparaît comme elle était entrée. La jeune mère regarde son bébé qui continue de geindre, regarde la poubelle... et se la flanque sur la tête.

T • Affirmation et négation.

E : Il y a quelques années de cela, le psychologue Philip Johnson-Laird dut faire pour la prestigieuse revue scientifique *Nature* le compte rendu d'un livre qu'il jugeait catastrophique. D'humeur très, très incisive, il inséra la phrase suivante : « Ce livre comble une lacune fort nécessaire dans la production scientifique de ce domaine. » Dans les milieux universitaires, cette formule raffinée et perfide fit beaucoup de bruit, mais, à ce que m'a raconté Philip, au début, à froid, beaucoup de collègues lui firent des reproches, persuadés qu'il avait dit... le plus grand *bien* de cette nullité. (On le comprendra, il était totalement stupéfait : « Le plus grand bien ! ? Mais vous avez lu ce que j'ai écrit ? "Une lacune *fort nécessaire* !" »)

T • Objectifs et motivations.

E : Voici le slogan, très persuasif, qu'avait trouvé la ville de Milan à la Noël 1994 : « À Noël, soyez avares, paresseux et égoïstes. Prenez les transports publics. »

(On pourrait sans grand mal passer de cet inverseur publicitaire à un gigantesque inverseur politique : la nouvelle conscience politique de l'Italie, avide de « retournements », sans scrupules, cynique et égoïste.)

T • Argument et identité du destinataire.

E : Dans la scène finale du film *La Femme du boulanger*, de Marcel Pagnol, le boulanger vieillissant, en saint homme qu'il est, accueille affectueusement sa jeune épouse, de retour après s'être enfuie avec un godelureau, lui avoir brisé le cœur et l'avoir ridiculisé devant tout le village. Il n'a pas un mot de reproche, pas une récrimination. De son côté, la chatte Pomponette, qui avait disparu pendant plusieurs jours, réapparaît également. Le boulanger adresse à Pomponette un discours déchirant et d'une grande noblesse, prêtant sa voix au chat Pomponet qui, après avoir été abandonné et humilié, est de nouveau heureux et résolu à tout oublier. La femme du boulanger fond en larmes et jure de ne plus jamais s'en aller.

(Ici, plus que d'inversion, la touche enfoncée crée un effet oblique.)

T • Sujet et prédicat.

E : Le président John Fitzgerald Kennedy déclara, dans son discours inaugural : « Ne demandez pas ce que ce pays peut faire pour vous, mais plutôt ce que vous, vous pouvez faire pour ce pays. »

Et quelques mois plus tard, pour justifier son audacieuse ouverture de dialogue avec le bloc de l'Est : « Nous ne devons jamais négocier par peur, mais nous ne devons jamais avoir peur de négocier. »

Un inverseur syntaxique du même genre est utilisé par un mouvement récent qui s'élève contre les opérations chirurgicales mutilantes dans le traitement du cancer : « Il ne s'agit pas d'ajouter des années à notre vie, mais plutôt d'ajouter de la vie à nos années. »

Dans son traité sur la rhétorique, Aristote raconte l'épisode suivant : Iphicrate, alors que l'on voulait soumettre aux rites liturgiques son fils encore trop jeune parce qu'il était de grande taille, lança que, si l'on considérait les grands enfants comme des hommes, il fallait décréter que les petits hommes étaient des enfants.

## *Un peu de théorie*

Toute théorie de la persuasion devrait pouvoir expliquer comment, en dépit d'« inversions » de ce genre, le processus de persuasion (ou tout au moins *un* processus de persuasion) a fonctionné.

Dans certains cas, nous sommes pris dans ce que j'ai appelé, dans un précédent livre, « les tunnels mentaux », c'est-à-dire les illusions cognitives. L'erreur systématique sur le titre du livre de Lakoff (cf. p. 189) (qui devient *Women, fire and other dangerous things*) tout comme le quiproquo au sujet de l'expression de Johnson-Laird (« combler une lacune fort nécessaire » interprété comme un compliment !) s'expliquent par un inconscient cognitif qui agit à notre insu. Nos réflexes linguistiques sont puissants et totalement enfouis. Il arrive aussi qu'ils nous jouent de curieux tours.

Un autre exemple bien connu, du même type que celui de la phrase de Johnson-Laird, est l'expression anglaise « No eye injury is too trivial to ignore », que tout le monde, absolument tout le monde, interprète comme un bon slogan publicitaire possible pour un cabinet d'oculiste. En effet, instinctivement, par réflexe, on la lit comme ceci : « Il ne faut jamais négliger une lésion oculaire, si insignifiante qu'elle puisse nous paraître. » Or, en l'analysant de plus près, on se rend compte qu'elle signifie exactement le contraire : « L'absence de lésion oculaire ne mérite aucune attention. » Un excès de négations est cause de confusion. En effet, *too... to...* est une formule de négation, comme dans *too good to be true* – « trop beau pour être vrai ». Mais l'adjectif *trivial* a lui aussi un effet négatif. Et deux négations, comme chacun sait, valent une affirmation. Il y a aussi un autre effet négatif avec le verbe *ignore*, ce qui fait qu'avec le *no* initial il n'y a pas moins de quatre négations. Et, en réalité, même si nous ne le voyons pas, la phrase complète signifie le contraire de ce que nous croyons. (En passant, ceux qui soutiennent encore que signification et usage ne sont qu'une seule et même chose – cf. p. 176 – devraient bien réfléchir à ce genre de cas !)

Notre machine automatique à interpréter les phrases fonctionne toujours tête baissée, sans se soucier des subtilités logiques excessives, et il lui arrive parfois de commettre des bévues.

Revenons au cas de Johnson-Laird. Combler une lacune est, en soi, un fait positif. L'expression qualificative « fort nécessaire », qui devrait *inverser* l'effet produit et le transformer en un jugement négatif, est automatiquement associée au *fait de l'avoir comblée*, et non à la lacune elle-même. « Combler une lacune fort nécessaire » est alors mentalement inversé, voire perverti, comme suit : « Ce livre comble une lacune, remplissant ainsi une mission dont on avait grand besoin. » Et le jugement porté est interprété comme un éloge du livre. Cet exemple et celui du titre de Lakoff sont deux cas lumineux et célèbres d'effets de persuasion perverse dus à nos « réflexes » linguistiques cachés.

De subtils effets linguistiques, dans ce cas sans véritable perversité, sous-tendent également l'efficacité argumentative (et esthétique) des slogans à la Kennedy, dans lesquels sujet et prédicat sont inversés. Ces effets ont été récemment analysés par le linguiste italien Andrea Moro. En termes simples, disons que, dans une phrase comme « La cause de la révolte fut les photos du mur de Berlin », on met en relief la forte asymétrie entre les deux parties « la cause de la révolte » et « les photos du mur de Berlin ». Elles semblent se trouver dans un rapport d'identité, comme dans une formule mathématique du type A = B. Mais la langue est différente des mathématiques, et les choses ne marchent pas ainsi. Nous avons tous l'impression, sans nous en rendre compte, que le véritable sujet de la phrase est « les photos ». En inversant *explicitement* les positions, c'est-à-dire en présentant successivement A-B puis B-A, à la Kennedy, on rend leur asymétrie manifeste et signifiante. En outre, l'effet esthétique qui en résulte renforce l'idée que l'on veut exprimer et frappe non seulement l'oreille, mais aussi l'imagination.

Dans un domaine plus terre à terre, je rappellerai le slogan féroce qui circulait en Italie, il y a des années, au sujet des pauvres boy-scouts : « Ce sont des enfants habillés en crétins et guidés par un crétin habillé en enfant. » Cela suffit pour me dissuader à tout jamais de devenir « louveteau ».

Dans d'autres cas, comme celui de la jeune maman épuisée de Bretécher, on assiste à un phénomène d'inversion bien décrit par « le modèle de Simmel-Boudon » : une argumentation valide peut très bien être à l'origine d'une croyance *infondée* (ici, d'une conclusion perverse) si l'interlocuteur la combine avec des présupposés étranges ou pervers. La frustration de la jeune femme est le présupposé « pervers » qui transforme *pour elle* en événements fantastiques les « frustrations » de son amie (d'où le titre de ces bandes dessinées).

Et l'on peut penser que le lord anglais, lui aussi, comptait fortement sur les présupposés de ses interlocuteurs pour que sa « recommandation » fût tacitement inversée et prise pour ce qu'elle était en réalité : la caricature perverse d'une « authentique » recommandation.

# X

# PERSUASION (ET DÉPERSUASION) DE MASSE

Jusqu'ici, nous nous en sommes toujours tenus au cadre de la persuasion individuelle. Tout ce que nous avons vu s'applique aux processus psychiques que déclenche la persuasion dans la tête d'une personne seule. Mais un livre comme celui-ci, quoique fidèle à la perspective « individualiste » des sciences cognitives actuelles, ne pouvait se clore sans faire au moins un détour par la persuasion de masse. Au fond, l'étude scientifique expérimentale de la persuasion (cf. aussi Annexe I) a connu un tournant autour de la Seconde Guerre mondiale, lorsque les psychologues américains ont été chargés par leur gouvernement de la formidable mission consistant à expliquer le succès des mécanismes de consensus exploités par les régimes totalitaires. Peut-être le Japon pouvait-il encore être considéré comme un « continent » psychologique à part, mais on ne pouvait en dire autant de l'Europe, d'où provenait la majorité des Américains et où ils avaient presque tous de proches parents. La stabilité interne du nazisme et du fascisme, à une extrémité, et du stalinisme, à l'autre, en dépit des terribles appareils de répression mis en œuvre, ne pouvait s'expliquer *uniquement* par la terreur policière. De toute évidence, des foules entières de gens « comme vous et moi » avaient volontairement accordé leur confiance à ces régimes. Comment cela avait-il pu se produire ? La question fut surtout posée aux politologues, mais aussi aux psychologues.

Après la guerre, avec le début de la guerre froide, la fascination exercée par le communisme faisait tache d'huile, et les États-Unis jugèrent indispensable de lancer une contre-offensive culturelle méticuleuse grâce à des organismes appropriés de propagande et d'information. Un réseau de fondations, de revues, de maisons d'édition, de bourses d'étude, de subventions à des institutions et des individus fut mis en place pour essayer de combattre l'ascendant intellectuel, alors très grand, de la culture marxiste. Et, bien entendu, le camp adverse en fit autant. Le front culturel de la guerre froide mobilisa les armes d'une persuasion contre celles d'une autre, faisant naître ainsi, pour la première fois de l'histoire, un exercice de masse bien illustré par ce que l'on a appelé par la suite la « désinformation » et la « contre-information ».

Et ce n'est pas tout, parce que l'on para aussi de façades culturelles des opérations qui n'étaient autres que de l'espionnage. Les deux camps firent assaut d'une bonne dose de persuasion véritablement perverse (cf. chapitre 9). À cette époque, bien souvent, on n'y allait pas par quatre chemins, soudoyant en secret des hommes et des journaux qui, parfois, appartenaient même officiellement à la partie adverse. Journalistes, écrivains, chercheurs et leaders idéologiques étaient payés pour observer et rendre compte, mais aussi pour publier, de temps à autre, du haut de leur insoupçonnable autorité, quelques interventions *ad hoc* conformes à la logique politique, quelquefois bien alambiquée, du moment. On suspectait déjà tout cela, mais les noms n'ont émergé publiquement qu'après la fin de la guerre froide.

Il n'y a rien d'étonnant à ce que, dans un tel climat, on soit allé jusqu'à faire appel à la psychologie académique, à travers la création d'instituts et de chaires de psychologie des masses, de psychologie de la propagande, de psychologie de la persuasion et du changement des comportements.

Certains résultats furent intéressants (cf. Annexe I), mais, une fois encore, c'est à notre manière que nous nous aventurerons sur ce terrain difficile.

## *Une échelle pour les foules*

Une échelle permettant de mesurer la force de persuasion d'une argumentation, d'une croyance, d'une idée ou d'une idéologie sur les foules pourrait être tout bonnement fondée sur des données démographiques, combinées à une indication de temps. Ainsi, on pourrait calculer le nombre de personnes convaincues, puis multiplier cette valeur par la durée moyenne.

Tout en haut de cette échelle toute simple, on trouverait sans nul doute les grandes religions, qui ont persuadé des millions de personnes, génération après génération, pendant des siècles. Tout de suite après, légèrement plus bas, viendraient les idéologies politiques, qui réussissent elles aussi à convaincre des millions de personnes, mais en général seulement pendant quelques années, tout au plus quelques décennies.

En revanche, on obtient une mesure beaucoup plus intéressante en *combinant* une échelle démographico-temporelle de ce type avec notre échelle de Mohs du premier chapitre. En effet, il est bien plus intéressant d'évaluer globalement non seulement combien de personnes ont été persuadées, et pendant combien de temps, mais aussi *ce* qu'elles ont été persuadées de faire (ou de ne pas faire). Le niveau sera alors d'autant plus élevé qu'est plus désagréable, plus ingrat, ou même plus douloureux ce que les multitudes de convaincus ont *librement* accepté de faire (ou qu'aurait été plus agréable ce à quoi, au contraire, ils ont librement renoncé). L'idée qui culminera, sur cette échelle tridimensionnelle de la persuasion de masse, sera celle qui réussira à persuader des foules d'accomplir quotidiennement, pendant de longues périodes, de gros sacrifices ou des actions contraires aux désirs les plus fondamentaux et les plus naturels.

Parallèlement à ce côté plaisant ou déplaisant (que l'on qualifierait, en jargon psychologique, d'« hédoniste »), il importe aussi de mesurer le degré d'intangibilité des croyances constituant l'idéologie considérée, c'est-à-dire d'évaluer combien de personnes ont été persuadées, et pendant combien de temps, de croire en quelque chose dont elles auraient pourtant dû enregistrer des démentis d'une extrême clarté, élémentaires, répétés et irréfutables.

Il ne s'agit pas, ici, de donner des chiffres précis ; la notion de base nous suffira. Intuitivement, au moins, il est clair qu'une idée ou une idéologie ayant une valeur élevée sur cette échelle mérite la palme de la persuasion de masse. De ce point de vue, naturellement, les idéologies politiques « battent » (si je peux m'exprimer ainsi) les grandes religions. Ce qui est certainement élogieux pour les religions. (Je laisserai de côté, pour des raisons d'espace, d'évolution continue et chaotique, mais aussi d'incompétence personnelle en la matière, le cas, qui suscite pourtant fortement notre attention, des intégrismes religieux intimement mêlés à un pouvoir politique.)

En Occident au moins, les religions transforment la vie quotidienne des fidèles, mais presque jamais de façon radicale, et, de par leur nature, elles ne violent jamais nos conceptions du droit naturel des personnes. Au sein d'une même communauté géographique ou ethnique, les différences de comportement manifestes entre le croyant et le non-croyant sont le plus souvent minimes. L'ascétisme austère de certains ordres monastiques, les vœux de clôture, de pauvreté et de chasteté ne concernent qu'une infime minorité de fidèles. Pour l'immense majorité d'entre eux, en dépit de profondes divergences au fin fond des consciences individuelles, la vie quotidienne se déroule normalement. Au niveau des actes de tous les jours, il est difficile de distinguer le croyant de l'athée. Outre les pratiques cultuelles, qui, même pour les plus pieux, n'occupent qu'une petite partie de la journée, les spécificités consistent en abstentions alimentaires périodiques ou en la réglementation de la sexualité. Il s'agit, en fait, de distinctions très discrètes. En général, pour savoir si quelqu'un est croyant ou non, il faut le lui demander explicitement, ou attendre qu'il le dise.

Les histoires de Don Camillo et de Peppone, immortalisées par l'écrivain Giovanni Guareschi et l'acteur Fernandel, montrent à quel point se ressemblaient, par leurs habitudes, par leurs valeurs et par leurs comportements civiques, le curé et le maire communiste d'une petite ville du sud de la plaine du Pô dans les années 1950, malgré la barrière religieuse qui les séparait.

Il est également déterminant pour nous, et pour notre échelle de la persuasion de masse, que les religions ne soient jamais sujettes à des vérifications directes, et donc encore moins à des démentis directs. Ni le fidèle ni le croyant ne reçoivent jamais de la réalité alentour des signaux clairs, répétés et incontestables. Contrairement aux dirigeants politiques, les autorités religieuses ne s'aventurent pratiquement jamais à faire des prévisions précises et à brève échéance. Elles s'efforcent plutôt de trouver de subtiles confirmations à caractère intime, et de nature très indirecte, en tirant parfois parti, *cum grano salis*, de l'exceptionnel, du rarissime, du miraculeux. Et, comme toute la vie du fidèle repose sur des certitudes quant au transcendant, au supraterrestre, au non apparent, elle s'écoule sans qu'il ne connaisse ni confirmations ni démentis objectifs. C'est dans la nature même de la religion.

On pourrait soutenir qu'aujourd'hui il faut moins de force de persuasion pour susciter une conversion religieuse que pour faire croire en la promesse d'une réduction de la dette publique, quand tout le monde sait que les dépenses publiques n'ont cessé d'augmenter les années précédentes, dans le même système et avec la même politique. En effet, les gens commencent à croire de moins en moins à ces promesses des dirigeants politiques. Comme l'avait justement dit Abraham Lincoln, on peut réussir à tromper tout le monde un petit moment, ou certains pour toujours, mais pas tout le monde pour toujours.

Sur notre échelle, comme nous allons le voir, ce sont les idéologies totalitaires qui tiennent sans conteste le haut du pavé. Elles ont réussi à s'imposer à l'opinion publique de pays entiers pendant des décennies, la contraignant à faire des sacrifices quotidiens énormes, en dépit de démonstrations extrêmement claires et répétées qui faisaient apparaître que leurs argumentations et leurs prévisions étaient totalement erronées. Réjouissons-nous qu'elles aient fini par s'effondrer, mais il ne faut pas oublier qu'à l'encontre de toute raison et de toute évidence elles ont subsisté pendant des dizaines et des dizaines d'années.

Examinons de plus près un cas paroxystique, sur lequel ont été publiés, assez récemment, de nouveaux témoignages bouleversants et tout à fait dignes de foi.

D'après ces témoignages, il semble bien que, sur toute la durée de l'histoire mondiale, le sommet de notre échelle ait été atteint par le chef du parti communiste chinois, Mao Zedong (ou, comme on écrivait autrefois, Mao Tsé-toung).

## *Mao superpersuadeur*

Pour ce qui est du nombre de personnes touchées, on peut avancer le chiffre (énorme à tous points de vue) de six cents millions. Pour ce qui est du temps, entre 1949, année de l'instauration définitive de la République populaire, et la mort de Mao (1976), il s'écoula presque trente ans, laps de temps fort long pour nous autres humains. Déjà, cette combinaison brute de personnes et de durée donne le tournis. Mais la mesure devient véritablement astronomique quand on y ajoute la radicalité et l'intensité des sacrifices que la politique de Mao a imposées à cette immense population. C'est l'intensité « antihédoniste » négative du maoïsme qui, multipliée par le nombre de personnes touchées et la durée du régime, nous fait atteindre des sommets.

Il suffira, pour notre propos, de nous arrêter sur quelques faits majeurs.

Aucun régime politique n'avait jamais réussi, par exemple, à interdire de cuisiner et de consommer des aliments chez soi, en obligeant tout le monde, indistinctement, et pendant des années, à aller manger uniquement dans des cantines collectives. On n'avait jamais vu non plus l'obligation de laisser allumés pendant des mois et des mois une énorme quantité de petits hauts-fourneaux, en y jetant toutes sortes de ferrailles, y compris des ustensiles d'usage courant, dans le but d'obtenir une fonte dont la qualité était exécrable. Voilà ce que Mao imposa à la Chine pendant la collectivisation accélérée. Son objectif était, Dieu seul sait pourquoi, de doubler en une seule année (entre 1958 et 1959) la production brute (c'est le cas de le dire) d'acier. Les fours restèrent allumés jour et nuit dans les cours des habitations, des écoles et des hôpitaux, sur les places des communes, sous les porches des usines. Même les chirurgiens étaient parfois obligés d'interrompre une opération pour aller mettre du combustible dans le four de leur établissement. Ces foyers inutiles furent constamment alimentés en combustible improvisé, ce qui entraîna un déboisement considérable – de plusieurs milliers d'hectares de forêts –, mais aussi la perte de meubles, de portes et de bibelots, irremplaçables, qui firent très longtemps défaut dans les habitations.

Les sacrifices imposés par le régime maoïste touchèrent même les rapports sexuels entre maris et femmes, les contraignant à vivre séparés, sauf la nuit du samedi au dimanche. Toute infraction à cette règle était un crime grave, puisque le contrevenant plaçait « la vie privée au-dessus de la marche vers le communisme ». Pendant ce temps, Mao allait au lit presque tous les soirs avec une fillette différente, de plus en plus jeune au fur et à mesure qu'il vieillissait. À plus de soixante-dix ans, il réussit à se faire « soigner » simultanément par cinq concubines occasionnelles au cours d'une même nuit.

La véritable tragédie survint avec la famine de 1959 à 1962, la pire de l'histoire de notre planète, qui fut directement causée par la politique de Mao. Les estimations basses parlent de trente millions de victimes, les plus hautes de quarante-cinq. Et plusieurs millions de survivants présentaient manifestement les symptômes de l'œdème de carence nutritionnelle. Et pourtant, au niveau officiel, on faisait l'éloge des triomphes remportés par la campagne du « grand bond en avant », déclarant sur le papier des rendements agricoles deux ou trois fois supérieurs au maximum *théoriquement* possible pour chaque parcelle de terre. Les absurdités des déclarations officielles étaient démenties à chaque instant, sous les yeux de tous et aux quatre coins du pays, mais, pour l'immense majorité des Chinois, Mao restait le Grand Timonier, infaillible de fait et de droit.

Au bout de quelques années, à partir de juin 1966, ce que l'on appela « la grande révolution culturelle prolétarienne », entreprise à l'instigation personnelle de Mao et dirigée par son épouse Jian Qing – et qui connut même chez nous (ne l'oublions pas) de farouches partisans et imitateurs – détruisit systématiquement non seulement la majeure partie du patrimoine livresque, artistique et architectural de cette civilisation antique, mais aussi la plupart des chaînes de production, des usines, des hôpitaux, des écoles et des universités. Pendant plus de trois années, ce fut le règne du chaos et de la violence pratiquée par des bandes d'adolescents (les fameux Gardes rouges, sous les ordres directs de Mao, de Jian Qing et de Lin Piao). Pendant trois années, aucun enfant chinois n'alla à l'école. Ou, s'il y alla, ce ne fut pas pour apprendre. L'instruction fut remplacée, à tous les niveaux et à longueur de journée, par d'interminables chapelets d'insultes et de brutalités à l'encontre des anciens enseignants (beaucoup d'entre eux finirent d'ailleurs par se suicider) et par le martèlement rituel des citations de Mao. La pensée de Mao devint l'unique forme de culture et de distraction autorisée. Crachée par des haut-parleurs, transmise par la radio, imprimée dans les journaux, chantée en chœur, mimée, mise en scène, traduite en charades et en devinettes, la pensée de Mao semblait planer *physiquement* sur toute la Chine.

Pourtant, même cette barbarie culturelle pâlit, sur une échelle de valeurs humaines, face aux multitudes de victimes des Gardes rouges, face aux souffrances, aux tortures, aux déportations, aux suicides et aux exécutions sommaires de ceux qui étaient arbitrairement traités de « contre-révolutionnaires ». Quand Mao déclara qu'il existait encore, malgré tout, quinze pour cent de réactionnaires et d'ennemis du peuple, chaque commune, chaque usine, chaque régiment et chaque école se sentit dans l'obligation de dénoncer et d'envoyer au goulag chinois quinze pour cent de ses membres. Très souvent, les délateurs savaient pertinemment qu'ils sacrifiaient des innocents, mais il fallait respecter la proportion indiquée par Mao.

Étant donné que l'objet de notre réflexion est une échelle de la persuasion, nous nous pencherons non sur ce qui se passait dans la tête des victimes, que l'on peut d'ailleurs facilement deviner, mais plutôt sur ce qui se passait dans la tête de leurs nombreux tortionnaires. C'est la « force » de persuasion de la pensée de Mao qui nous intéresse. La comprendre, ce serait trouver la clé de la pensée politique la plus persuasive que notre planète ait jamais connue (et, espérons-le, qu'elle connaîtra jamais).

## *Le dernier empereur*

Certains d'entre nous s'en souviendront, le contenu de la pensée politique de Mao était très limité. Ses aphorismes, fixés dans le célébrissime « Petit Livre rouge », étaient surtout une suite de lieux communs et de métaphores. Dans certains, on a bien du mal à percevoir le plus petit semblant d'argumentation, et même de proposition de sens, bref, quelque chose dont on puisse dire que c'était vrai ou faux. Voici quelques perles tirées du « Petit Livre rouge » :

Tout ce qui est réactionnaire est identique : si l'on ne le frappe pas, il est impossible de le faire tomber. C'est comme quand on balaie : là où le balai ne passe pas, la poussière ne s'en va jamais toute seule.

La révolution n'est pas un repas de gala ; ce n'est pas une œuvre littéraire, un dessin ou une broderie ; on ne peut la faire avec autant d'élégance, de tranquillité, de délicatesse, ou avec autant de douceur, de gentillesse, de courtoisie, d'égards et de magnanimité. La révolution est une insurrection, un acte de violence par lequel une classe en renverse une autre.

Quand on joue du piano, les dix doigts sont en mouvement ; il n'est pas possible de ne bouger que quelques doigts, et pas les autres. Mais si les dix doigts frappent en même temps les touches, le résultat n'est pas mélodieux. Pour obtenir de la bonne musique, il faut que les dix doigts bougent en rythme et de façon coordonnée. Un comité de Parti doit prendre solidement en main sa mission essentielle et, en même temps, autour de cette mission centrale, développer le travail dans d'autres domaines. À l'heure actuelle, nous devons nous occuper de beaucoup de domaines. Partout où il y a un problème, il faut intervenir ; c'est une méthode que nous devons apprendre à maîtriser. Certains jouent bien du piano, d'autres mal, et les mélodies qu'ils en tirent sont bien différentes. Les camarades des comités du Parti doivent apprendre à « bien jouer » du piano.

Pour acquérir des connaissances, il faut participer à la pratique qui transforme la réalité. Pour connaître le goût d'une poire, il faut la transformer en la mangeant. Pour connaître la théorie et les méthodes de la révolution, il faut prendre part à la révolution. Toutes les véritables connaissances résultent de l'expérience directe.

En fait, la force de persuasion ne doit pas tant être recherchée dans ce que disait Mao que dans le fait que c'était lui qui le disait. La véritable clé résidait dans son immense ascendant personnel.

Li Zhisui, le médecin de Mao, raconte qu'une poignée

de main, même fugace, avec Mao, représentait pour un paysan, un ouvrier, ou un modeste fonctionnaire du Parti l'événement culminant de sa vie. Pendant des semaines entières, on ne lavait plus la main qui avait serré celle du Grand Timonier. Les membres de la famille, les amis et les connaissances se pressaient pour la toucher, établissant ainsi un courant magique avec le chef charismatique. Un simple fruit (par exemple, une mangue) donné par Mao en personne, ou même par des intermédiaires, était en général bouilli dans un grand chaudron, et des dizaines de personnes se bousculaient ensuite pour boire une gorgée de ce breuvage miraculeux. Ou il était posé sur un autel devant lequel chaque jour des dizaines, voire des centaines de gens venaient s'incliner. Chaque année, pour le traditionnel défilé du 1er Mai sur la place Tienanmen, des milliers d'étudiants, d'ouvriers, de paysans et de fonctionnaires entreprenaient d'interminables voyages extrêmement pénibles, avant de bivouaquer sur la place, dans l'espoir d'apercevoir Mao un court instant. Il n'y a rien d'étonnant à ce que presque aucune des centaines et des centaines de jeunes ingénues qui furent invitées à « s'approcher » de Mao n'ait refusé un si grand honneur.

Sa force de persuasion doit donc être entièrement recherchée dans son charisme, dans un culte de la personnalité sans précédent dans l'histoire et à côté duquel même celui qu'inspira Staline fait pâle figure. Pourtant, le charisme personnel de Mao n'est pas la véritable explication. Il doit à son tour s'expliquer d'une façon ou d'une autre.

Depuis des siècles, la Chine avait l'habitude de vénérer un empereur, et il ne fait aucun doute que Mao devint, à tous points de vue, le dernier empereur de Chine. Lui-même, toujours selon le témoignage de Li Zhisui, aimait, en privé, à s'identifier avec ce personnage, certainement très peu « révolutionnaire ». Il passait des journées entières à lire l'histoire des empereurs de l'Antiquité chinoise, éprouvant au fur et à mesure qu'il se familiarisa avec eux une sympathie grandissante pour les plus féroces et les plus sanguinaires.

Dans la mentalité collective, ce rôle, ce créneau, existait donc déjà, et Mao vint simplement (si l'on peut dire) et savamment l'occuper.

À cette sacralité purement formelle s'ajouta la fascination qu'a exercée, de tout temps et partout, le condottiere militaire victorieux, et notamment le libérateur de la nation, et dans ce cas l'ex-chef rebelle issu du peuple (même si, en fait, Mao était le fils de propriétaires agricoles aisés). Les événements de la Longue Marche et la sanglante et héroïque guérilla menée par les communistes contre l'armée nationaliste du Kuo-min-tang étaient devenus des légendes, ce qui conféra à Mao et à ses lieutenants une aura d'invincibilité.

Mais il y avait aussi une part de justification objective. Au début, c'est-à-dire jusqu'aux folies du « grand bond en avant » de 1958 à 1960, le régime communiste fut salué par la majorité de la population comme une véritable libération d'un ancien joug féodal. Pour la première fois de mémoire d'homme, les gens avaient quotidiennement affaire à une administration efficace, juste, non corrompue et non corruptible. À cette époque-là, le fonctionnaire communiste type, de niveau moyen et moyen supérieur, était d'une parfaite intégrité, capable d'une abnégation totale, cultivé, compétent et tout à la fois modeste et humain. Les conditions de vie de la femme chinoise, jusqu'alors des plus abjectes, s'améliorèrent de façon considérable et subite. Le nouveau régime finit par persuader authentiquement, rationnellement, même les plus sceptiques. Des régions entières, dont certaines étaient aussi grandes et aussi peuplées que la moitié de l'Europe, avaient été terrorisées, exploitées et escroquées pendant des décennies par des seigneurs de la guerre, puis par les envahisseurs japonais et par les armées nationalistes de Tchang Kaï-chek. Au début des années 1950, grâce au communisme, les populations connurent enfin la prospérité, la justice, et elles purent alors retrouver leur dignité et reprendre confiance dans l'avenir. En effet, le grand dessein millénariste du marxisme-léninisme était encore, dans sa première version chinoise, empreint des idées des Lumières, et la ligne officielle prônait un grand respect de la science et de la technologie, de même qu'elle promettait de trouver le point d'harmonie entre les nouvelles valeurs révolutionnaires et le meilleur de la culture traditionnelle.

Dans ce contexte initial résolument positif, la personnalité de Mao paraissait constituer une impressionnante synthèse supérieure de nombre d'attributs qui sont en général incompatibles : c'était un grand homme d'État, mais aussi un homme du peuple ; un stratège militaire de haut niveau, mais aussi un philosophe, un amateur éclairé de l'histoire, un innovateur et un défenseur de la modernité. Les chefs d'État occidentaux et les éminents intellectuels qui se rendaient en Chine étaient sincèrement conquis. Seul le Premier ministre de l'Inde, Jawaharlal Nehru, fut ébranlé – on le comprend – quand Mao lui confia en secret, en 1954, qu'il ne craignait pas la bombe atomique, car dix, ou même vingt millions de morts (*sic*) seraient peu de chose pour un grand pays de six cents millions d'habitants. Un passage du « Petit Livre rouge » confirme d'ailleurs cette idée folle et criminelle de Mao :

> La bombe atomique est un tigre de papier dont les réactionnaires américains se servent pour faire peur aux gens. Elle paraît terrible, mais, en réalité, elle ne l'est pas. Bien entendu, la bombe atomique est une arme de destruction massive, mais l'issue d'une guerre est décidée par le peuple, et non par une ou deux armes d'un type nouveau.

Le choc de Nehru ne fut jamais porté à la connaissance générale, alors que la presse internationale diffusa largement les impressions, somme toute éblouies, d'*opinion leaders* comme Edgar Snow et André Malraux, y compris celles des ennemis « naturels » de Mao, comme le maréchal Montgomery, le président indonésien Sukarno, le général de

Gaulle et, plus tard, Henry Kissinger et le président Nixon (pour n'en citer que quelques-uns).

Snow nous parle ainsi de Mao en 1961 :

> Mao est calme, résolu dans ses mouvements, prêt à saisir toutes les nuances d'une remarque, et dans ses yeux on perçoit, si ce n'est une étincelle, en tout cas un clin d'œil narquois ; il a un éclat de rire contagieux, et il apprécie à l'extrême une remarque spirituelle. Il a également un tempérament de feu.

Et ainsi, en 1971, bien après les massacres de la grande révolution culturelle prolétarienne :

> C'était une suite ininterrompue de statues et de bustes, dont certains de grande taille, du personnage qui se tenait debout à côté de moi, le dirigeant et instigateur de cette seconde libération – ou libération culturelle – qui visait à redonner sa pureté à la révolution et à y faire participer les masses dans une mesure jamais vue.

Tous ces facteurs, dont certains étaient spécifiques à la Chine, et d'autres communs à tous les pays d'obédience marxiste-léniniste, formèrent une combinaison inédite, conférant à Mao et à son régime une charge persuasive irrésistible. Même les témoins-accusateurs d'aujourd'hui avouent, que pour eux, qui étaient encore adolescents ou tout jeunes, il était *impensable* que Mao pût avoir tort, qu'il pût être le responsable suprême et direct des horreurs auxquelles ils assistaient au quotidien. C'est sans aucune peine qu'ils croyaient les organes de presse officiels, rejetant la faute sur les « saboteurs » d'une droite résiduelle, sur la collusion des éléments « réactionnaires et contre-révolutionnaires » avec les puissances impérialistes, sur la corruption des éléments « bourgeois » et de quelques fonctionnaires intermédiaires du Parti. Pourtant, la grande famine de 1959 à 1962 eut lieu en des années où le climat fut exceptionnellement favorable et où la production agricole aurait pu être d'une abondance sans précédent. Cela aurait dû faire réfléchir. Mais on laissa moisir la plus grande partie des récoltes dans les champs, attendu que soixante millions de paysans valides avaient été réquisitionnés sans discrimination pour alimenter les fameux hauts-fourneaux. Les dizaines de milliers d'ingénieurs, médecins, professeurs et écrivains arrachés à leur poste de travail et envoyés de force dans la campagne pour y être « rééduqués » ne furent pas d'un grand secours. Les causes véritables de la grande famine étaient donc étalées au vu et au su de tous. Elles étaient exclusivement politiques, et la responsabilité personnelle de Mao était écrasante. Et pourtant, presque tout le monde était convaincu par la propagande officielle que la Chine avait été victime de gigantesques « catastrophes naturelles ». Il est absolument incroyable que, dans chaque région, on ait réussi à convaincre les gens que le climat avait été catastrophique dans toutes les *autres* régions de la Chine.

## *La force de l'idéologie pure*

Nous avons déjà rencontré quelques mécanismes de « persuasion » utilisés par la propagande staliniste (cf. p. 28), mais, pour mieux comprendre la force intrinsèque de l'idéologie marxiste-léniniste dans sa version maoïste, au-delà de l'ascendant personnel de Mao, il convient de s'arrêter un instant sur les particularités qui inspirèrent une grande fascination, y compris ici, en Occident. En effet, il est intéressant de rappeler les arguments des ingénus, le plus souvent encore tout jeunes, que le maoïsme convainquit en Italie, en France, en Allemagne, aux Pays-Bas et même dans les universités américaines à l'époque de la révolution culturelle, c'est-à-dire à un moment où il aurait déjà dû être évident que l'on avait ni plus ni moins affaire à une dictature féroce et insensée.

Déçus par le stalinisme et par la sombre pesanteur des appareils des partis communistes de l'Europe de l'Est, nos jeunes étaient exaltés par le contact direct de Mao avec les masses, par la fraîcheur et la spontanéité du mouvement des Gardes rouges (qui avaient le même âge qu'eux), par la révolte des jeunes contre les privilèges universitaires, et par le caractère festif et chorégraphique des grandes manifestations politiques chinoises. Leur imagination fut tout particulièrement frappée par les placards omniprésents sur les murs, les *dazibaos*, qu'ils admiraient comme synthèse d'un véritable art populaire, expression « fraîche et spontanée » de puissantes intuitions politiques, et innovation géniale en matière de communication de masse. On attribuait à ces placards improvisés une grande créativité graphique, à l'opposé des affiches publicitaires vulgaires du « capitalisme moribond » (l'expression, authentique, est d'Herbert Marcuse – le troisième M de la trilogie sacrée de l'époque : Marx, Mao, Marcuse).

La révolte morale générale contre la politique américaine au Viêt-nam contribua fortement à attirer les sympathies vers la Chine, alliée du Nord. Rares furent ceux, surtout chez les jeunes, qui surent, ou voulurent, admettre la différence pourtant élémentaire qu'il y avait entre s'insurger, à juste titre, contre cette guerre et cette politique américaines, et adopter les valeurs de l'autre camp. Les ingrédients spécifiques à l'intoxication maoïste furent, outre les activités militantes en faveur du mouvement pacifiste, les composantes typiquement jeunes, folkloriques et divertissantes de la révolution culturelle vue de la « rive gauche », et une certaine esthétique, tout à la fois sobre et raffinée, exotique mais aussi facilement importable. Tout cela enveloppant l'habituel « noyau dur » de l'idéologie rédemptrice et messianique du marxisme-léninisme. Le film de Godard, *La Chinoise*, ésotérique, stylisé et intellectuellement très snob, n'avait rien à voir avec les films de propagande stalinienne des années 1930. Stylisation, chorégraphie, juvénilisme et esthétique furent les traits saillants de la persuasion maoïste en Occident.

On m'a raconté qu'un sémiologue français de renom, sympathisant maoïste, membre d'une délégation qui se rendit à Pékin pendant les années de la grande révolution culturelle prolétarienne, fut extrêmement frappé par une série de petites affiches multicolores à la graphie exquise. Enthousiasmé, il demanda à l'interprète d'en traduire le contenu, dans l'idée de le retranscrire fidèlement dans son calepin. L'interprète éluda la question, expliquant en quelques mots qu'il s'agissait de proclamations politiques et ajoutant qu'il n'avait pas le temps de les traduire exactement, parce qu'il y avait encore beaucoup à voir, qu'il fallait poursuivre la visite. Ce n'est qu'après des demandes insistantes qu'il finit par indiquer qu'il s'agissait... d'une liste de condamnés à mort déjà exécutés.

Aujourd'hui encore, on ne sait trop, reconnaissons-le, comment tant d'intellectuels ont pu avaler une couleuvre aussi énorme. Peut-être pouvons-nous accorder aux maoïstes de chez nous le bénéfice de l'ignorance. En dépit du slogan stupide de l'époque, « La Chine est proche », il s'agissait d'un continent lointain, mystérieux, impénétrable, « différent », qui donnait très peu d'informations, et surtout d'informations fiables. La tragique vérité, toute nue, n'est apparue que plus tard. De toute façon, même maintenant que nous la connaissons, nous restons perplexes devant le mélange d'ingénuité, d'arrogance, d'utopisme et de volonté de se leurrer qui a amené tant d'Occidentaux à se déclarer maoïstes. Cette foi maoïste, en des années de paix et de bien-être, semble encore plus inquiétante que la croyance dans le stalinisme, qui était en partie justifiable par la résistance au nazisme et au fascisme, la guerre, la misère de l'après-guerre, et (n'oublions pas non plus ceci) par les injustices sociales, bien réelles et exécrables, des anciens régimes conservateurs. Si dans le cas du stalinisme on peut trouver, comme le prouvent tant de témoignages émouvants de transfuges et de personnes désillusionées, des circonstances atténuantes historiques dignes de considération, il n'en est rien pour le maoïsme de chez nous. Qu'il y ait vraiment eu, parmi nous, des adeptes du maoïsme, semble démontrer qu'en matière d'ingénuité politique *tout* est vraiment possible.

Les événements tragiques de la Chine de Mao devraient constituer, pour nous, un avertissement solennel contre les illusions de la politique. Peut-être n'y a-t-il pas de limites à la grandeur des maux que peut causer une idéologie politique *sans* que les dirigeants qui combattent pour elle ne réexaminent les fondements de leurs décisions et de leurs croyances. Aujourd'hui, quand j'entends lancer, à propos de nos gouvernants : « Mais, ils ne se rendent pas compte que... ? », « Mais jusqu'où veulent-ils aller ? », je repense au maoïsme. Les réfutations concrètes n'ont aucun sens, si l'on n'est pas prêt à les *accepter* comme telles. Il peut arriver que la persuasion de masse résiste à tout démenti factuel et à toute critique rationnelle. Nous savons maintenant que c'est ce qui s'est passé en Chine, pour six cents millions de personnes, pendant des décennies entières. Ce cas de persuasion de masse, d'une envergure qui défie l'imagination, peut nous permettre de mieux réfléchir à la persuasion de masse dans les contextes moins dramatiques que sont nos démocraties.

## *La dépersuasion de masse*

Une constante que l'on retrouve dans tous les témoignages de gens qui ont réussi à se dégager *individuellement* de leur croyance en des idéologies totalitaires, et en particulier dans le stalinisme ou dans le maoïsme, est le caractère *fulgurant* de cette « dépersuasion ». Tous racontent que le voile s'est déchiré d'un seul coup. Cette soudaineté est stupéfiante et dépourvue de justification *à leurs propres yeux*. Ce n'est qu'après ce foudroiement, après le choc de la dépersuasion « finale » que reviennent à l'esprit tous les démentis, les illogismes, les comportements ingénus et les refus de comprendre pendant tant et tant d'années. Brusquement, tous les nœuds se défont sous le peigne, et ces témoins racontent qu'ils se battent amèrement la coulpe d'être restés aveugles si longtemps.

Selon moi, ce phénomène présente aussi un très grand intérêt pour les chercheurs en sciences cognitives et en psychologie du raisonnement. C'est comme si les preuves du contraire et les argumentations négatives avaient été peu à peu rangées dans un cagibi mental, s'accumulant dans des sortes de limbes de la raison, ni présents et actifs, ni totalement invisibles et inertes. Parfois, le foudroiement final et définitif a été déclenché par quelque épisode particulièrement traumatisant (l'arrestation ou l'exécution d'un parent, d'un maître, d'un camarade), mais, très souvent, il a été provoqué par un événement insignifiant (la classique goutte d'eau qui fait déborder le vase). Ces témoignages disent que ce n'est qu'après ce choc, rétrospectivement, que reviennent une série d'indices, de doutes, de prémonitions, d'ébauches de crise, de germes de dépersuasion.

Le premier problème, immédiat, pour celui qui émerge seul du bain de la persuasion de masse, consiste à revenir à la normale, à recommencer à utiliser son jugement, ses sens, sa raison et son sens critique. La levée du voile laisse libre cours à un torrent de pensées et d'analyses. Tout à coup, on veut tout réviser, tout rejuger, tout reconstruire de façon critique et enfin désenchantée.

La fin des dictatures montre que, malheureusement, pour la majorité, le foudroiement ne survient que tardivement, de l'extérieur. En général, il faut une dépersuasion traumatique de masse pour se secouer du sommeil de la persuasion de masse. Et il existe un besoin bien réel et sincère de se reconstruire mentalement *a posteriori*. Il *faut* en venir à penser, face aux autres, mais surtout face à soi-même, que la révolte grondait intérieurement depuis longtemps. On tend à faire remonter la dépersuasion le plus loin possible en arrière. Et l'on y parvient, bien souvent de bonne foi, parce que enfin sortent du grenier mental les doutes, réticences et contre-argumentations avortées. Comment ces preuves du contraire et ces amorces de dépersuasion ont pu rester dans les limbes jusqu'à ce moment-là, cela reste un mystère, y compris pour les psychologues. On a tendance, après coup, à faire sortir les choses de ces limbes à des moments bien antérieurs à ce qui s'est réellement passé. Parfois, seuls des documents incontestables peuvent convaincre de mensonge celui qui affirme, même en toute sincérité, « je l'avais toujours dit », « je n'y ai jamais cru » ou « on ne me la faisait pas à moi ».

Les sciences cognitives modernes ont mis en lumière ces effets rétroactifs de la mémoire, surtout en étudiant les témoignages déposés dans l'enceinte de tribunaux. Nombreux sont ceux qui tendent à superposer, parfois de bonne foi, des événements et des sensations qu'ils associent avec des moments erronés. L'effondrement d'une dictature favorise ces effets psychologiques rétroactifs. Beaucoup se déclarent opposants de longue date par pur opportunisme et par peur, mais bien d'autres le font sincèrement, en attribuant tout à coup une importance nouvelle à mille petits doutes et démentis qui étaient restés en sommeil dans l'antichambre de leur esprit.

Dans la nuit fatidique du 25 juillet 1943, avec l'écroulement du fascisme, des millions d'Italiens connurent, en masse, cette dépersuasion définitive. Cette nuit de libération (illusoire, puisqu'elle devait malheureusement être suivie par un fascisme encore plus sinistre et plus impitoyable, et par l'occupation nazie) leur avait donné le courage d'exprimer ouvertement ce qu'au fond d'eux-mêmes beaucoup pensaient depuis longtemps. Dans ce genre de cas, comme on l'a vu également lors de la chute du mur de Berlin, le torrent de joie, le climat de fête, le besoin de danser, de défiler, de démolir symboles et statues, de brûler des drapeaux, ne naissent pas seulement chez ceux qui étaient « dépersuadés » depuis longtemps et attendaient le moment propice pour le crier au grand jour, mais aussi chez ceux dont les yeux étaient encore aveuglés quelques jours ou quelques semaines auparavant.

L'effondrement d'une dictature, quelle qu'elle soit, impose une mise en scène collective facilitant puissamment cette campagne rapide et massive de « dépersuasion ». La psychologie classique de la persuasion a bien établi le fait (cf. Annexe I) qu'un argument paraît d'autant plus convaincant que celui qui l'avance semble éminent et « désintéressé ». (L'exemple parfait est celui de la publicité qu'avaient commandée, il y a des années, aux États-Unis, d'illustres cliniciens, pour des cigarettes à faible teneur en nicotine et en goudron. Le message, fort efficace, était : « *Même* eux, ils vous le disent. » On pourrait croire que cela remonte à des lustres, mais c'était seulement dans les années 1960 !)

En politique comme en publicité (nous reviendrons un peu plus loin sur ce binôme), les deux facteurs essentiels, pour convaincre, sont donc une autorité et un désintérêt supérieurs. Un leader charismatique, dont l'autorité et le désintérêt sont infinis (puisque seul compte, pour lui, le bien-être du peuple), réussit à convaincre les foules, y compris face à des démentis cinglants et immédiats de ce qu'il affirme. Et, lorsqu'il tombe, il devient tout aussi essentiel de détruire ces caractéristiques dans l'imagination populaire. Les nouveaux dirigeants doivent d'emblée « dépersuader » les masses de tout ce qu'on leur avait fait croire.

En général, ce processus n'a rien de subtil. Il ne sert pas à grand-chose d'argumenter et de démontrer. On se livre plutôt à ce que l'on appelle, en anglais, un *character assassination* (autrement dit, il s'agit de tuer la personnalité du tyran). Immanquablement, on a droit à la dénonciation publique et ostentatoire des vols et des débauches. Il faut montrer à quel point il était peu « désintéressé ». L'entreprise de dépersuasion sera d'autant plus efficace si l'on réussit à montrer que le tyran était non seulement voleur et profiteur, mais aussi minable et vulgaire. Les palais et les collections d'œuvres d'art des tyrans du passé suscitent en nous, maintenant, de l'admiration. On leur reconnaît, malgré tout, une certaine grandeur. Aucun vivant d'aujourd'hui n'a souffert de leurs méfaits, et l'on peut bien être magnanime. En revanche, les fourberies des dictateurs contemporains paraissent toujours vulgaires, grossières, dénuées de toutes circonstances atténuantes. Elles engendrent haine et mépris *aussi* parce qu'elles sont vulgaires. Et peut-être en est-il réellement ainsi. Les tyrans contemporains déchus n'ont plus une once de grandeur.

Les interminables couloirs d'armoires à chaussures, à vêtements et à fourrures d'Imelda Marcos photographiées dans les hebdomadaires, pouvaient tout au plus faire envie aux vendeurs de supermarchés, et pourtant, ils contribuèrent beaucoup, pour le monde entier, à décrédibiliser ce régime. Les nombreux gratte-ciel et les portefeuilles d'actions que possédaient les Marcos aux États-Unis, ou leurs comptes replets dans des banques suisses, avaient une tout autre valeur, mais ce qui a le plus marqué les mémoires, et a de ce fait le plus inspiré le mépris, ce sont les photographies de la garde-robe d'Imelda.

Lorsque le dictateur roumain Ceausescu fut déposé, en 1989, la même opération eut lieu. On exposa au dédain de l'ensemble du monde des monceaux de vêtements et de chaussures, complétés de quelques modestes petites peaux, et même de rasoirs électriques et d'appareils électroménagers. Le luxe ainsi dévoilé était loin de valoir celui des Marcos. Il ne pouvait même pas faire envie à de petits vendeurs. Mais on avait le cœur serré en comprenant à quel point le niveau de vie de la population devait être misérable, pour que cette pacotille fût présentée comme une énorme spoliation. Le mécanisme de dépersuasion était le même que d'habitude : montrer au peuple la décadence sybaritique du chef suprême. Pour nous, spectateurs extérieurs, le dégoût était encore plus fort en raison, *justement*, de la petitesse des vols commis.

C'est là, pour la communication de masse, une importante leçon : rien n'est aussi « dépersuasif » que la vulgarité enfin révélée.

En Italie, il y a quelques années, cet effet de vulgarité a fonctionné à merveille. Les poufs regorgeant de billets de banque et les coffres pleins de lingots d'or ont plus écœuré les petites gens que les énormes erreurs politiques et économiques du régime antérieur. Certes, les escrocs sont détestables, mais pas autant que ceux qui dépensent mal ce qu'ils ont détourné. Il a été extrêmement efficace de montrer que le pays avait été gouverné par de vulgaires voleurs, et non par des gentlemen.

On a plusieurs fois observé que, dans ces situations d'effondrement d'un régime, la frontière est souvent incertaine entre le désir légitime de justice, la volonté de vengeance et la curiosité maladive. Le tout est remarquablement utilisé pour déprécier rétroactivement la classe politique qui vient d'être liquidée. La chute rapide d'un régime politique, même si elle se déroule sans violence, doit mettre en scène une exposition des profits injustement réalisés, et se servir de cette arme primaire et puissante afin de balayer toute crédibilité résiduelle. C'est un acte de persuasion d'une grande efficacité (cf. chapitre 3).

## *Les deux grands « modes » de persuasion de masse*

Il ne passe pas de jour sans que l'on entende évoquer les similitudes entre les deux grands « modes » actuels de la persuasion de masse : le mode politique et le mode publicitaire. Ce n'est évidemment pas un phénomène spécifique à l'Italie ; il est d'envergure mondiale. Il m'a été rapporté de source sûre que l'ex-parti communiste d'un pays voisin s'en serait récemment remis à une société de consultants en publicité pour essayer de retrouver quelque chose de son « image » passée. Aux États-Unis, il y a déjà longtemps que l'on choisit dans de grandes agences de publicité des experts qui sont ensuite chargés d'organiser les campagnes électorales. Et à peine élu, le président Clinton a remplacé une bonne partie de son équipe de campagne par d'autres personnes, expliquant que gouverner est une chose et que faire de la propagande en est une autre.

En ce moment, la formule magique de la communication de masse est le *perception management*, qui consiste à inventer et à gérer des moyens toujours renouvelés de se présenter au public. Pour cela, il faut agir bien plus sur des représentations mentales que sur la réalité. Ce qui compte, c'est *comment* un produit, une marque, un parti ou un programme est présenté.

Ainsi, aux États-Unis, il a été démontré que les réponses des gens étaient très différentes selon qu'on leur demandait s'ils approuveraient, dans l'ordre (c'était l'époque de la guérilla en Afghanistan), « une intervention américaine », « l'envoi de troupes américaines », « de risquer la vie de nos jeunes » ou « de risquer la vie de nos enfants ». L'accord était de plus en plus réduit, jusqu'à être totalement nul, de la première à la dernière proposition, c'est-à-dire en fonction du mode de présentation de ce qui était, en pratique, *une seule et même décision.* S'il n'est pas vrai que les sondages d'opinion puissent faire dire presque n'importe quoi à presque n'importe qui, en revanche, il est vrai qu'il faut une grande discipline méthodologique pour pouvoir se fier à leurs résultats.

Une ressemblance évidente entre la persuasion politique et la persuasion publicitaire est l'emploi des slogans. Les hommes politiques les ont toujours utilisés, et certaines de ces formules sont entrées dans l'histoire et ont survécu à leur époque. La liste en serait longue. Une des plus récentes, d'une force de persuasion percutante, est celle de Itzhak Rabin pour défendre la difficile et méritoire ouverture de son pays vers Arafat contre les intégristes israéliens : « La paix se fait avec ses ennemis, et non avec ses amis. » Admirable, ce slogan me semble aussi être une bonne démonstration de la similitude de style entre politique et publicité.

Un élément intéressant est que, dans ces deux domaines, on oscille de plus en plus entre ce que l'on pourrait appeler la persuasion « interne » et, par opposition, la persuasion « externe ». On a une illustration de la première lorsqu'une belle femme pleine de distinction fait de la publicité pour un parfum, ou un joyeux luron grassouillet pour une marque de saucisson. Dans de tels cas, une inversion des rôles serait catastrophique. Dans d'autres, en revanche, il est beaucoup plus efficace de se fier à l'image antithétique, d'aller chercher l'opposé, justement pour être d'une plus grande force de persuasion. Ainsi, une multinationale de l'informatique, après avoir longuement exploité le sautillant Charlot, nous présente aujourd'hui des nonnes hollandaises et des clochards parisiens. L'idée, d'une grande efficacité, est que *même* ces esprits simples, ces marginaux de la société moderne, sont fascinés par la nouvelle gamme d'ordinateurs portables.

La persuasion « interne » exploite la représentativité, et la compétence, alors que la persuasion « externe » exploite le contraste et une *in*compétence béate. Dans un cas, on fait entendre la voix d'un *opinion leader* « représentatif » (c'est « lui/elle en personne » qui vous le dit), dans l'autre, on fait appel au témoignage d'un ignare, d'un étranger au domaine concerné, qui acquiert une certaine validité justement *parce qu'*il est décalé et désintéressé (« même lui/elle vous le dit »).

En politique, la persuasion « externe » consiste à emprunter des arguments, des données et des attitudes à son adversaire pour les utiliser à ses fins en les retournant volontairement, voire en les conservant tels quels. De plus en plus, on utilise des formules du genre : « De leur propre aveu », « Comme l'a reconnu même... », « Je voudrais souligner un point sur lequel nous sommes nous aussi parfaitement d'accord. » Lorsqu'il n'y a plus de coordonnées idéologiques fixes, il faut nécessairement se situer, les uns par rapport aux autres, dans une nébuleuse.

L'exploitation des divisions au sein de la partie adverse constitue également une persuasion « externe ». À l'époque du scandale du Watergate, bien plus que les traits de l'opposition démocrate, le coup de grâce fut la déclaration de l'ultraconservateur, mais aussi extrêmement intègre ex-candidat à la présidence et doyen du parti républicain, Barry Goldwater : *I am pissed off* (que l'on pourrait traduire, en adoucissant un peu la formule, par « Je suis écœuré »). Nixon aurait pu dire : Dieu me protège de mes amis ; mes ennemis, je m'en occupe moi-même.

Un cas limite de persuasion externe, à cheval entre le baroque et le « pervers » (cf. chapitre 9), est celui d'un extra-terrestre qui délivre un message explicite donné, mais dans le but de véhiculer un message sous-entendu de sens contraire. Une marque d'automobiles japonaises, par exemple, fait de la publicité pour un de ses modèles avec des monstres pervers qui disent : « Ne l'achetez pas ! » Le message implicite est qu'il faut vraiment être des monstres pour ne pas l'acheter.

Un autre cas limite est celui d'une persuasion mise en œuvre pour obtenir un résultat donné, mais qui débouche sur le résultat opposé. Cela peut se produire de façon tout à fait involontaire, voire inconsciente.

### *Un cas exemplaire de dépersuasion de masse involontaire*

Il existe un film de la dernière séance tenue par l'infâme Comité des activités antiaméricaines que présidait le sénateur Joseph McCarthy (cf. p. 182). Il montre le cas de dépersuasion involontaire le plus authentique et le plus efficace qu'il m'ait jamais été donné de voir.

Un grand avocat libéral s'était donné pour mission fort peu populaire de défendre les victimes de McCarthy contre l'accusation de communisme. En voyant ce film historique, on est encore frappé, si longtemps après, par la distinction, la tenue et la rigueur argumentative de ce maître du barreau (récemment disparu) face au sectarisme et à la grossière perversité de McCarthy. La force de persuasion de l'avocat, et de son équipe d'assistants expérimentés, était encore accrue par le fait qu'il était totalement au-dessus de tout soupçon. C'était un *libéral* déclaré, mais on ne pouvait imaginer qu'il eût le moindre penchant « communiste ».

Après avoir harcelé ses victimes pendant des mois et

des mois, leur lançant les accusations les plus arbitraires et les plus infamantes, le sénateur commença à connaître une certaine perte de crédibilité, tout à l'avantage de la partie adverse. Se sentant acculé, McCarthy commit l'erreur qui devait mener à sa perte politique. Il lâcha la bride à ses sbires pour qu'ils ruinent la vie privée des avocats de la défense. Il lui suffisait de débusquer quelque péché de jeunesse, quelque infidélité conjugale, ou même une grand-mère chinoise ou une carte postale provenant d'Union soviétique, fait qui rendait suspect de non-respect de la Constitution américaine.

Un jour, enfin, les sbires trouvèrent la faille. Le plus jeune avocat de l'équipe de la défense avait appartenu, alors qu'il était encore à l'université, à une association estudiantine très vaguement socialiste. Il était donc possible de le présenter au public et aux membres du Comité comme un *pinkie* (un « rose », c'est-à-dire quelqu'un qui a des sympathies pour la gauche). Pendant une séance du Comité, qui devait être la dernière, McCarthy sortit sa botte secrète. Il montra une photographie de groupe de l'association d'étudiants et une copie de la carte du petit avocat du temps où il était encore sur les bancs de l'université. Il se jeta quasiment sur lui, le harcelant avec un acharnement et une méchanceté insolites, y compris pour lui, ce qui créa un malaise tangible dans l'assistance et chez quelques-uns des membres du Comité (tout cela est immortalisé dans le film).

À la fin du réquisitoire du sénateur, le grand avocat prend enfin la parole pour défendre son jeune associé : « Sénateur, nous savions que vous êtes un homme sans scrupules et mauvais, mais je n'aurais jamais cru que vous puissiez descendre aussi bas. Aujourd'hui, ici, devant ce Comité, cet illustre public, et des millions de spectateurs qui nous suivent en direct, vous avez cru bon, uniquement pour défendre vos desseins politiques, de traîner dans la boue un jeune brillantissime et exemplaire, qui vient à peine d'entamer une carrière que nous avions tous prédite éclatante et fort utile à la nation. Or vous avez eu le toupet de lui reprocher, comme s'il était un criminel immonde, sa participation à une association estudiantine à laquelle il avait adhéré quand il avait, je tiens à le souligner, quinze ans, je dis bien, quinze. Monsieur le sénateur, vous êtes une honte pour notre pays et pour la charge que vous occupez. »

Je résume cette intervention de mémoire (j'ai bien dû voir ce film trois fois, mais la dernière remonte déjà à longtemps). Je peux vous assurer que ce fut une des plaidoiries les plus denses, les plus émouvantes, les plus dignes et les plus convaincantes qui aient jamais été prononcées dans une enceinte de justice. L'effet qu'elle produisit sur l'auditoire, au sein duquel se trouvaient de nombreux autres sénateurs, était visible à leurs expressions d'embarras et de peine.

Mais ce n'est pas ce noble discours de la défense qui marqua la chute de McCarthy. L'événement décisif se produisit quelques minutes plus tard.

Désireux, entre autres, de calmer un peu les esprits, le président de séance frappa un coup de marteau et déclara que les travaux étaient suspendus jusqu'au lendemain. Le cadreur eut cependant la bonne idée de continuer de filmer et de transmettre. En effet, McCarthy était tout à coup sorti d'une sorte de stupeur ahurie et avait repris la parole, comme si la séance n'avait pas été levée. Tandis que la salle se vidait lentement, et que les membres du public chuchotaient entre eux, ou regardaient avec incrédulité la furie grandissante du sénateur, McCarthy se lança dans une interminable invective contre tout et tout le monde, s'élevant, avec la véhémence du dément que ne retient plus aucun frein inhibiteur, contre les espions et les traîtres, contre la conjuration dont était victime la nation tout entière, annonçant l'apocalypse atomique, l'anéantissement de la civilisation par le communisme. Sa paranoïa apparut au grand jour. Nul ne l'interrompit, ne le fit taire ou n'émit de remarque. La salle continua de se vider, dans une atmosphère de gêne quasiment insoutenable, tandis que, grâce à l'intelligence du cadreur de télévision, des millions de spectateurs découvraient enfin qui était réellement McCarthy. Dans le film que j'ai vu au Service d'information des États-Unis à Paris, le générique de fin défile sur l'écran pendant qu'au loin McCarthy poursuit sa folle invective.

Je ne saurais imaginer d'épisode de dépersuasion de masse plus efficace et plus involontaire que celui-là. Joseph McCarthy mourut d'un cancer quelques années plus tard, mais sa carrière politique avait, de fait, été brisée par cette retransmission télévisée. Cette séance marqua la fin effective et définitive de « la chasse aux sorcières ».

# XI

# LE GRAAL DE LA PERSUASION

Comme nous l'avons déjà vu largement, un argument persuasif n'est pas toujours vrai, et un argument vrai n'est pas toujours persuasif. La plausibilité et la vérité suivent parfois des voies différentes, y compris dans le cadre d'une persuasion purement rationnelle. L'heure est cependant venue d'examiner les cas dans lesquels plausibilité et vérité coïncident, et, qui plus est, coïncident *nécessairement*. De tout temps, les grands maîtres de ce secteur particulier de la persuasion ont été les logiciens et les mathématiciens. Leur invincible stratégie consiste à choisir un nombre très limité d'assertions de départ (les axiomes) tellement évidentes qu'il faudrait ne pas avoir toute sa tête pour ne pas les reconnaître vraies, puis à construire progressivement, l'une pardessus l'autre, des argumentations inflexibles (les théorèmes), dans lesquelles aucun être raisonnable ne pourrait trouver le plus petit défaut. La force de la persuasion logico-mathématique est donc absolue. Dans les mathématiques « classiques », quand on *comprend* le sens d'un théorème, et si l'on en suit le parcours démonstratif, on ne peut pas ne pas être *convaincu*. Comprendre et être convaincu ne font qu'une seule et même opération, ils vont ensemble par nécessité. Dans ce monde d'entités parfaites, immuable, celui qui y accède pour la première fois, pas à pas, péniblement, a l'impression de pouvoir constater ici et maintenant quelque chose qui est non seulement vrai sans l'ombre d'un doute, mais qui l'a toujours été, et qui le serait même si nul ne s'en était encore rendu compte. C'est pourquoi on adopte facilement une conception platonicienne de l'univers logico-mathématique. Les mathématiciens ne l'acceptent pas tous, mais tous admettent que c'est très tentant. Comme l'a suggéré Platon, on a la nette impression de découvrir un monde d'entités abstraites qui a sa réalité particulière, une existence supérieure à la nôtre, indépendante de nous. On « voit », avec l'œil de la raison, avec une intuition directe et d'une grande fiabilité, des objets, des propriétés et des relations un peu comme on les voit dans le monde réel.

À travers les siècles, les philosophes, les théologiens, les scientifiques expérimentaux et même certains politologues ont rêvé de construire des argumentations rationnelles ayant la même force qu'un théorème mathématique. Autrement dit, de persuader tout le monde de façon absolue, irrésistible, définitive, de la vérité d'une argumentation pourtant relative au monde réel, qui a une incidence considérable sur les desseins et les besoins de l'homme. Bref, de parler non de figures, de nombres, d'ensembles ou d'espaces abstraits, comme en mathématiques, mais de nous et du monde, avec la même force de persuasion qu'un théorème. Spinoza s'y est essayé avec l'éthique (*ordre géométrique démontré*), Kant avec la métaphysique, et divers auteurs, récemment, avec l'évolution darwinienne (présentée comme une vérité de raison, et non seulement de fait).

## *Celui dont la perfection ne saurait être surpassée*

La très forte poussée intérieure vers l'absolu de la persuasion mathématique a abouti à la tentative de persuasion la plus ambitieuse qu'aucun être humain ait jamais tentée : *démontrer* l'existence de Dieu. Divers types de démonstration ont été éprouvés, depuis saint Thomas d'Aquin jusqu'à quelques théologiens de nos jours.

On a avant tout tenté de démontrer l'existence de Dieu à l'aide d'argumentations de type inductif, c'est-à-dire en partant de certitudes d'une portée très circonscrite, mais absolues, pour monter ensuite, marche par marche, jusqu'à Dieu. Ainsi, « les cinq voies » célèbres de saint Thomas invitaient à extrapoler avec audace à partir de l'expérience et des raisonnements de notre monde fini pour conclure rationnellement que Dieu existe. Le plus convaincant de ces arguments inductifs semble être, aujourd'hui encore, celui qui se fonde sur le principe de causalité.

Schématiquement, il s'agit de ce qui suit :

• *Tout a une cause.*

• *Chaque cause a à son tour une cause, et celle-ci une autre encore.*

• *Nous ne pouvons continuer ainsi à l'infini.*

• *Nous devons penser qu'il existe un Être qui n'est pas lui aussi causé par quelque chose d'autre.*

• *Cet Être est sa propre cause et la cause ultime de tout de qui existe, y compris nous.*

Si la notion d'origine paraît plus convaincante, nous sommes libres de reproduire cet argument à l'identique, en remplaçant le mot « cause » par le mot « origine ». En piochant largement dans les notions scientifiques les plus modernes (comme cela se fait souvent), on remonte au premier protozoaire, de celui-ci à l'origine de l'Univers, de celle-ci à l'origine de la matière, et de cette dernière à l'origine des forces qui l'ont formée. À ce stade, quelqu'un fera remarquer qu'on ne peut guère aller plus loin. L'interlocuteur est invité à se demander quel être ou quelle chose a créé ces particules ultimes, les forces qui agissent entre elles et les lois qui les déterminent. L'existence de Dieu à l'origine de toutes les origines est alors suggérée (ce qui est tout à fait convaincant, pour certains) ; c'est Lui qui serait derrière les causes ultimes de la cosmologie. Nombreux sont ceux qui trouvent cet argument relatif à l'existence de Dieu des plus persuasifs.

Des arguments analogues peuvent être construits à propos de la notion de but, ou de raison ultime. Pour éviter des régressions à l'infini dans l'explication, et des renvois à l'infini dans les tendances, il faut conclure qu'il existe un point terminal absolu, un sommet vers lequel tout tend (le théologien français Pierre Teilhard de Chardin a parlé de « point oméga »).

Ces arguments de type « inductif » ont été largement utilisés pendant des siècles, et force m'est de constater qu'ils le sont encore, quoique peut-être faute de mieux, et peut-être seulement comme prélude à des arguments plus solides, qui ne sont pas forcément à cent pour cent rationnels. Le croyant, lui, envisage toujours un authentique « saut » religieux, susceptible de dépasser la pure raison. Et celui qui veut persuader un athée de l'existence de Dieu se contente rarement de le convaincre de l'existence d'« un » Dieu générique. La notion de Dieu en tant que *personne* ne jaillit certainement pas d'argumentations pseudo-naturalistes comme les précédentes. Même Thomas d'Aquin était bien conscient du fait que ce genre de persuasion ne peut aller au-delà de la vague idée d'un « principe premier » et d'une « fin ultime ».

Cependant, de tels arguments, de type inductif, ne résistent pas à un examen plus poussé, avant tout pour deux raisons fondamentales :

1. Il est peu plausible d'extrapoler à partir de notre expérience quotidienne et de nos critères d'explication ordinaires une dimension infinie et des vérités absolues, qui ne font plus partie de notre expérience. En effet, l'induction nous mène tout droit à un paradoxe.

Si nous voulons que notre raisonnement inductif ait une force suffisante, et repose sur de grandes certitudes, nous devons seulement monter (sans le dépasser) jusqu'à un Être qui appartient encore, d'une façon quelconque, au monde connaissable, et donc, de ce fait, encore imparfait et limité. En revanche, si notre ambition est de parvenir à des conclusions sûres sur un Être authentiquement, radicalement, essentiellement différent de tout ce que nous connaissons, nous nous trouvons dans une situation embarrassante, puisque nous prétendons connaître une chose que nous ne pouvons connaître. (D'ailleurs, certains théologiens ont soutenu que nous ne pouvons connaître avec certitude que ce que Dieu n'est *pas*.)

2. Nous savons tous, désormais, que nos critères d'explication intuitifs, fondés sur les causes, les objectifs, le temps, l'espace, les catégories et les essences naturelles, sont *faillibles*, et ne s'appliquent même pas à *tout* notre monde fini, ainsi que l'ont largement démontré les sciences modernes.

Dans une catégorie bien supérieure, et d'un tout autre intérêt, on trouve ce que l'on appelle « la preuve ontologique », la seule qui offre une sérieuse promesse de persuasivité (comme Kant lui-même l'avait reconnu). C'est le véritable Graal de la persuasion. La recherche de ce Graal argumentatif couvre l'espace d'un millénaire, de saint Anselme jusqu'au logicien et mathématicien Kurt Gödel. En effet, saint Anselme d'Aoste, qui devint archevêque de Canterbury il y a exactement mille ans, ouvrit, dans son *Proslogium*, une voie considérablement plus efficace et plus persuasive, fondée sur la nécessité logique. Autrement dit, il tenta un argument de type *déductif*, et non inductif. Il chercha quelque chose de semblable à un théorème d'une évidence absolue, indéniable. L'histoire étant bien connue, nous nous bornerons à en rappeler les grandes lignes. Par souci de simplicité, j'en donnerai ici une version plus moderne, qui remonte essentiellement à Descartes :

*Prémisse logique* : On ne peut en même temps affirmer et nier une proposition donnée. Aucun être rationnel ne peut accepter une telle contradiction.

*Objectif de l'argument ontologique* : Démontrer que ceux qui nient l'existence de Dieu se contredisent sur le plan logique.

*Schéma de l'argument ontologique* :

*Prémisse 1* : Dieu est l'Être d'une extrême perfection, celui dont la perfection ne saurait être surpassée.

*Prémisse 2* : Nous sommes capables de concevoir un tel Être.

*Prémisse 3* : L'existence est un attribut positif.

(On considère deux êtres A et B, semblables en tout point, sauf que l'un existe, et l'autre pas. Il est une vérité de raison, inéluctable, et nécessaire qu'entre ces deux êtres celui qui existe est plus positif.)

*Prémisse 4* : Par nécessité logique, l'être d'une extrême perfection doit posséder *tous* les attributs positifs.

*Conclusion* : Dieu existe forcément.

Dans sa version originale, saint Anselme utilisait le concept de « grand », et non celui de « parfait », et il axait tout sur le fait que nous sommes capables de *penser* que Dieu existe. Même le non-croyant peut penser, ne serait-ce que supposer, imaginer, que Dieu existe. Il fait partie de nos possibilités mentales de concevoir cet Être d'une extrême perfection. Mais le concevoir comme non existant entraîne nécessairement une contradiction logique. C'est pourquoi il *faut* le penser existant. Tel est le cœur de l'argument ontologique, depuis saint Anselme.

Une version moderne, proposée assez récemment par quelques théologiens catholiques, mise tout sur l'« in-inventabilité » de l'essence divine. D'après cet argument (ou tout au moins pour autant que je l'ai compris), si Dieu n'existait pas, nous ne pourrions même pas *inventer* un Être ayant ces attributs. Mais puisque nous pouvons l'imaginer, c'est qu'il existe.

Dès l'époque de saint Anselme, les objections ne tardèrent pas. Ainsi, le moine Gaunilon de Marmoutier, son contemporain, prit l'exemple d'une île absolument parfaite, de toute évidence inexistante, mais que nous sommes capables de concevoir, supposer ou imaginer existante. Alors, devons-nous en conclure, conformément à l'argument ontologique, que cette île *doit* exister ? La démonstration de Gaunilon se voulait, en termes mathématiques plus modernes, une réduction à l'absurde. Pour Gaunilon, *même* l'argument ontologique débouche sur des contradictions logiques.

Saint Anselme lui-même répliqua qu'une telle île n'est *pas* l'Être suprême, celui au-dessus duquel on ne peut rien concevoir de plus grand. Ne serait-ce que, parce qu'il s'agit d'une île, elle est finie, limitée, circonscrite, bref imparfaite. Selon lui, Gaunilon n'avait absolument pas démontré que, *si* nous acceptons l'argument ontologique de l'existence de Dieu, *alors* nous devons *aussi* accepter celui de l'existence de l'île d'une grande perfection. La preuve ontologique ne vaut *que* pour l'Être au-dessus duquel il n'existe rien de plus grand (ce qui ne tient pas, par définition, pour une île) ni de plus parfait. Elle vaut uniquement pour cet Être, et non pour une quelconque création de notre intellect.

D'autres objections furent soulevées au cours des siècles suivants, et le débat continua. Dans une lettre à Spinoza datée de novembre 1676, Leibniz accusa Descartes d'avoir hérité de saint Anselme un vice de forme : celui d'avoir présupposé dans la preuve, sans le démontrer, que le *concept* d'être d'une perfection suprême est *déjà*, en soi, contradictoire. S'il en était ainsi, bien entendu, l'argument ontologique perdrait toute force. Autrement dit, si l'idée même de *composer* entre elles *toutes* les perfections aboutissait à une contradiction (un peu comme la contradiction intrinsèque, démontrée depuis Russell, du concept d'« ensemble de tous les ensembles »), on ne pourrait rien conclure sur l'existence de cet être « impossible ». Leibniz estima avoir été le premier à résoudre ce problème, démontrant la compatibilité de toutes les perfections, dont chacune est considérée comme simple, primitive, non analysable ultérieurement, mais de portée illimitée. L'intersection de ces diverses perfections n'est pas contradictoire. Une version plus raffinée de la preuve ontologique est donc sauve. (Dans un petit moment, nous verrons que la preuve ontologique de Gödel s'appuie elle aussi sur un passage très semblable.) En fait, dans sa lettre à Spinoza, Leibniz soutient avoir, pour la première fois, *véritablement* démontré qu'il existe un Être d'une perfection absolue. L'idée d'une démonstration déductive, entièrement logique, et donc entièrement rationnelle, exerçait sur les pères fondateurs du rationalisme moderne, comme Descartes, Spinoza et Leibniz, une irrésistible fascination. Ce n'est sans nul doute pas un hasard si, plus tard, c'est un rationaliste, et peut-être même le plus grand de tous, Emmanuel Kant, qui porta un coup fatal à l'argument ontologique. Mais, s'il le critiqua, il avoua néanmoins avoir été fortement attiré.

Kant construisit une objection que beaucoup jugent aujourd'hui encore radicale. Il soutint, en essence, que saint Anselme avait utilisé le verbe « être » de façon incohérente. Il fit valoir la différence de nature logique (qui fut ultérieurement développée par Bertrand Russell au début de ce siècle) entre le verbe être reliant un nom à un prédicat et le verbe être affirmant une existence. En gros, c'est une chose d'affirmer : « L'hippogriffe est un cheval ailé », mais c'en est une tout autre de dire : « L'hippogriffe est, et c'est un cheval ailé. » Dans le premier cas, on peut le paraphraser ainsi : « On appelle hippogriffe un animal (imaginaire) qui ressemble beaucoup à un cheval et auquel on attribue aussi la propriété (ou l'attribut) de posséder des ailes. » Dans le second, l'existence de cette créature est posée, autrement dit, il est affirmé qu'un être humain, dans des situations opportunes (par exemple, s'il a la grande chance de le rencontrer), *peut* la voir, la toucher, la monter, la filmer. Affirmer l'existence de quelque chose, c'est donner pour vrai qu'elle est perceptible, que, justement, on peut la voir, la toucher, la sentir. Peut-être est-ce très difficile, en pratique, peut-être est-elle trop petite, trop grande, ou trop rare. Peut-être n'en existe-t-il qu'un exemplaire, peut-être n'existe-t-elle que pendant un bref instant, peut-être a-t-elle existé dans le passé et disparu sans laisser de trace, peut-être n'existera-t-elle que dans l'avenir. Toujours est-il qu'on *peut* la voir et la toucher, dans certaines situations optimales ou qu'au moins on *aurait pu* le faire, si ces conditions avaient été réunies.

C'est ce qu'entendait Kant quand il déclara que l'existence est une propriété empirique, et non logique. Pour mieux comprendre l'idée centrale du coup porté par Kant à l'argument ontologique, il faut se référer à une formule de Russell, qui a probablement été le plus grand continuateur du rationalisme en ce siècle. Pour Russell, il a été « une honte pour le genre humain » que les *deux* verbes « être » soient devenus des « homonymes ». Plus simplement, on peut penser l'homonymie entre ces deux verbes un peu comme celle de « décliner » (toute responsabilité) et « décliner » (un verbe latin).

L'objection de Kant à saint Anselme est qu'il n'y a aucune argumentation logique, purement déductive, qui *puisse* démontrer que quelque chose existe. L'attribut de l'existence est indissolublement lié aux sens, à ce que l'on voit, touche ou sent, ou tout au moins à ce que l'on *pourrait* concrètement voir, toucher ou sentir. Le concept d'être ou d'entité, y compris d'une grande perfection, ne peut jamais impliquer son existence, parce que l'existence n'appartient pas au monde des concepts, mais à celui de l'expérience. Il est impossible de partir d'un emploi « prédicatif » du verbe être, celui qui attribue des propriétés, comme la perfection ultime, et de conclure sur son emploi « existentiel ». De l'analyse logique d'un concept, on peut conclure quelque chose sur des propriétés de nature conceptuelle, mais pas sur une propriété empirique comme l'existence. Une bonne façon de synthétiser la critique de Kant à l'égard de saint Anselme consiste à dire que, pour Kant, l'existence n'est pas un « prédicat », mais plutôt un « quantificateur » (cf. p. 178). Son intuition devait ensuite trouver sa justification totale et définitive dans la logique moderne.

La preuve ontologique n'a plus vraiment refait surface après la critique formulée par Kant, mais il est bon de souligner que Kant la prit très au sérieux et alla même jusqu'à déclarer que c'était le seul argument en faveur de l'existence de Dieu qui valût la peine qu'on le réfute.

La critique de Kant prête à son tour le flanc à quelques autres, comme toujours en philosophie. Voyons rapidement deux d'entre elles.

1. En mathématiques et en logique, on démontre continuellement l'existence d'entités et de propriétés qui ne sont pas de nature empirique, comme des ensembles infinis et des éléments de dimension zéro. En mathématiques, il arrive aussi que l'on prouve l'*in*existence de quelque chose, et l'on parvient ainsi à des conclusions de nature existentielle sur des entités dont nous ne pouvons avoir, ni en théorie ni indirectement, aucune « expérience » concrète.

Bien entendu, Kant avait des idées bien arrêtées quant à la nature des entités mathématiques et de la connaissance mathématique. Disons, sans entrer dans les détails, qu'une objection de ce type est plutôt forte et persuasive, si l'on ne partage *pas* avec Kant toutes ses conceptions des mathématiques.

2. Au cœur même de la notion kantienne d'existence comme prédicat empirique se trouve un noyau irrémédiablement conceptuel. En effet, il « existe » non seulement ce que je vois et touche, mais aussi ce que d'autres affirment avoir vu et touché, et auquel je crois. Je crois que Napoléon a vraiment existé, je crois que le mont Everest existe, de même que le top quark, mais je ne les ai jamais ni vus ni touchés. La notion d'existence est donc entremêlée avec un élément de croyance, de confiance dans les témoignages d'autres personnes. Et comme si cela ne suffisait pas, l'existence de nombreux « objets » (l'autre côté de la Lune, il n'y a encore pas si longtemps, et, aujourd'hui, par exemple, les gravitons) repose sur l'hypothèse que, *si* l'on se trouvait dans certaines conditions idéales, *alors on pourrait* les observer expérimentalement. Autrement dit, la nature « empirique » de l'existence d'un grand nombre d'entités s'appuie sur une hypothèse, une conjecture, un « contrefait ». Nous avons vu (cf. p. 126 et p. 168) qu'il est impos-

sible, sur une base logique, et parfois très difficile, sur d'autres bases aussi, de distinguer un raisonnement par contrefaits convaincant d'un autre qui ne l'est pas. Le problème des contrefaits n'a pas encore été vraiment résolu (en dépit de progrès notables). Affirmer que quelque chose existe, dans le cas le plus général, implique affirmer que l'on *pourrait* voir, toucher, sentir, *si* certaines conditions étaient remplies. L'existence en tant que propriété empirique est donc à son tour liée à une hypothèse conceptuelle. Mais le *comment* du rapport entre l'existence et la possibilité d'expérience est un problème qui est loin d'être simple.

Pour moi qui suis un postkantien, la critique de Kant à l'encontre de saint Anselme paraît, bien entendu, *encore* convaincante, en dépit de ces deux contre-arguments. Je reconnais néanmoins qu'ils ne peuvent être rejetés d'un simple haussement d'épaules.

Plus récemment, l'idée même de preuve ontologique s'est renforcée grâce aux nouvelles armes de persuasion de la logique dite « modale », qui n'existait pas à l'époque de Kant et est entièrement centrée sur un calcul rigoureux des implications des notions de « possible » et de « nécessaire ». Ce nouveau calcul logique apparaît donc comme un instrument important dans l'ébauche d'une nouvelle preuve ontologique, vu tous les « pourrait » que nous avons rencontrés au cœur de la notion même d'existence. Et, en effet, comme nous allons le voir, la logique modale a donné une nouvelle vigueur à cet argument, qui n'a donc pas été définitivement éliminé, pas même par Kant.

## *Le Dieu de Gödel*

Umberto Eco a fait valoir de façon convaincante que la philosophie moderne était déjà en grande partie en germe dans la pensée médiévale. Les vicissitudes de la preuve ontologique de Gödel le confirment, non seulement en raison de la parfaite continuité entre la pensée de ce géant de la logique contemporaine et celle de saint Anselme, mais aussi en raison d'un certain parfum d'intrigue, vaguement – mais vaguement seulement – semblable à celui du *Nom de la rose*. L'histoire a commencé à Princeton en 1970 et s'est conclue plus de quinze années plus tard à Cambridge, Massachusetts, avec la publication de la preuve ontologique de Gödel dans un ouvrage collectif sous la direction de Judith Jarvis Thomson (professeur d'éthique et de métaphysique au Massachusetts Institute of Technology). Bien qu'elle ne contienne ni crimes mystérieux ni saints inquisiteurs, cette démonstration logico-mathématique de l'existence de Dieu élaborée par Kurt Gödel en 1970 a eu beaucoup de mal à paraître au grand jour. Après avoir reçu l'accord du curateur testamentaire des écrits inédits de Gödel, le mathématicien John Milnor, de Princeton, et à partir de notes prises à chaud par le logicien anglais Dana Scott (ancien élève de Gödel parti, lui aussi, pour les États-Unis), un jeune logicien américain, Jordan Howard Sobel, a enfin fait imprimer deux petites pages très denses, noires de formules constituant un théorème en vingt-huit points à la fin duquel Gödel conclut : « Comme nous voulions le démontrer, Dieu existe nécessairement. » Ce théorème est précisément intitulé *Ontologisches Beweis*, c'est-à-dire preuve ontologique. Il est daté du 10 février 1970.

D'origine viennoise, Kurt Gödel était parti pour les États-Unis en 1938 et, comme Einstein, il était membre du célèbre Institute for Advanced Studies de Princeton. C'est dans cette petite ville riante du New Jersey qu'il s'est éteint en 1978, dans des circonstances plutôt inquiétantes. En effet, obsédé par la peur d'être empoisonné, il s'est pratiquement laissé mourir de faim. On trouva son corps, pathétiquement recroquevillé en une position presque fœtale, dans un coin de son habitation. Au cours des dernières années de sa vie, par ailleurs très tranquille vue de l'extérieur, il avait souffert de graves crises de dépression, passant par des épisodes qui frisaient la psychose.

Gödel est cet homme qui, en l'année désormais lointaine de 1931, à l'âge de vingt-cinq ans, devint célèbre pour l'éternité avec un des théorèmes les plus importants et les plus célèbres de tous les temps, justement connu sous le nom de théorème de Gödel. Il s'agit du théorème dit de l'incomplétude de l'arithmétique. En réalité, il y a plusieurs théorèmes de Gödel, dont un premier, à l'esprit on ne peut plus positif, d'après lequel (en termes un peu simplifiés) le langage de base de la logique pure (la logique dite du premier ordre) était un système déductif suffisamment puissant pour dériver tous les types de vérité formelle que nous pouvons souhaiter exprimer concrètement. À ce système formel, comme l'a aussi démontré le logicien polonais Alfred Tarski, on peut associer, pour le rendre plus efficace, la notion rigoureuse de vérité nécessaire. C'est à cet aspect de l'œuvre de Gödel, un aspect que nous pourrions caractériser de constructif (même si la preuve d'« incomplétude » précédemment citée constitue, à y bien regarder, une contribution qui n'a rien de destructeur), que se rattache sa démonstration de l'existence de Dieu.

Sa contribution la plus célèbre, qui lui a valu de passer à la postérité, est cependant son théorème « négatif », celui dit, précisément, d'« incomplétude ». Sapant les fondements mêmes non seulement de la grandiose construction des *Principia mathematica* de Russell et de Whitehead, mais aussi, d'une certaine façon, de toute science formelle déductive, Gödel prouva que l'on ne peut jamais, absolument jamais, par nécessité, *démontrer* la cohérence et la complétude d'un système logique et mathématique d'une grande puissance en l'examinant seulement de l'intérieur. Les fondements d'un système logique ou mathématique complexe ne peuvent être garantis par voie purement démonstrative que de l'extérieur, en élaborant un système encore plus puissant et plus général.

Selon moi, la meilleure métaphore, pour expliquer le sens de ce théorème de Gödel, est parue en septembre 1994, sous la plume d'un logicien et philosophe italien de renommée internationale, Piergiorgio Odifreddi, modestement tapie dans une note de bas de page d'une de ses éreintantes critiques. Je la reproduis textuellement, car on ne pourrait mieux dire (cette « note » est aussi une bonne image du platonisme en mathématiques) :

> Voici une métaphore du théorème de Gödel qui en saisit l'essence. Un roman nous fait connaître une réalité possible, dont les aspects explicites peuvent être lus directement dans le texte, et dont les aspects implicites peuvent être déduits par analyse et exégèse. Aucun texte ne décrit de façon complète une réalité relativement complexe : ainsi, *Les Fiancés* de Manzoni n'indiquent pas combien d'enfants Renzo et Lucia ont eus (il en naquit ensuite avec le temps je ne sais combien d'autres, de l'un et l'autre sexe).
>
> Si le roman décrit une réalité possible mais imaginaire, il n'a pas de sens de se demander si les faits qu'il laisse indécis sont vrais ou faux ; en l'occurrence, combien d'enfants Renzo et Lucia ont eus. En revanche, si le livre décrit une réalité de fait, alors on peut dire que les aspects non précisés par le roman sont néanmoins déterminés par la réalité, et il s'agira donc de faits vrais non décrits (ni explicitement ni implicitement).
>
> Romans, aspects explicites et implicites, et critique littéraire correspondent aux systèmes mathématiques, aux axiomes et aux théorèmes, et aux démonstrations. Le théorème de Gödel dit qu'aucun système mathématique ne peut décrire une réalité mathématique possible et relativement complexe de façon complète. Si l'on croit que les systèmes mathématiques décrivent une réalité de fait (point de vue appelé *platonisme*), alors il y aura des formules vraies qui ne sont pas des théorèmes.

La popularité renouvelée de Gödel au sein des nouvelles générations est due pour beaucoup au best-seller de Douglas Richard Hofstadter intitulé *Gödel, Escher, Bach*.

Gödel, pendant une partie de sa vie tout au moins, a fortement penché vers le platonisme mathématique, c'est-à-dire, comme nous venons de le voir, vers une interprétation des nombres, des ensembles, des propriétés abstraites et des vérités logiques comme des entités bien réelles et objectives, même si elles existent dans une réalité autre et supérieure, plus élevée et plus durable que la réalité contingente de notre monde ordinaire.

À ce qu'il semble, Gödel n'était pas religieux au sens courant du terme, mais il semble avoir accordé une grande importance au problème de l'existence de Dieu. Il semble même, d'après son biographe Hao Wang, avoir été convaincu que le Dieu de sa théorie, l'Être suprême et d'une perfection absolue dont il était persuadé d'avoir prouvé la nécessaire existence le 10 février 1970, était justement le Dieu des religions. Comme le dit Sobel, le Dieu du théorème était, pour Gödel, un « digne objet d'adoration », et non pas seulement une sorte d'entité abstraite, une forme vide, sans effets moraux ni conséquences sur l'existence humaine. Dans les formules de Gödel, l'expression G (de l'allemand *Gott*) désigne justement l'être unique, absolu, parfait, objet d'adoration, source de toute vertu. Le Dieu dont Gödel démontre (ou croit démontrer) l'existence nécessaire est lié par filiation directe à celui de saint Anselme, de saint Thomas, de Descartes, de Spinoza, de Leibniz ou de Kant. Concevoir Dieu comme non existant signifierait, pour Gödel de Princeton comme pour saint Anselme de Canterbury, tomber dans une contradiction logique et, donc, souscrire à une thèse évidemment fausse, inacceptable par la raison humaine. Seuls changent les outils de leurs argumentations respectives et la maîtrise qu'a Gödel des instruments de la logique mathématique moderne, dont il était en partie l'inventeur et qui étaient bien plus puissants que ceux dont disposait saint Anselme. Il s'agissait de la logique, modale, de la théorie des quantificateurs, de la logique du second ordre, de la logique de l'identité et de la théorie générale de la preuve. Son ancien élève, Scott, a ajouté aux deux petites pages du maître cinq autres pages de notes et de commentaires, fruits de leurs conversations à Princeton. Les éléments de la démonstration peuvent être résumés comme suit.

*La preuve point par point*

La preuve logico-mathématique de l'existence de Dieu se compose de vingt-huit points formulés dans le langage de la logique symbolique et assortis de commentaires laconiques de Gödel en allemand. Son explicitation et sa reconstruction sont dues à Scott et à Sobel. En langage ordinaire, nous pouvons, avec une inévitable approximation, reconstituer cette élégante démonstration de la manière suivante.

En tout premier lieu, le concept de « propriété positive » est introduit. Gödel précise que « positif doit être entendu dans un sens moral et esthétique » ; il précise aussi qu'une propriété positive est telle « indépendamment de la structure accidentelle du monde ». Autrement dit, une propriété, ou une qualité, est positive (dans le sens de Gödel) de façon intrinsèque et absolue, et non par rapport à un certain point de vue ou à certains objectifs.

1. Considérant une propriété donnée, ou bien elle est positive, ou bien son absence est positive (mais il n'est *pas* logiquement possible que la propriété *et* son absence soient *toutes les deux* positives).

2. Toute propriété qui fait partie d'une propriété positive est elle-même positive.

3. Toute propriété positive peut se matérialiser dans un être quelconque (Gödel dit « toute propriété positive est possible »).

4. Un être est de nature divine s'il possède toutes les propriétés positives.

5. Le fait de posséder toutes les propriétés positives est à son tour une propriété positive.

(Les points 4 et 5, rappelons-le, reprennent les réflexions centrales de la preuve initiale de saint Anselme.)

6. Donc, l'existence de Dieu est *possible* (conséquence des points 3 et 5).

7. Si une propriété est positive, il découle de sa défi-

nition même qu'elle l'est par nécessité (indépendamment de la structure accidentelle du monde).

8. L'essence d'une entité est une propriété globale, c'est-à-dire qui entraîne logiquement toutes les autres propriétés.

9. S'il existe, un être de nature divine possède *toutes* les propriétés positives et, de surcroît, il ne possède que des propriétés positives.

10. Si un être est de nature divine, alors sa nature divine est une essence.

11. Un être existe nécessairement si, et seulement si, considérant son essence, il est nécessaire qu'il existe quelque chose possédant cette essence.

(Autrement dit, une chose est dotée d'une existence nécessaire s'il est nécessaire qu'il existe quelque chose qui possède *justement* cette essence, ce qui vaut – par conséquent – pour toute propriété faisant partie de son essence.)

12. Mais chaque chose (tout être) possède une essence unique.

Donc :

13. Une chose (un être) existe nécessairement si, et seulement si, il est nécessaire qu'il existe *exactement une* chose (un être) qui possède cette essence.

(Autrement dit, on démontre logiquement l'*unicité* de Dieu, *si* Dieu existe.)

14. L'existence nécessaire est une propriété positive.

15. Si Dieu existe, Il possède toutes les propriétés positives.

Donc :

16. Si l'existence de Dieu est possible, alors Dieu existe *nécessairement*.

(C'est là une conclusion capitale pour la preuve : elle équivaut à dire que l'existence de Dieu – d'un Dieu unique, en vertu du point 13 – est *ou bien* nécessaire, *ou bien* impossible.)

Mais, en vertu du point 6, il apparaît que l'existence de Dieu *est* possible, et donc, en combinant le point 6 avec le point 16, on en déduit logiquement que, comme on voulait le démontrer :

17. Dieu existe nécessairement.

*La preuve de Gödel nous persuade-t-elle ?*

La critique de Sobel à l'encontre de Gödel rappelle d'assez près, ce qui n'a rien d'un hasard, celle de l'île d'une perfection absolue de Gaunilon. Celui-ci répliquait à Anselme à travers une analogie, mais, aujourd'hui, nous savons faire mieux. Et, en effet, Sobel adopte une stratégie différente.

Admettons que Gödel ait raison et que Dieu existe nécessairement. De sa démonstration découlent alors de façon inévitable deux conséquences paradoxales : 1) Tout ce qui existe, comme la coupure que je me suis faite au menton ce matin en me rasant, existe par nécessité ; 2) Toute vérité, par exemple le fait que, ce matin, le train est arrivé pile à l'heure, est forcément vraie. Les deux ingénieux théorèmes de Sobel, qui accompagnent et complètent son travail philologique sur la preuve ontologique de Gödel, ont pour objet de démontrer qu'il n'y a aucun moyen d'éviter ces deux conséquences embarrassantes. Si Gödel a raison, alors l'existence de ma coupure a la même dignité (en jargon, on dit « le même statut ontologique ») que l'existence nécessaire, disons, des nombres impairs ; et la vérité selon laquelle le train est arrivé pile à l'heure ce matin (ou toute autre vérité contingente) a la dignité d'une vérité logique. Étant donné que c'est inacceptable, il faut abandonner la conclusion de Gödel, c'est-à-dire nier l'existence nécessaire de Dieu. Sobel s'empresse de préciser, de même que Kant, que la réfutation de la preuve ontologique n'empêche nullement que l'on croie en l'existence de Dieu en s'appuyant sur d'autres bases.

En ce qui nous concerne, il importe cependant de mettre en lumière un problème plus général et plus important : une preuve de ce type *pourrait-elle nous convaincre* rationnellement de l'existence de Dieu ? Les Églises, et en particulier l'Église catholique, ont toujours assez mal vu les démonstrations rationnelles de l'existence de Dieu, qu'elles soient inductives, comme les cinq voies de saint Thomas, ou déductives, comme la preuve ontologique de saint Anselme (et maintenant de Gödel). Pourtant, selon moi, en Occident, le problème de l'existence de Dieu n'a jamais vraiment pu être traité isolément de toute démonstration ou argumentation rationnelle. Il n'y a pas grand-chose d'étonnant à ce que l'évolution récente des logiques formelles et de la logique dite modale (indispensable pour traiter avec rigueur, comme l'a fait Gödel, les concepts de possibilité et de nécessité) ait remis au goût du jour le problème d'une preuve rationnelle de l'existence de Dieu.

Ceux qui, comme moi, ne sont pas croyants, pour des raisons totalement rationnelles, n'auront sans doute pas été persuadés par la preuve de Gödel, en dépit de sa grande subtilité argumentative. On est satisfait, sur le plan esthétique, par sa rigoureuse méthode d'argumentation, à savoir par la géniale combinaison de démonstration que l'existence de Dieu est possible et de démonstration que l'existence de Dieu est *ou bien* impossible, *ou bien* nécessaire, pour conclure ensuite, en toute logique, que, l'existence de Dieu étant possible (pour les raisons exposées), elle est nécessaire.

Certes, on peut être émerveillé et intrigué, mais probablement pas convaincu. On pourrait paraphraser ce que Hume le « sceptique » déclara à l'évêque Berkeley : « [Vos] arguments n'admettent pas la moindre réfutation, mais ils n'emportent pas la moindre conviction. »

En effet, il me semble que la conviction du croyant au sujet de l'existence de Dieu doit être de tout autre nature. Elle repose plus sur la foi que sur la raison pure, et il s'agit d'une croyance en une *personne* divine, et non en une forme abstraite dont l'existence nécessaire serait susceptible d'être démontrée à grands coups de logique, un peu comme on pourrait démontrer, par exemple, l'existence nécessaire d'un nombre premier tellement grand qu'au-delà il ne peut y avoir d'autres nombres premiers encore plus grands. N'étant pas théologien, j'ignore si l'adoration d'une pure forme platonicienne est considérée comme de l'idolâtrie. Nul doute que les fêtes religieuses comme Noël et Pâques ne chantent pas les louanges d'une forme abstraite, mais d'une personne aux propriétés virtuelles manifestement très humaines, même si elles sont idéalisées. Avec son théorème, Gödel affirmait avoir démontré l'existence nécessaire d'un Être d'une perfection absolue digne d'adoration. Je me demande si un théologien approuverait l'adoration d'un Être engendré par la pure logique. Cependant, à sa façon, la preuve de Gödel a aussi une signification fortement religieuse. Si j'étais théologien, je ne pourrais pas non plus y demeurer totalement insensible.

Mais revenons à notre interrogation. Une telle démonstration aurait-elle pu nous convaincre, si elle avait été parfaitement cohérente ? Quand cette preuve de Gödel fut publiée, je me le demandai sincèrement, en rationaliste néokantien que je suis. Une preuve logique *comme* celle de Gödel aurait-elle pu me persuader de l'existence de Dieu ? Au début, je me suis pris à penser que non. La leçon de Kant me convient trop : l'existence est une donnée empirique, et l'on ne peut démontrer logiquement une vérité de fait. Mais là j'ai eu, toujours en bon rationaliste, un sursaut. Après tout, comme n'importe qui d'autre (quoique peut-être un peu moins...), Kant aurait pu se tromper. Nous venons de voir quelques critiques sérieuses à son encontre au sujet de la nature empirique de l'existence. Et si, je dis bien *si*, on pouvait vraiment produire une preuve logique de l'existence de Dieu ? Devrais-je me déclarer convaincu ? Je devrais, rationnellement, être prêt à l'accepter, justement en tant que rationaliste. Je dois être prêt à accepter exclusivement l'existence de *tout* ce qui est argumenté de façon rationnelle et persuasive, y compris l'existence d'un Être d'une perfection absolue. Jusqu'à l'existence d'un Être qui soit le digne objet de notre adoration. Pourtant, toujours rationnellement, *je ne m'attends pas* que l'on puisse démontrer de manière logique, incontestable et définitive, l'existence de Dieu. Surtout l'existence d'un Dieu-Personne. Certes, je ne peux l'exclure à cent pour cent, mais cela ne me paraît pas probable. La rationalité est aussi une confiance raisonnable dans nos jugements de probabilité et d'*im*probabilité. Jusqu'à preuve du contraire, justement, il me semble rationnel de m'appuyer sur ce jugement. D'ailleurs, les croyants ont toujours cherché la véritable persuasion, et ils continuent à la chercher, en leur for intérieur, au plus profond d'eux-mêmes, et non dans la logique pure.

La preuve ontologique de l'existence de Dieu reste la plus ambitieuse tentative de persuasion rationnelle qui ait jamais été faite par un être humain. Il est bien normal qu'elle nous ait accompagnés pendant près de mille ans, et que l'on s'efforce encore d'en trouver de nouvelles variantes. C'est vraiment l'apothéose du Saint-Graal de la persuasion. Et si elle ne nous en dit pas long sur Dieu, elle en dit long sur nous. Elle est le symbole d'une confiance inconditionnelle dans le pouvoir de la persuasion rationnelle. Comme ce livre a essayé de le montrer, la réalité ne correspond pas à cet idéal, mais, de toute évidence, cet idéal existe en nous, et il est bien vivant.

# Conclusion

## LE DILEMME DE WOTAN

Une opposition bien connue, dans les théories de la persuasion, est celle entre croyances indéfendables et actes inexplicables. Pour mieux la saisir, revenons à l'opéra. Dans cette conclusion, j'ai eu envie de m'aventurer dans le domaine de la mythologie germanique, mais j'espère qu'il sera clair que la substantifique moelle de l'histoire a un sens indépendamment du récit dont il est question. Comme une grande partie du public italien d'œuvres lyriques de la fin du XIX$^{e}$ siècle ou du début du XX$^{e}$, nous placerons Wagner, avec qui nous concluons, « contre » Verdi, avec qui nous avons commencé.

> Comment créerais-je un Autre
> Qui ne soit plus moi
> Et qui accomplisse de lui-même
> Ce que moi seul je souhaite ?...
> L'Autre que j'appelle de mes vœux
> Et qui se cache :
> De lui-même, donc, cet être libre doit se créer,
> Car moi je ne puis qu'asservir des serviteurs.

Nous avons atteint le summum de la persuasion, dans *La Traviata.* Maintenant, nous sommes à l'extrémité opposée, au degré zéro de l'échelle de la persuasion, dans la nébuleuse de Wotan. En effet, Wotan, le chef des dieux, doit trouver un moyen d'intervenir de façon plus légère que par la persuasion. Plus légère, même, que par la suggestion. Sa volonté ne peut aucunement se transmettre à l'Autre, à l'être totalement libre. L'Autre (*das Ander*), qui à l'insu de Wotan se développe déjà dans le ventre de Sieglinde et s'appellera Siegfried, doit vouloir ce que veut Wotan, mais il doit le vouloir *de lui-même*. Sinon, il ne serait ni vraiment libre ni vraiment Autre, c'est-à-dire autre que Wotan. Et, dans ce cas, il ne pourrait pas accomplir l'acte salvateur que souhaite Wotan : récupérer l'anneau du Nibelung et rendre aux dieux le pouvoir sur le monde. Leurs deux vouloirs doivent coïncider, sans influence ni interférence. Nous serions tentés de dire qu'ils doivent « simplement » coïncider, mais il n'y a rien de simple dans cette histoire.

Rappelons-en les grandes lignes.

Wotan est tenu de respecter les Pactes, dont il est le garant suprême, et qui sont tous gravés sur le manche de sa lance. Pour cela, il a donné en gage son œil gauche. Autrement dit, il s'est imposé de devenir borgne (justice et droit sont toujours associés à une cécité, qui symbolise l'impartialité). Wotan a donné l'anneau aux géants Fafner et Fasolt en contrepartie de la construction du Walhalla, sa somptueuse demeure. S'il tombait entre les mains d'Alberich le Nibelung, chef des armées des ténèbres, ce serait la fin de Wotan et de tous les dieux. Il est donc impératif de le récupérer, mais celui qui le possède en détient le droit, et Wotan est le garant de tous les droits. L'anneau ne peut être repris par lui, qui ne peut pas non plus être la cause, même indirecte, d'une action menant à sa récupération. Il faut qu'un être « plus libre que lui », l'Autre, *veuille* librement le reconquérir et accomplisse cette tâche sans compromettre l'autorité de Wotan, conjurant ainsi la chute des dieux.

Le dilemme de Wotan réside dans le fait qu'il doit laisser à l'Autre tout son libre arbitre tout en l'amenant à exister, c'est-à-dire en le créant, de telle sorte que l'Autre puisse *vouloir*, de sa propre initiative, avec une détermination absolue, exécuter l'action souhaitée par Wotan. Mais même le chef des dieux qu'il est n'a pas le droit de vouloir la liberté d'un autre et de le créer libre tout en dotant sa volonté d'un contenu, d'une résolution de parvenir à un objectif précis. C'est là une contradiction conceptuelle avant même d'être une limitation des pouvoirs de Wotan. La légèreté absolue de la « méthode » utilisée, qui est imposée à Wotan par son respect absolu des Pactes, est incompatible avec le but poursuivi.

> Celui avec qui je conclus le pacte,
> il ne faut pas que je le rencontre ;
> mon courage serait impuissant
> en sa présence,
> tels sont les liens
> qui m'enserrent maintenant.
> Les règles qui me firent Seigneur
> sont celles qui me font serviteur.

Un dilemme présente toujours deux faces opposées. Celle de l'impuissance de Wotan est la première. Voici la seconde :

> Un seul être pourrait
> ce que je ne puis pas :
> un héros au-dessus de tout secours de ma part ;
> un étranger à ma déité,
> libre de mes faveurs,
> ignorant tout, sans influence,
> qui par sa propre nécessité,
> avec des armes fabriquées par ses soins,
> accomplirait le geste
> qui m'est interdit,
> sans que mon inspiration ne l'inspire,
> un être qui tout comme moi aurait le même désir !

Mais ce héros tant souhaité est impossible et ne peut même être nommé (*l'ennemi ami – freundliches Feind*). Même Wotan ne sait où le trouver, comment le créer.

Nous sommes vraiment en présence d'un dessein qui est *trop* intangible pour pouvoir se concrétiser. Wotan ne peut même pas persuader l'Autre, il peut tout au plus *espérer* que ce héros (autrement dit, Siegfried) accomplisse un acte qu'il désire lui aussi. En effet, lorsqu'il n'est *même pas* permis de tenter quelque chose par la persuasion, ou par la suggestion, il ne reste que l'espérance passive. Il en serait également ainsi dans la vie réelle.

Wotan semble présumer, sans en avoir cependant la certitude, qu'une réplique extrêmement fidèle de lui-même, un clone, un Autre identique, posséderait par des voies *indépendantes* une volonté libre, qui ne subirait aucune influence, mais qui aurait les mêmes contenus que la sienne.

Le dilemme de Wotan peut être rendu par un syllogisme du même genre que ceux que nous avons déjà rencontrés (cf. chapitre 5), mais d'une espèce beaucoup plus fragile :

*Wotan veut que Siegfried veuille ce que veut Wotan.*

*Wotan veut que Siegfried reconquière l'anneau.*

Donc :

*Siegfried veut reconquérir l'anneau.*

On se rend cependant vite compte de la fragilité de cette logique, lorsqu'elle s'applique à des verbes comme vouloir, penser, croire (cf. p. 173). En effet, nous n'avons aucun doute au sujet du raisonnement suivant, tout à fait convaincant parce que construit autour d'un verbe factuel (comme toucher, voir, peser, etc.) :

*Siegfried voit ce que voit Wotan.*

*Wotan voit l'anneau.*

Donc :

*Siegfried voit l'anneau.*

En revanche, nous restons fort justement perplexes devant le suivant, appliqué à Wotan et à son « double » :

*Siegfried croit tout ce que croit Wotan.*

*Wotan croit être tenu par les Pactes.*

Donc :

*Siegfried croit être tenu par les Pactes.*

Mais la conclusion pourrait aussi être très différente :

« Siegfried croit *que Wotan* est tenu par les pactes. »

Nous ne saurions dire quelle est la bonne, or il y a un monde entre les deux.

Si l'on introduit un verbe comme « vouloir », de surcroît appliqué à son tour à une autre volonté (ou à la volonté de Siegfried), l'issue est, pour le moins, incertaine.

Nous verrons un peu plus loin pourquoi le syllogisme de Wotan est dénué d'efficacité. Et pourtant, comme nous venons de le constater, la *seule* « action » possible pour Wotan consiste à croire en la validité de ce syllogisme.

Dans le drame musical *Die Walküre* (Wagner tenait beaucoup à dire qu'il ne composait pas des opéras, mais des drames musicaux), diverses solutions sont explorées, et Brünnhilde tente, quoique confusément, plus par instinct que par raisonnement, d'apporter une solution au dilemme de Wotan.

Wotan ordonne à sa fille préférée, la walkyrie Brünnhilde, de laisser Siegmund se faire tuer au combat de la main du perfide Hunding. Siegmund est le fils « naturel » bien-aimé de Wotan et d'une femme de cette terre, et il est donc mortel. Il aurait pu être un bon candidat au rôle de l'Autre, mais il a séduit sa sœur jumelle Sieglinde et l'a enlevée à son époux légitime Hunding, qu'elle n'aimait pas et qui l'avait obtenue par la force. Il a donc doublement violé les Pactes dont Wotan est le garant suprême, et notamment le pacte nuptial, dont Fricka, épouse de Wotan, est plus particulièrement garante. L'adultère de Siegmund et de Sieglinde est donc aggravé par l'abus de l'hospitalité que Hunding avait accordée à Siegmund, par la fuite de Siegmund et de Sieglinde, et par la nature incestueuse de leur union. Wotan essaie de persuader Fricka de faire preuve d'indulgence à l'égard des jumeaux amants, mais elle demeure inébranlable. Siegmund doit mourir de la main de Hunding. Wotan n'a d'autre choix que de donner l'ordre fatal à Brünnhilde (laisser Hunding tuer Siegmund), sacrifiant son fils tant aimé à la vengeance d'une brute.

Brünnhilde n'obéit cependant qu'à moitié, se sentant condamnée à exécuter la volonté de Wotan en toutes circonstances, sentant en elle-même la volonté de Wotan, mais croyant savoir d'instinct ce qu'il veut *véritablement*, au-delà de ses obligations. Elle met donc à l'abri Sieglinde, laquelle est enceinte de Siegfried. Et ce sera ce fils de l'amour incestueux qui récupérera l'anneau.

Siegfried, comme en témoignent le drame musical qui porte son nom (le troisième du cycle wagnérien), puis le quatrième et dernier de la tétralogie (*Le Crépuscule des dieux – Götterdämmerung*), n'est pas vraiment, totalement l'Autre. Il est néanmoins ce qui peut se rapprocher le plus de cette figure abstraite, de cet « être » de désir. Siegfried peut briser les Pactes qui lient Wotan, il peut reconquérir l'anneau et le faire sien, mais il en ignore le pouvoir. Si bien que le dessein de Wotan n'est pas réalisé. Siegfried est envoûté par un philtre, se laisse ingénument prendre aux pièges de pouvoir et de vengeance tendus par l'ennemi Alberich le Nibelung et est tué traîtreusement par Hagen, le fils de celui-ci. L'anneau ne tombe pas dans les mains d'Alberich, mais il n'est pas non plus remis à Wotan. Il retourne d'où il venait, dans les profondeurs du fleuve. Brünnhilde le rend aux Filles du Rhin, ses gardiennes de toujours, à qui Alberich l'avait soustrait. Wotan et tous les dieux du Walhalla, désormais sans espoir de rentrer en possession de l'anneau, sont engloutis dans le néant. C'est « le crépuscule des dieux ».

En fait, le dilemme de Wotan ne pouvait être résolu ni par les hommes ni par les dieux. Siegfried est trop libre pour vouloir ce que veut Wotan. Il veut un objet, mais il ne s'agit pas de l'objet « selon la description » de Wotan (comme diraient aujourd'hui les philosophes de l'esprit). Disons plus simplement qu'il n'a pas les mêmes *intentions* que Wotan. Il ne veut qu'un joyau miroitant, un jouet, et non l'anneau comme instrument conférant un « pouvoir sur le monde », comme objet de salut pour les dieux. Le syllogisme de Wotan a une conclusion *semblable* à celle qu'il espérait, mais pas tout à fait identique. Il s'agit en réalité de deux objets différents : l'anneau que se représente et que désire Wotan n'est pas le « même » que celui que se représente Siegfried et que *lui*, il désire. Siegfried est suffisamment libre pour vouloir récupérer l'anneau, ou plutôt ce que cet anneau est « pour lui », mais sa volonté n'est pas identique à celle de Wotan, identique au point de vouloir reconquérir l'anneau comme objet de la volonté de Wotan. Siegfried reprend l'anneau en tuant le dragon qui le garde, mais il s'agit seulement d'une bravade sans but, sans intention. C'est-à-dire sans intention qui soit *la même* que celle de Wotan. Leurs volontés sont seulement semblables, et, donc, son anneau n'est pas non plus le « même ». L'usage stupide qu'il en fait est bien la démonstration de cette différence.

L'anneau, objet de la volonté de Siegfried, n'a pas de pouvoirs, parce qu'il les ignore, et il ne constitue plus le salut des dieux. Et par suite du dilemme de Wotan, nul ne peut informer Siegfried, sous peine de faire perdre à l'anneau tout pouvoir salvateur. Lorsqu'il est impossible non seulement d'influencer la libre volonté d'autrui, mais aussi d'intervenir par orientation, par incitation ou même par suggestion, cette volonté prend d'autres contenus, d'autres chemins, qui peuvent être stupides, voire autodestructeurs. Les plus petites erreurs vont s'accumulant et suivent leur cours, sans correction possible, ce qui mène à la catastrophe totale. La chute des dieux *est* l'impossibilité de résoudre le dilemme de Wotan. Le non-agir de Wotan, confiant en un syllogisme qui n'est qu'un sophisme, ne peut modifier le cours des événements.

En appliquant une petite touche de philosophie de l'esprit à cette histoire bien connue, nous pouvons en percevoir un aspect nouveau et intéressant pour nous.

Les objets de la volonté ne sont les mêmes que s'ils sont voulus dans la même perspective mentale. Or le syllogisme de Wotan porte en lui-même une contradiction fatale.

Comme nous l'avons déjà vu (cf. p. 173), les verbes psychologiques (comme croire, juger et, justement, vouloir) présentent une certaine « opacité » qui bloque les inférences. Le fait de vouloir qu'un autre veuille quelque chose que nous voulons est empreint de cette opacité. (Il s'agit d'un terme technique de la philosophie moderne, mais il est compréhensible d'emblée.) Nous devons supposer qu'il y a en quelque sorte seulement homonymie, et non identité, entre l'anneau qui apparaît dans les prémisses du syllogisme de Wotan et celui qui apparaît dans la conclusion (qu'il désire tant). Il s'agit, au fond, d'un sophisme du même genre que celui du chien et de la constellation. (Le Chien est une constellation, le chien aboit, mais il est insensé d'en déduire que la constellation aboit. Les deux termes « chien » ont le même son, mais désignent des réalités différentes. Il en va de même des deux anneaux.) Comme les logiciens nous l'enseignent, il suffit d'une irréparable contradiction pour entraîner l'effondrement de tout le système qui la contient. Et le système est condamné *comme un tout*, même s'il nous faut beaucoup de temps pour le comprendre. Il serait condamné de l'intérieur même si nous ne nous rendions jamais compte de l'existence de cette contradiction. Ce qui en ressort, ou tout au moins ce qui, nous, nous intéresse le plus, c'est qu'un univers tout entier peut disparaître à cause d'un paradoxe.

Les liens que Wotan s'est lui-même imposés lui interdisent de mettre Siegfried en garde. Il ne peut aucunement infléchir le cours des choses. Mais lorsque l'on *sait* ce qui va se passer, on ne peut se contenter d'espérer. La connaissance absolue réclame l'action. Or Wotan, quoique sachant, ne peut agir. Les dieux de la mythologie wagnérienne, comme d'ailleurs les dieux de toute mythologie, ont un curieux rapport avec le destin (dont les trois Nornes, dans le cycle wagnérien, font une corde). Comme nous l'enseigne Homère, les dieux voient le temps comme le presbyte voit le monde : d'autant mieux qu'il est plus éloigné. Wotan sait prévoir sa propre chute et saurait comment la conjurer, mais il est incapable de voir, y compris avec l'œil qui lui reste, ce qui se produira dans l'heure suivante. Telle est la véritable et profonde contradiction qui condamne les dieux.

Pour ceux à qui l'idée du « destin » paraîtrait déplaisante, on peut la remplacer par celle de nécessité, qu'il s'agisse de la nécessité « naturelle » (les forces de la nature et notre biologique) ou de la nécessité « psychologique » (ce que l'on appelle « l'inconscient individuel », qui est fait de désirs enfouis, de problèmes affectifs inextricables, de peurs et d'angoisses dont nous ignorons presque toujours les causes et parfois même l'existence). D'autres croient aussi à une nécessité « historique ». Je ne suis pas de ceux-là, mais il est indéniable que des facteurs collectifs puissants conditionnent la liberté et peuvent influer sur la volonté. Enfin, il existe ce dont Wotan est le garant suprême : la nécessité, intérieurement contraignante, des contrats et des impératifs moraux. Nécessité, volonté et liberté s'enchevêtrent intimement, comme les brins de la corde des Nornes.

Il a été dit que la liberté n'est rien d'autre que la connaissance de la nécessité. Mais il aurait fallu ajouter que la liberté a une portée temporelle d'une, deux, ou peut-être trois heures, alors que celle de la nécessité est beaucoup plus longue. Nous sommes nous aussi atteints de la presbytie des dieux. Ce qui rate, ce qui s'écroule, ce ne sont presque jamais les projets, les plans ou les Pactes en tant que tels. Ce qui cause leur échec, ce sont les mille et une imperfections cumulées du court terme. Si le salut nous échappe, c'est presque toujours, comme Wotan, à cause d'une succession de petites erreurs, de petits faux pas. L'avenir n'obéit pas au destin, ou à « un » destin, quel que soit le nom que l'on lui donne. Il obéit plutôt à cette accumulation de petites erreurs qui peuvent avoir des conséquences gigantesques. L'imperceptible douceur de la persuasion peut nous faire sortir du dilemme de Wotan, de la nébuleuse de la seule espérance passive. Car, si elle est imperceptible, la persuasion est très souvent efficace. Elle est fondée sur la liberté. Mais elle est plus qu'un simple espoir, et plus qu'une suggestion. Elle peut nous suffire pour agir ensemble, avec rationalité, en nous aidant les uns les autres, heure après heure, en faisant obstacle à ces petites erreurs, à leur petite échelle. La seule que nous puissions gravir.

# Annexes

sous la direction d'Alessia Crivelli

# I

# HISTOIRE ET NON-HISTOIRE DE LA PERSUASION

## *Persuasion et art de la rhétorique*

On aurait pu penser que tout avait déjà été écrit sur la persuasion, ou plutôt, sur ce que l'on appelle la « théorie » de la persuasion, que celle-ci soit évidente ou « clandestine ». Il n'y a rien d'étonnant à ce qu'il existe une longue histoire, riche de noms célèbres, de traités sur la persuasion, sur l'argumentation, sur l'influence, sur la propagande, sur la manipulation des opinions et sur la recherche du consensus. Pour moi, on avait presque tout écrit, sauf l'essentiel. J'expliquerai ici, sans trop m'étendre, les raisons pour lesquelles j'ai trouvé que, tout compte fait, cette histoire n'apportait pas grand-chose.

Commençons par les sophistes, défenseurs de la persuasion comme fin en soi pour qui le vrai allait jusqu'à coïncider avec le convaincant (thèse qui, curieusement, a fait des adeptes, ces dernières années, dans le secteur – mais oui ! – de la méthode scientifique). Tout ce que nous avons vu dans les chapitres précédents est, en fait, une réfutation extrêmement claire de cette théorie. Pour sa part, dans le *Gorgias,* Platon se préoccupait d'ancrer solidement l'art de la rhétorique dans l'éthique, inquiet que les traits de virtuosité d'un orateur puissent faire passer pour bon ce qui est mal, et *vice versa*. Aristote, se rapprochant de nous, distingue la forme du contenu, considérant que l'art de la rhétorique, et donc de la persuasion, n'est intrinsèquement ni moral ni immoral. Contrairement aux sophistes, Aristote ne confond pas vérité et force de persuasion, et tend à considérer l'acte de persuasion comme un phénomène d'ordre naturel, une sorte d'exercice de la psyché.

> Il est donc clair que la rhétorique est utile et que sa fonction n'est pas de persuader, mais d'examiner les moyens de persuader qui existent autour de chaque argument, comme cela se fait aussi dans les autres arts ; en effet, le propre de la médecine n'est pas de rendre sain, mais de faire progresser sur la voie de la guérison jusqu'au point où il est possible de bien soigner même ceux qui ne peuvent plus recouvrer la santé.

En outre, il perfectionne une classification des argumentations et des figures de rhétorique, et donc des principaux schémas de la persuasion, système que nous connaissons encore aujourd'hui. Il n'y a pas de traité sur la persuasion, depuis Aristote, qui ne présente également une classification des arguments, des formes, des composantes et des modes. Nous avons déjà parlé (cf. p. 51) de la découverte par Aristote de ce que nous avons appelé « le concept central de la persuasion ».

Orateurs et experts en droit, comme Cicéron et Quintilien, écrivirent des traités de rhétorique qui exercèrent une influence énorme pendant des siècles et des siècles.

Avec l'extension du christianisme, certains théologiens, prédicateurs et confesseurs se concentrèrent sur les moyens de répandre la foi, et donc sur les techniques servant à persuader et à convertir, faisant souvent fond sur les traités de rhétorique des auteurs païens. Consciemment ou non, ils renforcèrent l'idée que les formes efficaces de la persuasion peuvent être isolées de leur contenu. (La seule véritable perle de la persuasion de toute cette période est la preuve ontologique de l'existence de Dieu – cf. chapitre 11.)

Certains des problèmes typiques que l'on rencontre dans ces anciens traités sont encore posés (et, me semblet-il, irrésolus) aujourd'hui : faut-il présenter d'entrée de jeu, en introduction, l'argumentation la plus forte, ou au contraire la laisser pour la fin, après avoir présenté diverses argumentations moins fortes, mais toutes convergentes ? Faut-il agir davantage sur la raison ou sur les sentiments, sur l'imagination ou sur la démonstration, sur les métaphores ou sur du concret ? Inutile de dire que nul n'est vraiment parvenu à fournir des recettes définitives et que, pour toute stratégie de persuasion, on peut tout de suite penser à une autre, contraire et de même effet. Les exemples historiques et littéraires abondent. Soulignons, par exemple, que Shakespeare, dans la célèbre oraison funèbre d'Antoine, laisse pour la fin l'élément le plus fort : le testament de César en faveur du peuple romain. Il le laisse pour la fin parce que, avant, il a bien préparé l'auditoire à l'interpréter comme il le souhaite, c'est-à-dire comme la désignation implicite de son successeur.

Il ne nous paraît guère intéressant de citer ici les noms savants de toutes ces techniques (comme l'argumentation dite nestorique, qui situe au début et à la fin les éléments les plus forts, tout comme Nestor le faisait au sein de son armée, lors des combats, laissant au centre les troupes les moins sûres). Nous qui voyons d'innombrables films avec des scènes de procès, nous connaissons bien le mécanisme de la persuasion à suspense. Il est irrésistible de laisser pour la fin le coup de théâtre, le témoin inattendu et déterminant, la preuve gardée secrète jusqu'au dernier moment, en préparant bien, implicitement, l'auditoire à l'entendre.

## *La nouvelle rhétorique*

Les règles d'or énoncées dans les traités de l'Antiquité réapparaissent et se perfectionnent entre 1500 et 1700, période au cours de laquelle s'amorce un mouvement en trois phases : 1. Renaissance de la rhétorique traditionnelle ; 2. Révolte contre la rhétorique traditionnelle ; 3. Mouvement pour une nouvelle rhétorique (qui culmine avec *The Art of Rhetoric*, de Thomas Wilson, en 1553). Le rationalisme, surtout chez Descartes et dans le *De dignitate et augmentis scientiarum* de Francis Bacon, apporte des contenus et des finalités nouvelles à l'art de la persuasion. C'est le début de la recherche, sur laquelle nous nous sommes nous aussi longuement arrêtés (cf. p. 131), sur ce qui rend un raisonnement scientifique convaincant. Le jugement de Bacon est emblématique :

> Le devoir et la tâche de la rhétorique consistent à appliquer la raison à l'imagination afin de mieux faire agir la volonté.

Un auteur anglais de la fin du XVIIe siècle, B. Lamy, insiste sur un point cardinal dans son *Art of Speaking :*

> Pour persuader, nous avons besoin d'un seul argument, pourvu qu'il soit solide et fort ; l'éloquence dont on parle tant consiste à le rendre clair et évident.

Le XIXe siècle anglais voit se renforcer l'exigence d'un parler clair et simple, qui va de pair avec une réévaluation du langage courant, de la logique intuitive, et une interpénétration entre raison, imagination et sentiment. R. Whateley publie en 1828 un important précis intitulé *Elements of Rhetoric.*

En dépit de leur indubitable ingéniosité, de leur grande érudition et de leur finesse analytique, ces traités me font souvent penser à une vieille blague de l'acteur Peter Ustinov. Avant un grand prix de formule 1, on appelle l'expert des experts ès voitures de course. Après avoir tout examiné, le gourou de la mécanique rend son verdict : « Ce qui compte vraiment, c'est d'améliorer le moteur, le châssis, les pneumatiques et le pilote. » Et il s'en va.

### *L'influent traité de l'argumentation*

Sautant à pieds joints par-dessus un siècle, avant de passer à la contribution de la psychologie scientifique appliquée à la persuasion, cadre d'où, bon gré mal gré, nous-mêmes avons dû partir, il convient de mentionner au moins le volumineux et influent *Traité de l'argumentation : la nouvelle rhétorique*, du logicien Chaïm Perelman et de la psychologue sociale Lucie Olbrechts-Tyteca, publié pour la première fois en français en 1958, puis traduit en de multiples langues. Il entend marquer

> une rupture par rapport à une conception de la raison et du raisonnement, née avec Descartes, qui a imprégné la philosophie occidentale de ces trois derniers siècles.

En résumé, il combat la thèse selon laquelle, dans les relations humaines de tous les jours, hors de la « tour d'ivoire » des sciences et de la philosophie, le discours persuasif joue surtout sur l'irrationnel, la suggestion, l'ascendant personnel. L'ensemble du traité analyse systématiquement les présupposés et les structures récurrentes des arguments les plus divers, de l'analogie et de la métaphore jusqu'aux argumentations *ad hominem*, de l'ironie aux tautologies, du ridicule à l'argument d'autorité, balayant tout le spectre de l'Antiquité aux modernes, de la philosophie à la science, du droit à la littérature. Nous pourrions, un peu brutalement, récapituler la thèse de ce traité de l'argumentation en paraphrasant *Hamlet* de Shakespeare : si, dans la vie réelle, la persuasion est vraiment fondée sur l'irrationnel, alors il y a de la méthode dans cette folie.

À un moment où l'on jugeait trop « arides » le « logicisme » et le « psychologisme », et où l'on applaudissait systématiquement ceux qui renvoyaient à des problèmes de genèse historique, de devenir « dynamique », de « faire » et de technique, ce traité connut une grande popularité académique. J'ai encore en mémoire ces années où l'on ne pouvait pour ainsi dire pas fréquenter les bons salons littéraires sans l'avoir lu et digéré. Peut-être est-ce parce que je me sens trop néocartésien, mais je dois avouer que, tout en adhérant en grande partie (on l'a vu) à la thèse de fond de ce traité, je n'y ai pas trouvé, en dépit de son haut niveau philosophique, de l'abondance des informations fournies et de son immense érudition, les clés qui m'importaient le plus. On est toujours dans une tour d'ivoire, parmi les grands auteurs. De la persuasion dans la vie quotidienne, il n'y en a pas la moindre trace.

Notre approche a été différente. Nous avons dû aller jusqu'à nous salir les mains, à nous mêler à la foule des marchés, à étudier les argumentations improvisées, à parler avec les dirigeants, à étudier directement la psyché des gens ordinaires. Ce qui nous amène à dire deux mots, quoique avec des réserves, du courant anglo-saxon de la psychologie expérimentale et de la formation à la communication.

## *La psychologie de la persuasion*

La véritable innovation de notre siècle, en matière de théories relatives à la persuasion, a été l'irrésistible ascension de la psychologie expérimentale, et l'interpénétration, d'origine avant tout américaine, entre manipulations en laboratoire, étude de la propagande politique et techniques de commercialisation. En effet, dans le monde anglo-saxon, depuis les années 1930, on a surtout cherché à enseigner aux hommes d'affaires comment être plus convaincants et aux futurs hommes politiques comment mieux parler en public. En 1915, déjà, James A. Winans avait publié un manuel intitulé, de façon fort significative, *Public Speaking*, qui est de toute évidence influencé par les théories de l'attention du grand psychologue américain William James. L'approche de Winans consistait à appliquer à la situation du discours en public « le principe fondamental de la persuasion » : « Ce qui retient l'attention détermine l'action. » Une des principales assertions de cet ouvrage est que « la persuasion est le procédé qui sert à amener les autres à prêter une attention bienveillante, positive et unanime à des affirmations ». Ce qui équivaut à se servir de l'attention pour définir la persuasion ; ou plus exactement, l'attention serait la fin ultime de la persuasion. Les définitions se sont multipliées, et le débat a été très nourri dans les cercles de la psychologie pure et appliquée, jusqu'à la Seconde Guerre mondiale, où l'urgence de comprendre les armes psychologiques utilisées dans le cadre de la propagande des systèmes totalitaires imprima un tournant à beaucoup de ces recherches, jusqu'alors confinées aux milieux universitaires (cf. p. 209). En effet, c'est au cours de ces années que Carl Hovland, professeur de psychologie à l'université de Yale, s'est préoccupé avec ses collaborateurs d'influencer le moral des soldats et de faire changer l'attitude de la population civile à l'égard de l'effort de guerre. Après la guerre, Hovland et plusieurs étudiants ont mis au point une approche du « changement d'attitude » qui deviendra ensuite connu sous le nom de Yale Communication and Attitude Change Program.

Jusqu'à la fin des années 1960, la tendance psychologique américaine en matière de persuasion sera, inévitablement, surtout pragmatique et d'inspiration comportementaliste. Si étrange que cela puisse nous paraître aujourd'hui, on appliquera à la persuasion, le processus le plus profondément et irréductiblement mental, les critères d'une psychologie qui détestait tout ce qui renvoie à l'esprit, à la volonté, aux convictions, aux désirs et aux croyances. La rhétorique céda la place aux mécanismes, aux réflexes et aux associations, la théorie à une expérimentation extrêmement fastidieuse sur les choses les plus évidentes, mais en produisant force graphiques, contrôles statistiques, termes savants et échelles numériques d'indices d'appréciation. Contre paiement de maigres compensations financières, ou garantie de la reconnaissance de leur collaboration en vue de leurs examens de psychologie, des légions d'étudiants américains ont été soumis à d'ennuyeux tests de persuasion. L'illusion de pouvoir exclure l'esprit en tant que tel est fournie par une kyrielle de combinaisons statistiques entre « situations » expérimentalement bien définies et

« réponses » mesurables (quoique sur une échelle numérique tout à fait arbitraire).

On peut couramment lire, dans ces textes, des « définitions » du genre suivant : « La persuasion est l'acte qui consiste à manipuler des symboles de façon à produire des changements du comportement estimatif (ou d'acceptation/refus) chez ceux qui interprètent les symboles. »

On ne voit pas trop pourquoi, d'après cette définition, on ne classerait pas aussi comme rapport de « persuasion » toute analyse des indices boursiers, ou le dialogue silencieux entre le pilote se posant sur un porte-avions et le signaleur sur le pont. Mais toutes les définitions ont inévitablement ce défaut. J'ai reproduit celle-ci à titre d'exemple parce que l'on voit bien comment, dans ce type de psychologie, il est acceptable de parler d'« acte de manipulation » et de « comportement estimatif », alors qu'il ne le serait pas (Dieu seul sait pourquoi) de parler de représentations mentales, de croyances, de processus de raisonnement ou de changements d'opinion.

Nombre des définitions contenues dans ces études sont purement érudites et ne résistent pas à un examen plus attentif. Ainsi, la tentative répétée d'établir une distinction entre persuader et convaincre me semble totalement infructueuse. Certains chercheurs se sont efforcés, en faisant violence à la langue courante, de soutenir que la conviction fait appel à la raison, alors que la persuasion serait un appel aux émotions. On est également peu convaincu par la traditionnelle division entre *ethos* (persuasion née de la force morale ou du caractère de l'orateur), *logos* (persuasion dérivée de la logique de l'argumentation) et *pathos* (persuasion faisant appel à l'émotivité). Dans la vie de tous les jours, ces composantes sont presque toujours mêlées, et la seule sur laquelle on puisse aujourd'hui dire quelque chose d'intéressant et de nouveau est le *logos*, ainsi que nous l'avons vu.

Pour comprendre la persuasion, il n'est pas non plus nécessaire de s'en référer au débat qui a fait rage parmi les psychologues américains des premières décennies du siècle sur la structure de l'esprit, divisé en facultés distinctes, ou « d'un seul bloc ». De nos jours, les chercheurs en sciences cognitives penchent pour une conception « modulaire » de l'esprit à laquelle je souscris, mais cela ne me semble pas avoir une grande incidence sur l'étude de la persuasion. Même si l'esprit est modulaire, dans un processus de persuasion, il est toujours nécessaire de mobiliser de nombreux « modules ». Ce qui est intéressant, comme nous l'avons vu (cf. p. 57), c'est la découverte récente d'inclinations internes quasiment automatiques, comme l'effet de dotation et l'inertie du *statu quo*. Elles ne relèvent plus de la psychologie au sens traditionnel, mais des sciences cognitives.

En effet, plus récemment, une psychologie à tendance franchement cognitive a vu le jour, et l'on n'a plus peur d'invoquer l'esprit, ses contenus, ses mécanismes et ses changements.

D'éminents représentants de ce courant sont Leon Festinger et William McGuire. Le premier est l'auteur de la théorie de la dissonance cognitive (1957), qui se focalise sur les relations sociales, la connaissance des personnes, des événements ou des objets. Festinger circonscrit son sujet au point de ne plus distinguer que deux types de relations pertinentes : les dissonantes et les consonantes. Il écrit : « Deux éléments sont en relation dissonante si, considérant ces deux seuls éléments, l'opposé de l'un est compatible avec l'autre. » Ainsi, si une personne déjà criblée de dettes achetait une voiture, il y aurait une relation dissonante entre les deux éléments cognitifs « acheter une voiture » et « avoir des dettes ».

Le déclin de la théorie de la dissonance est probablement dû à son côté un peu trop simpliste. Toute recherche partant d'une perspective de dissonance cognitive ajoute de nouvelles variables permettant de l'adapter aux critères définis par Festinger. La théorie dite de l'inoculation, de McGuire (dont nous avons parlé au point p. 54), lui est apparentée. S'appuyant sur la métaphore de l'immunisation contre une éventuelle maladie dans le futur, McGuire émet l'hypothèse que, lorsqu'on a été persuadé, on peut de ce fait être immunisé contre le risque de se heurter ultérieurement à des arguments contraires. McGuire, Tannenbaum et Norris ont montré, au début des années 1960, que la forme d'immunisation la plus efficace consiste à combiner des messages favorables et des messages de réfutation, plutôt que d'assaillir ceux que nous voulons convaincre d'arguments uniquement favorables.

McGuire intervient de nouveau quelques années plus tard (1969) sur les processus de changement d'attitude, venant ainsi renforcer les rangs déjà serrés de ceux qui soutiennent que la persuasion n'est pas un processus unitaire, et introduisant la notion de *yielding* (se rendre, céder le pas) : fondamentalement, une persuasion réussie déclencherait une amorce de réorganisation cognitive, laquelle peut ou non se refléter directement dans le comportement.

Dans ce livre, nous nous sommes situés, sans hésitation, sans excuses et sans remords, dans une perspective cognitive et mentaliste.

Il convient néanmoins de mettre les lecteurs en garde contre une grande partie des écrits psychologiques sur la persuasion, y compris, bien souvent, ceux d'inspiration cognitive. En effet, à de rares exceptions près, l'histoire des recherches expérimentales sur la persuasion est un désert de banalités. Ainsi, chose ô combien passionnante, il arrive qu'au sein d'une foisonnante production spécialisée on trouve annoncées et commentées des « découvertes » ayant la teneur suivante (déjà faites par Aristote, comme nous l'avons vu précédemment) : une argumentation est d'autant plus convaincante que la personne qui la présente (pardon, je devrais dire sa « source ») fait plus autorité dans le domaine concerné, que ses conclusions sont plus compatibles (pardon, je devrais dire « consonantes ») avec les opinions et les valeurs déjà établies de son destinataire, et que ses conséquences pratiques mènent plus dans des directions vers lesquelles ce dernier était déjà attiré. Bref, on redécouvre la roue.

Mon ami Jerry Fodor, éminent philosophe et grand spécialiste des sciences cognitives, a bien raison : certains chercheurs réussissent l'exploit de provoquer une métamorphose contre nature, à savoir de retransformer un papillon en chenille. En l'occurrence, le papillon est le merveilleux, chatoyant et insaisissable processus de la persuasion, tandis que la chenille est faite d'échelles Thurstone à onze valeurs, de décomposition des motivations, d'analyse des attitudes en termes de « polarité », de différentiels sémantiques, de dimensions de renforcement, de « potentiels conatifs » et autres gâteries. Comme ce livre portait sur le papillon, et non sur les chenilles, notre histoire a été tout autre.

## II

## QUELQUES LIVRES CONVAINCANTS POUR EN SAVOIR PLUS LONG

*Avant-propos*

« Dans le célèbre long-métrage de Marcel Ophüls... » :
Ophüls, Marcel, *Le Chagrin et la Pitié*, Paris, Alain Moreau, 1980.

« ... pour des raisons qui ont été bien exprimées par Jean Daniel... » :
Daniel, Jean, *Le Temps qui reste*, Paris, Gallimard, 1984.

*L'histoire que nous allons raconter*

« Mon vieil ami Dan Sperber... avait proposé une nouvelle théorie de la pertinence... » :
Sperber, Dan et Wilson, Deirdre, *Relevance : Communication and Cognition*, Oxford, Blackwell, 1986 ; trad. fr. d'Abel Gerschenfeld et Dan Sperber, *La Pertinence, communication et cognition*, Paris, Éditions de Minuit, 1989.

« Et puis il y avait eu un lumineux article technique... » :
Osherson, Daniel N., Smith, Edward E. et Shafir, Eldar B., « Some origins of belief », *in Cognition*, 24, 1986, p. 197-224.

« Sur le thème de la persuasion... tout semblait avoir déjà été écrit. »
Abelson, Herbert I., *Persuasion. How Opinions and Attitudes are Changed*, New York, Springer, 1959.
Cronkhite, Cary, *Persuasion. Speech and Behavioral Change*, New York, The Bobbs-Merril Company, 1969.
Hawthorn, Jeremy, *Propaganda, Persuasion and Polemic*, Londres, Edward Arnold, 1987.

Jowett, Garth S. et O'Donnell, Victoria, *Propaganda and Persuasion*, Newbury Park, CA, Sage Publications, 1986.

Pera, Marcello et Shea, William R. (dir.), *L'Arte della persuasione scientifica*, Milan, Guerini e Associati, 1992.

Petty, Richard E., Ostrom, Thomas M. et Brock, Timothy C., *Cognitive Responses in Persuasion*, Hillsdale, NJ, Lawrence Erlbaum Associates, 1981.

Roloff, Michael E. et Miller, Gerald R., *Persuasion : New Directions in Theory and Research*, Beverly Hills, CA, Sage Publications, 1980.

Sproule, Michael J., *Argument. Language and its Influence*, New York, McGraw-Hill, 1980.

Toulmin, Stephen, *The Uses of Argument*, Cambridge, Cambridge University Press, 1959 ; trad. fr. de Ph. de Brabenter, *Les Usages de l'argumentation*, Paris, PUF, 1993.

Woolbert, Charles, « Conviction and persuasion : some considerations of theory », *in Quarterly Journal of Public Speaking*, 3, 1917, p. 249-264.

Woolbert, Charles, « Persuasion : principles and method, part I-III », *in Quarterly Journal of Speech*, 5, 1919, p. 12-25, 101-119, 212-238.

« Aristote, déjà, nous avait mis en garde... » :

Aristote, *Rhétorique*.

« ... il existe même une "théorie centrale" de la persuasion... », « ... *du style*, apanage des traités sur la rhétorique » :

Perelman, Chaim et Olbrechts-Tyteca, Lucie, *Traité de l'argumentation. La nouvelle rhétorique*, PUF, 1958.

« ... grâce à une psychologie du raisonnement..., à une linguistique raffinée et parvenue à maturité, et aux sciences cognitives... » :

Chomsky, Noam, *Lectures on Government and Binding (The Pisa Lectures)*, Amsterdam, Foris, 1981 ; trad. fr. de P. Pica, *Théorie du gouvernement et du liage*, Seuil, 1991.

Chomsky, Noam, *Knowledge of Language*, New York, Praeger, 1986.

Chomsky, Noam, *Language and Problems of Knowledge. The Managua Lectures*, Cambridge, MA, The MIT Press, 1988.

Girotto, Vittorio, *Il Ragionamento*, Bologne, Il Mulino, 1994.

Graffi, Giorgio, *Le Strutture del linguaggio : sintassi*, Bologne, Il Mulino, 1994.

Johnson-Laird, Philip N., *Mental Models : Towards a Cognitive Science of Language, Inference and Consciousness*, Cambridge, MA, Harvard University Press, 1983.

Osherson, Daniel N. et Lasnik Howard (dir.), *Language*, vol. 1, *An Invitation to Cognitive Science*, Cambridge, MA, The MIT Press, 1990.

Osherson, Daniel N., Kosslyn Stephen M. et Honerbach John M. (sous la dir. de), *Visual Cognition and Action*, vol. 2, *An Invitation to Cognitive Science*, Cambridge, MA, The MIT Press, 1990.

Osherson, Daniel N. et Smith Edward E. (dir.), *Thinking*, vol. 3, *An Invitation to Cognitive Science*, Cambridge, MA, The MIT Press, 1990.

« La nouvelle théorie de la pertinence... » :

Sperber, Dan et Wilson, Deirdre, *Relevance : Communication and Cognition*, Oxford, Blackwell, 1986.

I. *La force de la persuasion*

« Dans un roman en grande partie autobiographique... Arthur Koestler... » :

Koestler, Arthur, *Darkness at Noon*, 1946 ; trad. fr. de J. Kenatton, *Le Zéro et l'infini*, Paris, Calmann-Lévy, 1945.

« C'est Gletkin qui parle... » :

*Ibid.*

« Mieux vaut mourir debout que vivre à genoux. » :

Thomas, Hugh, trad. fr. de T. Brousse, L. Hess, Ch. Bounay, *La Guerre d'Espagne : juillet 1936-mars 1939*, Paris, Laffont, 1983.

« Les seize sœurs se réunissent... » :

Bernanos, Georges, *Dialogues des carmélites*, Paris, Éditions de la Baconière, 1956.

II. *Les paradoxes de la persuasion*

« Dans un livre assez récent sur les "armes de la persuasion"... » :

Cialdini, Robert B., *Influence*, New York, William Morrow and Co., 1984 ; trad. fr. de N. Garde, *Influence et manipulation*, First, 1990.

« ... c'est le paradoxe central de toutes les sciences cognitives... » :

Chomsky, Noam, *Knowledge of Language, op. cit.*

Chomsky, Noam, *Language and Problems of Knowledge. The Managua Lectures, op. cit.*

« L'illustre psychologue cognitif anglais Jerome Bruner écrivit avec une grande justesse... » :

Bruner, Jerome et White, Robert V., *Opinions and Personality*, New York, John Wiley & Sons, Chapman & Hall, 1956.

« C'est seulement dans des années récentes que l'on a commencé à remettre très sérieusement en doute cette conclusion... » :
Sperber, Dan, « Contre certains a priori anthropologiques », *in* Piattelli Palmarini, Massimo et Morin, Edgar (dir.), *L'Unité de l'homme*, Paris, Seuil, 1974, p. 491-512.
Sperber, Dan, *Rethinking Symbolism*, Cambridge, Cambridge University Press, 1975.
Sperber, Dan, « Apparently Irrational Beliefs », *in* Marvin Hollis et Steven Lukes (sous la dir. de), *Rationality and Relativism*, Oxford, Blackwell, 1982.

« ... il n'est pas vrai que les Esquimaux possèdent des dizaines de mots pour désigner la neige... » :
Martin, Laura, « Eskimo words for snow », *in American Anthropologists*, 88, 1986.
Pullum, Geoffrey K., *The Great Eskimo Vocabulary Hoax*, Chicago, Chicago University Press, 1991, p. 168-171.

« ... font déjà partie du passé... » :
Soudoplatov, Pavel, *Special Tasks : The Memoirs of a Soviet Spymaster*, Boston, Little, Brown and Company, 1994 ; trad. fr. sous la dir. de M. Saporta, *Missions spéciales : Mémoires du maître espion soviétique Paveil Soudoplatov*, Paris, Seuil, 1994.

« ... des témoignages écrits détaillés et émouvants... »
Chang, Jung, *Wild Swans : Three Daughters of China*, Londres, Flamingo/Harper & Collins, 1993.
Zhisui, Li, *The Private Life of Chairman Mao*, New York, Random House, 1994.

## IV. *Persuader dans le cadre d'une tractation*

« Ayant récemment consacré tout un livre aux illusions cognitives... » :
Piattelli Palmarini, Massimo, *L'Illusione di sapere*, Milan, Mondadori, 1993 ; trad. fr. de J. Henry, *La Réforme du jugement*, Paris, Odile Jacob, 1995.
Piattelli Palmarini, Massimo, *Inevitable Illusions : How Mistakes of Reason Rule our Minds*, New York, John Wiley and Sons, 1994.

« Le livre de Cialdini... » :
Cialdini Robert B, *Influence*, *op. cit.*

« ... le classique de Vance Packard... » :
Packard, Vance, *The Hidden Persuaders*, Londres, Longman, 1960 ; trad. fr. de H. Claireau, *La Persuasion clandestine*, Paris, Calmann-Lévy, 1989.

«... un livre récent du sociologue français Raymond Boudon... » :
Boudon, Raymond, *L'Art de se persuader : des idées douteuses, fragiles ou fausses*, Paris, Fayard/Points Seuil, 1990.

« Certains psychologues modernes... image de l'inoculation... » :
McGuire, William J., « The effectiveness of supportive and refutational defences in immunizing and restoring beliefs against persuasion », *in Sociometry*, 24, 1961, p. 184-197.
Reardon, Kathleen K., *Persuasion in Practice*, Newbury Park, CA, Sage Publications, 199, p. 54.

« Comme on l'apprend, entre autres, en lisant la vie de Pierre Abélard... » :
Abélard, Pierre, *Historia calamitatum*, trad. fr. d'O. Gréard, Paris, Librairie philosophique J. Vrin, 1959.
Pernoud, Régine, *Héloïse et Abélard*, Paris, Albin Michel, 1970.

« Dans son émouvante *Historia calamitatum*... » :
Abélard, Pierre, *Historia calamitatum, op. cit.*

« Je me rendis donc chez ce vieil homme... » :
*Ibid.*, p. 15-16.

« L'expérience classique est la suivante... » :
Thaler, Richard H., *Quasi-Rational Economics*, New York Russell Sage Foundation, 1991.
Thaler, Richard H., *The Winner's Curse – Paradoxes and Anomalies of Economic Life*, New York, Russell Sage Foundation/Free Press, 1992.

« Les psychologues ont récemment établi... » :
Bazerman, Max, *Judgment in Managerial Decision Making*, New York, John Wiley and Sons, 1990.
Piattelli Palmarini, Massimo, *Inevitable Illusions : How Mistakes of Reason Rule our Minds, op. cit.*

« Un grand économiste français... a déterminé dès la fin des années 1950... » :
Allais, Maurice, « Le Comportement de l'homme rationnel devant le risque : critique des postulats et axiomes de l'école américaine », *in Econometrica*, 21, 1953, p. 503-546.

« Il y a un double enseignement à tirer... » :
Thaler, Richard H., *Quasi-Rational Economics, op. cit.*

Thaler, Richard H., *The Winner's Curse. Paradoxes and Anomalies of Economic Life*, *op. cit.*

V. *C'est vrai, mais je n'y crois pas*

« ... celui des syllogismes... » :
Evans, Jonathan St. B. T. (dir.), *Thinking and Reasoning : Psychological Approaches*, Londres, Routledge & Kegan Paul, 1983.
Girotto, Vittorio, *Il Ragionamento*, *op. cit.*
Johnson-Laird, Philip N., *Mental Models : Towards a Cognitive Science of Language, Inference and Consciousness*, *op. cit.*
Johnson-Laird, Philip, N. et Bara, Bruno, « Syllogistic inference », *in Cognition*, 16, 1, 1984, p. 1-61.
Johnson-Laird, Philip N. et Byrne, Ruth. M. J., *Deduction*, Hillsdale, N. J., Lawrence Erlbaum, 1991.
Johnson-Laird, Philip N. et Wason, Peter C. (sous la dir. de), *Thinking : Readings in Cognitive Science*, Cambridge, Cambridge University Press, 1977.
Rips, Lance J., *The Psychology of Proof. Deductive Reasoning in Human Thinking*, Cambridge, MA, Bradford Books/The MIT Press, 1994.

« Les psychologues ont élaboré toute une batterie d'exemples... » :
Johnson-Laird, Philip N., *Mental Models : Towards a Cognitive Science of Language, Inference and Consciousness*, *op. cit.*
Johnson-Laird, Philip, N. et Bara, Bruno, « Syllogistic inference », *op. cit.*

« Une méthode infaillible, pour savoir si un syllogisme est valide... » :
Ford, Marilyn, « Two modes of mental representation and problem solution in syllogistic reasoning », *in Cognition*, 54, 1, 1995, p. 1-71.
Johnson-Laird, Philip N., *Mental Models : Towards a Cognitive Science of Language, Inference and Consciousness*, *op. cit.*
Johnson-Laird, Philip N. et Byrne, Ruth. M. J., *Deduction*, *op. cit.*

« Dans la réalité, il y a donc quatre situations possibles... » :
Evans, Jonathan St. B. T., Over, David E. et Manktelow, Kenneth I., « Reasoning, decision making and rationality », *in Cognition*, 49, 1993, p. 165-187.

« L'idée de base est qu'un syllogisme crée en nous une "atmosphère". » :
Sells, S.B., « The atmosphere effect : an experimental study of reasoning », *in Archivia Psychologica*, 29, 1936, p. 3-72.
Woodworth, R. S. et Sells, S. B., « An atmosphere effect in formal

syllogistic reasoning », *in Journal of Experimental Psychology*, 18 (6, 7), 1935, p. 451-460.
Woodworth, R. S. et Schlosberg, H., *Experimental Psychology* (revised edition), New York, Holt, 1954.

VI. *Les sept cordes de la persuasion*

« Ces sophismes... peuvent être répertoriés et étudiés un par un. » :

Rips, Lance J., *The Psychology of Proof. Deductive Reasoning in Human Thinking, op. cit.*

« Celui-ci est plus intéressant... » :

Frixione, Marcello, *Logica, significato e intelligenza artificiale*, Milan, Franco Angeli, 1994.

« Nous examinerons sept formes principales d'argumentation... » :

Osherson, Daniel N., Smith, Edward E. et Shafir, Eldar B., « Some origins of belief », *op. cit.*

« ... nous avons des idées très claires... sur les relations de similitude et de différence... » :

Goldstone, Robert L., « The role of similarity in categorization : providing a groundwork », *in Cognition*, 52, 1994, p. 125-157.
Medin, Douglas L., Goldstone, Robert L. et Gentner, Deirdre, « Respects for similarity », *in Psychological Review*, 100, 1993, p. 254-278.
Osherson, Daniel N., *et al.*, « Category-based induction », *in Psychological Review*, 97, 1990, p. 185-200.
Rosch, Elinor, « Principles of categorization », *in* Rosch, Elinor et Lloyd, B. B. (dir.), *Cognition and Categorization*, Hillsdale N. J., Lawrence Erlbaum, 1978, p. 27-48.
Shafir, Eldar B., Smith, Edward E. et Osherson, Daniel N., « Typicality and reasoning fallacies », *in Memory and Cognition*, 18, 1990, p. 229-239.
Smith, Edward E. et Medin, Douglas L., *Categories and Concepts*, Cambridge, MA, Harvard University Press, 1981.

« Le grand philosophe américain... Peirce... propose le schéma de raisonnement suivant... » :

« ... Albert Einstein formula un jour une objection... » :

Pais, Abraham, *Subtle is the Lord : The Science and Life of Albert Einstein*, Oxford, Oxford University Press, 1982 ; trad. fr. *Einstein*, Manufacture, 1992.
Peirce, Charles Sanders, *Collected Papers*, Hartshorne, Charles, Weiss, Paul et Burks, Arthur W. (dir., Cambridge, MA, Har-

vard University Press, 1931-1958 ; trad. fr. de C. Chauviré, P. Thibaud et C. Tiercelin, *Le Raisonnement et la logique des choses*, Paris, Cerf, 1995).

« Pour citer un exemple célèbre... » :

Rhodes, Richard J., *The Making of the Atom Bomb*, New York, Simon and Schuster, 1986.

« Dans un célèbre récit d'Arthur Conan Doyle... » :

Eco, Umberto et Sebeok, Thomas A. (dir.), *Il Segno dei tre. Holmes, Dupin, Peirce*, Milan, Bompiani, 1983.

« En dépit de longues et ingénieuses tentatives... »

Ayer, Alfred J., *Language, Truth and Logic*, Londres, W. Collancz, 1936.

Hempel Carl C., *La Formazione dei concetti e delle teorie nella scienza empirica*, Milan, Feltrinelli, 1961.

Popper, Karl R., *Logik der Forschung*, Vienne, Springer Verlag, 1935 ; trad. fr. *La Logique de la découverte scientifique*, Paris, Payot, 1982.

« ... la réaction d'un célèbre biochimiste... » :

Piattelli Palmarini, Massimo, « The rise of selective theories : a case study and some lessons from immunology », *in* Demopoulos, William et Marras, Ausonio (dir.), *Language Learning and Concept Acquisition : Foundational Issues, Norwood*, NJ, Ablex, 1986.

« ... un premier inventaire des relations de cause à effet connues de tous... » :

Bozzi, Paolo, *Fisica ingenua*, Milan, Garzanti, 1990.

Carey, Susan, *Conceptual Change in Childhood*, Cambridge, MA, The MIT Press, 1985.

Keil, Frank C., *Semantic and Conceptual Develoment : An Ontological Perspective*, Cambridge, MA, Harvard University Press, 1979.

Weiner, B., « "Spontaneous" Causal Thinking », *in Psychological Bulletin*, 97, 1985, p. 74-84.

« ... le *frame problem*, ou dilemme du robot... » :

Piattelli Palmarini, Massimo, « Verso una scienza della mente : intelligenza artificiale e conoscenza naturale », *in Alma Mater Studiorum*, III, 1, 1990.

Pylyshyn, Zenon (dir.), *The Robots Dilemma*, Hillsdale, NJ, Erlbaum, 1991.

« Il s'agit de ce qu'on appelle l'"induction"... » :

Ayer, Alfred J., *Hume*, New York, HW & Wang, 1980.

Braithwaite, Richard B, *Scientific Explanation. A Study of the Function of Theory, Probability, and Law in Science*, New York, Harper, 1960.
Suppe, Friedrich (sous la dir. de), *The Structure of Scientific Theories*, Urbana, IL, University of Illinois Press, 1974.

« Voici tout de suite un exemple d'induction classique... » :
Osherson, Daniel N., *et al.*, « Category-based induction », *op. cit.*
Shafir, Eldar B., Smith, Edward E. et Osherson, Daniel N., « Typicality and reasoning fallacies », *op. cit.*

« Le philosophe Ludwig Wittgenstein avait souligné... » :
Putnam, Hilary, *Reason, Truth and History*, Cambridge, Cambridge University Press, 1981 ; trad. fr. d'A. Gerschenfeld, *Raison, vérité et histoire*, Paris, Éditions de Minuit, 1984.
Wittgenstein, Ludwig, *On Certainty*, Oxford, Basil Blackwell, 1969 ; trad. fr. de J. Fauve, *De la certitude*, Paris, Gallimard, 1987.

« ... une hypothèse est d'autant plus vérifiée que ses confirmations sont nombreuses... » :
Popper, Karl R., *Logik der Forschung*, *op. cit.*
Popper, Karl R., *Objective Knowledge : An Evolutionary Approach*, Oxford, Clarendon Press, 1972 ; trad. fr. de C. Bastyns, *La Connaissance objective*, Complexe, 1985.

« Les mathématiciens ont pu démontrer... » :
Davis, Philip J., « Fidelity in mathematical discourse : is 1+1 really 2 ? », *in American Mathematical Monthly*, 78, 1972, p. 252-263.
Davis, Philip J., « Mathematics by fiat ? », *in The Two Year College Mathematics Journal*, juin 1980.
Davis, Philip J. et Hersh Reuben, *The Mathematical Experience*, Boston, Birkhäuser, 1981.

« ... d'être tout aussi ingénieusement critiquées... » :
Goodman, Nelson, *Fact, Fiction and Forecast*, Londres, University of London Press, 1954 ; trad. fr. *Faits, fictions et prédictions*, Paris, Éditions de Minuit, 1985.

« En jargon philosophique, on parle de "contrefaits"... » :
Goodman, Nelson, *Fact, Fiction and Forecast, op. cit.*
Lewis, David K., *Counterfactuals*, Oxford, Blackwell, 1973.
Pizzi, Claudio (dir.), *Leggi di natura, modalità, ipotesi. La logica del ragionamento controfattuale*, Milan, Feltrinelli, 1978.
Stalnaker, Robert C., « A theory of conditionals », *in* Rescher, Nicholas (sous la dir. de), *Studies in Logical Theory*, Oxford, Blackwell, 1968, p. 98-112.

« Laissons les détails de ces questions aux théoriciens professionnels du raisonnement scientifique... » :
Kelly, Kevin T. et Glymour Clark, « Convergence to the truth and nothing but the truth », *in Philosophy of Science*, 56, 1989, p. 1 & 3-220.
Osherson, Daniel N., Stob, Michael et Weinstein, Scott, *Systems that Learn*, Cambridge, MA, The MIT Press, 1986.
Osherson, Daniel N., Stob, Michael et Weinstein, Scott, « Paradigms of truth detection », *in Journal of Philosophical Logic*, 18, 1989, p. 1-42.

« ... les scientifiques et les philosophes se sont demandé ce que les sciences exactes avaient de spécial... » :
Ayer, Alfred J., *Language, Truth and Logic, op. cit.*
Bridgeman, Percy W., *The Logic of Modern Physics*, New York, Macmillan, 1927.
Bridgeman, Percy W., *The Nature of Physical Theory*, Princeton, NJ, Princeton University Press, 1936.
Hempel, Carl G., *La formazione dei concetti e delle teorie nella scienza empirica*, Milan, Feltrinelli, 1961.
Nagel, Ernest, *The Structure of Science*, New York, 1961.
Popper, Karl R., *Logik der Forschung, op. cit.*

« ... les "néo-positivistes logiques"... » :
Ayer, Alfted J. (dir.), *Logical Positivism*, Glencoe, IL, Free Press, 1959.
Barone, Francesco (sous la dir. de), *Una antologia del positivismo logico,* Turin, Edizioni di Filosofia, 1961.
Carnap, Rudolf, *Der Logische Aufbau der Welt*, Berlin, 1928.
Pasquinelli, Alberto (sous la dir. de), *Il Neoempirismo*, Turin, UTET, 1969.
Piattelli Palmarini, Massimo (sous la dir. de), *Livelli di realtà*, Milan, Feltrinelli, 1984.
Schlick, Moritz, « Positivismus und Realismus », *in Erkenntnis*, 3, 1932, p. 1-31.

« ... surtout grâce aux brillants travaux de pionniers... » :
Kneale, Martha et Kneale, William, *The Development of Logic*, Oxford, Clarendon Press, 1962.

« Les néo-positivistes logiques préconisaient des raisonnements... » :
Carnap, Rudolf, *Der Logische Aufbau der Welt, op. cit.*
Ramsey, Frank P., *The Foundations of Mathematics and Other Logical Essays*, Patterson, NJ, Little Field, Adams, 1960.

« L'un des premiers... est le paradoxe dit de Jean Nicod... » :
Earman, John, *Bayes or Bust ? A Critical Examination of Bayesian Confirmation Theory*, Cambridge, MA, Bradford Books/The MIT Press, 1992.
Nicod, Jean, *Le Problème logique de l'induction*, Paris, Presses Universitaires de France, 1961 (original 1931).

« Elles ont été modifiées, atténuées, réactualisées... » :
Feyerabend, Paul K., *Against Method*, Londres, 1975 ; trad. fr. de B. Jurdant et A. Schlumberger, *Contre la méthode*, Paris, Seuil, 1988.
Gooodman, Nelson, *The Structure of Appearance*, Cambridge, MA, Harvard University Press, 1951.
Kuhn, Thomas S., *The Structure of Scientific Revolutions*, Chicago, IL, The University of Chicago Press, 1969 ; trad. fr. *La Structure des révolutions scientifiques*, Paris, Flammarion, 1972.
Lakatos, Imre et Musgrave, Alan (dir.), *Criticism and the Growth of Knowledge*, Londres, 1970.
Quine, Willard V. O., *From a Logical Point of View ; Nine LogicoPhilosophical Essays*, Cambridge, MA, Harvard University Press, 1953.

« Ces disciplines formelles sont d'une grande utilité, mais pas suffisantes. » :
Johnson-Laird, Philip N. et Byrne, Ruth. M. J., *Deduction, op. cit.*
Rips, Lance J., *The Psychology of Proof. Deductive Reasoning in Human Thinking, op. cit.*

## VII. *« Si..., alors... » et le « fer à cheval » des logiciens*

« ... un organisme... incapable de l'utiliser nous apparaîtrait dénué de toute véritable intelligence. » :
Fodor, Jerry A., *Psychological Explanations. An Introduction to the Philosophy of Psychology*, New York, Random House, 1968.
Pylyshyn, Zenon (sous la dir. de), *The Robots Dilemma, op. cit.*
Rips, Lance J., *The Psychology of Proof. Deductive Reasoning in Human Thinking, op. cit.*

« La différence entre le "si..., alors..." du raisonnement ordinaire et la proposition conditionnelle des logiciens... » :
Ceis, M. L. et Zwicky, A. M., « On invited inferences », *in Linguistic Inquiry*, 2, 1971, p. 561-566.
Piattelli Palmarini, Massimo, *L'Illusione di sapere, op. cit.*
Wason, Peter C., « On the failure to eliminate hypotheses in a

conceptual task », *in Quarterly Journal of Experimental Psychology*, 12, 1960, p. 129-140.

« ... des propositions conditionnelles peu naturelles, farfelues, voire seulement trop abstraites... » :
Smith, Neil V., « On interpreting conditionals », *in Australian Journal of Linguistics*, 3, 1, 1983, p. 163-186.

« Des études récentes, effectuées y compris sur de jeunes enfants... » :
Ford, Marilyn, « Two modes of mental representation and problem solution in syllogistic reasoning », *op. cit.*

« L'argument généralement invoqué pour expliquer ces phénomènes... » :
Grice, Paul H., « Utterer's meaning and intentions », *in Philosophical Review*, 78, 1969, p. 147-177.
Lewis, David K., *Convention : A Philosophical Study*, Cambridge, MA, Harvard University Press, 1969.
Martinich, Aloysius P. (dir.), *The Philosophy of Language*, Oxford, Oxford University Press, 1985.

« ... les personnes atteintes de déficits cognitifs sont souvent en difficulté... » :
Frith, Uta et Happé, Francesca, « Autism : beyond "theory of mind" », *in Cognition*, 50, 1994, p. 115-132.

« C'est le *frame problem* qui resurgit... » :
Piattelli Palmarini, Massimo, *Verso una scienza della mente : intelligenza artificiale e conoscenza naturale, op. cit.*
Piattelli Palmarini, Massimo, *La Voglia di studiare. Che cos'è e come farsela venire,* Milan, Mondadori, 1991, p. 101-105 ; trad. fr. de J. Henry, *Le Goût des études, ou comment l'acquérir*, Paris, Odile Jacob, 1993.
Pylyshyn, Zenon (sous la dir. de), *The Robots Dilemma, op. cit.*

« Une petite lueur a commencé à filtrer... » :
Smith, Neil V., *On Interpreting Conditionals, op. cit.*
Smith, Neil et Smith, Amahl, « A relevance-theoretic account of conditionals », *in* Hyman et Li (sous la dir. de), *Festschrift for Vicki Fromkin*, 1988, p. 321-352.
Sperber, Dan et Wilson, Deirdre, *Relevance : Communication and Cognition*, Oxford, Blackwell, 1986.

« ... en s'appuyant en partie sur une idée antérieure du philosophe... » :
Grice, Paul H., *Utterer's Meaning and Intentions, op. cit.*

« Les problèmes relatifs aux contrefaits que soulève Neil Goodman... » :
Goodman, Nelson, *Fact, Fiction and Forecast, op. cit.*
Piattelli Palmarini, Massimo, *S come Cultura*, Milan, Mondadori, 1987, p. 75-85.

VIII. *La convaincante légèreté du langage*

« Nos langues sont des instruments extrêmement raffinés et peuvent être manipulées à des fins diverses... » :
Chomsky, Noam, *Lectures on Government and Binding (The Pisa Lectures), op. cit.*
Chomsky, Noam, *Knowledge of Language*, New York, Praeger, 1986.
Chomsky, Noam, *Language and Problems of Knowledge. The Managua Lectures*, Cambridge, MA, The MIT Press, 1988.
Giorgi, Alessandra et Longobardi, Giuseppe, *The Syntax of Noun Phrases : Configuration, Parameters and Empty Categories*, Cambridge, MA, Cambridge University Press, 1991.
Graffi, Giorgio, *Le Srutture del linguaggio : sintassi, op. cit.*

« Il y a une partie de sens "strict" et une partie d'"usage" de ce sens. » :
Chierchia, Gennaro, *Le Strutture del linguaggio : semantica*, Bologne, Il Mulino, 1995.
Chierchia, Gennaro et McConnell-Ginet, Sally, *Meaning and Grammar. An Introduction to Semantics*, Cambridge, MA, The MIT Press, 1990.
Grice, Paul H., *Utterer's Meaning and Intentions, op. cit.*
Santambrogio, Marco (sous la dir. de), *Introduzione alla filosofia analitica del linguaggio*, Bari, Laterza, 1992.

« Le cas paradigmatique... est celui des verbes dits "psychiques"... » :
Belletti, Adriana et Rizzi, Luigi, « Psych verbs and theta theory », *in Natural Language and Linguistic Theory*, 6, 3, 1988, p. 291-352.

« Le philosophe américain John Searle s'est fait un malin plaisir... » :
Searle, John R., « What is a speech act ? », *in* Black, Max (sous la dir. de), *Philosophy in America*, Ithaca, NY, Cornell University Press, 1965, p. 221-239.

« Le jeu entre les marques génériques et spécifiques... » :
Giorgi, Alessandra et Longobardi, Giuseppe, *The Syntax of Noun*

*Phrases : Configuration, Parameters and Empty Categories, op. cit.*

Smith, Neil V., « On generics », *in Transactions of the Philosophical Society*, 1975, p. 27-48.

« ... proposés... par Noam Chomsky autour des années 1960... » :
Piattelli Palmarini, Massimo, *S come Cultura, op. cit.*, p. 65.

« ... il prononça un discours qui fit date. » :
Latham, Earl, *The Meaning of McCarthyism*, Lexington, MA, D. C. Heath and Company, 1965, p. 7-8.

« ... les psychologues cognitifs ont bien approfondi ce que l'on appelle "l'effet d'ancrage". » :
Piattelli Palmarini, Massimo, *L'Illusione di sapere, op. cit.*

« Par conséquent, l'adjectif restreint le champ d'application du nom... » :
Giorgi, Alessandra et Longobardi, Giuseppe, *The Syntax of Noun Phrases : Configuration, Parameters and Empty Categories, op. cit.*

« "C'est une fichue canaille" diffère de "c'est une canaille fichue". » :
Moro, Andrea, *I Predicati nominali e la struttura della frase*, Padoue, Unipress, 1993.

« Les purs logiciens ont des armes bien affûtées pour rendre ces implications et ces présuppositions parfaitement transparentes... » :
Chierchia, Gennaro et McConnell-Ginet, Sally, *Meaning and Grammar. An Introduction to Semantics, op. cit.*
Montague, Richard, « The proper treatment of quantification in ordinary English », *in* Hintikka, Jaakko, Moravcsik, Julius et Suppes, Patrick (sous la dir. de), *Approaches to Natural Language*, Dordrecht, Reidel, 1973.

« ... George Lakoff a produit un effet parfaitement symétrique avec son livre... » :
Lakoff, George, *Women, Fire, and Dangerous Things : What Categories Reveal About the Mind*, Chicago, The University of Chicago Press, 1990.

« ... une branche de la psychologie cognitive appliquée aux témoignages judiciaires... » :
Loftus, Elisabeth E, *Eye-Witness Testimony*, Cambridge, MA, Harvard University Press, 1979.
Loftus, Elisabeth F. et Ketcham Katherine, *Witness for the Defence*, New York, St. Martins Press, 1993.

Loftus, Elisabeth F. et Ketcham Katherine, *The Myth of Repressed Memory : False Memories and Allegations of Sexual Abuse*, New York, St. Martin's Press, 1995.
Piattelli Palmarini, Massimo, *Inevitable Illusions : How Mistakes of Reason Rule our Minds, op. cit.*

« En jargon technique, on parle d'"implicitations scalaires"...» :
Grice, Paul H., « Logic and conversation », *in* Cole, Peter et Morgan, Jerry L. (sous la dir. de), *Syntax and Semantics*, New York, Academic Press, 1975, p. 41-58.

« Les traités de linguistique s'attardent longuement sur des constructions linguistiques complexes... » :
Aristote, *Rhétorique, op. cit.*
Galli de' Paratesi, Nora, *Semantica dell'eufemismo*, Turin, Giappichelli, 1964.
Perelman, Chaim et Olbrechts-Tyteca, Lucie, *Traité de .l'argumentation. La nouvelle rhétorique, op. cit.*

« Comme l'a dit le linguiste Noam Chomsky... » :
Piattelli Palmarini, Massimo, *S come Cultura, op. cit.*, p. 71.

« ... des "réflexes" mentaux qui ne peuvent être expliqués en totalité qu'en se fondant sur des théories des plus abstraites. » :
Chomsky, Noam, « A minimalist program for linguistic theory », *in* Hale Kenneth et Keyser, Samuel Jay (sous la dir. de), *The View from Building Twenty : Essays in Linguistics in Honor of Sylvain Bromberger*, Cambridge, MA, The MIT Press, 1993.

IX. *La persuasion perverse*

« ... qui épinglait... les tics et les maniérismes de son public... » :
Brétecher, Claire, *Les Frustrés* (5 vol.), Éd. Pocket, 1987.

« ... le compte rendu d'un livre qu'il jugeait catastrophique. » :
Johnson-Laird, Philip N., « Review of "psycholinguistics" by Kess », *in Nature*, 262, 1, juillet 1976.

« ... la scène finale... du film... de Marcel Pagnol... » :
Pagnol, Marcel, *La Femme du boulanger*. D'après Jean le Bleu de Jean Giono, Paris, Fasquelle, 1938.

« Dans son traité sur la rhétorique, Aristote... » :
Aristote, *Rhétorique, op. cit.*

« ... récemment analysés par le linguiste italien Andrea Moro. » :
Moro, Andrea, *I Predicati nominali e la struttura della frase, op. cit.*

## X. *Persuasion (et dépersuasion) de masse*

« D'après ces témoignages... » :
Chang, Jung, *Wild Swans : Three Daughters of China, op. cit.*
Wu, Harry et Wakeman, Carolyn, *Bitter Winds : My Years in China's Gulag*, New York, Wiley, 1994.
Zhisui, Li, *The Private Life of Chairman Mao*, New York, Random House, 1994.

« Son objectif était... de doubler en une seule année... la production brute... d'acier. » :
Zhisui, Li, *The Private Life of Chairman Mao, op. cit.*, p. 332.

« ... Mao allait au lit presque tous les soirs avec une fillette différente... » :
*Ibid.*, p. 356-364.

« ... une sympathie grandissante pour les plus féroces et les plus sanguinaires... » :
*Ibid.*, p. 122-123.

« Ses aphorismes, fixés dans le célébrissime "Petit Livre rouge" étaient surtout une suite de lieux communs et de métaphores. » :
*Citations des œuvres du président Mao Tsé-toung*, Pékin, Maison d'édition en langues étrangères, 1972.

« Tout ce qui est réactionnaire est identique... » :
*Citations des œuvres du président Mao Tsé-toung, op. cit.*, p. 11.

« La révolution n'est pas un repas de gala... » :
*Ibid.*, p. 12.

« Quand on joue du piano, les dix doigts sont en mouvement... » :
*Ibid.*, p. 117-18.

« Pour acquérir des connaissances... » :
*Ibid.*, p. 911.

« La bombe atomique est un tigre de papier... » :
*Ibid.*, p. 149.

« Mao est calme... » :
Snow, Edgar, *The Other Side of the River*, New York, Random House Inc., 1961.

« C'était une suite ininterrompue de statues et de bustes... » :
Snow, Edgar, *The Long Revolution*, New York, Random House Inc., 1971.

## XI. *Le Graal de la persuasion*

« Spinoza s'y est essayé avec l'éthique... » :
Spinoza, Baruch, *Éthique*, Paris, Nathan, 1996.

« ... Kant avec la métaphysique... » :
Kant, Emmanuel, *Prolégomènes à toute métaphysique future qui pourra se présenter comme science*, trad. fr. de L. Guillermit, Paris, Vrin, 1993.

« ... divers auteurs, récemment, avec l'évolution darwinienne... » :
Dawkins, Richard, *The Blind Watchmaker*, Londres, Longman, 1986 ; trad. fr. de B. Sigaud, *L'Horloger aveugle*, Paris, Laffont, 1989.

« ... les "cinq voies" célèbres de saint Thomas... » :
Thomas d'Aquin (saint), *Somme théologique*, Paris, Cerf, 1997.

« ... ouvrit, dans son *Proslogium*, une voie... plus efficace et plus persuasive... » :
Anselme (saint), *Monologium, Proslogium*, Paris, Cerf, 1986.

« ... une version plus moderne, qui remonte essentiellement à Descartes... » :
Seifert, Josef, *Essere e persona : verso una fondazione fenomenologica di una metafisica classica e personalistica*, Milan, Vita e Pensiero, 1989.

« ... Gaunilon de Marmoutier... prit l'exemple d'une île absolument parfaite... » :
Anselme (saint), *Monologium, Proslogium, op. cit.*

« Dans une lettre à Spinoza datée de novembre 1676, Leibniz accusa Descartes... » :
Sobel, Jordan H., « Gödel's ontological proof », *in* Thomson, Judith J. (sous la dir. de), *On Being and Saying : Essays for Richard Cartwright*, Cambridge, MA, The MIT Press, 1987, p. 241-261.

« Kant construisit une objection... » :
Kant, Emmanuel, *Quelques Opuscules précritiques*, trad. fr. de E. Zac, Paris, Vrin, 1970.
Kant, Emmanuel, *Critique de la raison pure*, Paris, Aubier, 1995.

« Pour Russell, il a été "une honte pour le genre humain"... » :
Russell, Bertrand, *The Philosophy of Mathematics*, Londres, Allen et Unwin, 1919 ; trad. fr. de J. M. Roy, *Écrits de logique philosohique*, Presses Universitaires de France, 1989.

« Pour moi qui suis un postkantien... » :
Piattelli Palmarini, Massimo, *Ritrattino di Kant ad uso di mio figlio,* Milan, Mondadori Piccoli Oscar, 1994 ; trad. fr. *Petit Essai sur Kant à l'usage de mon fils*, Paris, Odile Jacob, 1995.

« ... la logique dite “modale”... est entièrement centrée... » :
Kneale, Martha et Kneale, William, *The Development of Logic, op. cit.*
Lewis, Clarence I. et Langford, Charles H., *Symbolic Logic*, New York, Dover, 1932.

« ... dans un ouvrage collectif sous la direction de Judith Jarvis Thomson... » :
Thomson, Judith J. (sous la dir. de), *On Being and Saying : Essays for Richard Cartwright*, Cambridge, MA, The MIT Press, 1987.

« ... et à partir de notes prises à chaud par le logicien anglais Dana Scott... » :
Sobel, Jordan H., « Gödel's ontological proof », *op. cit.*

« ... un des théorèmes les plus importants et les plus célèbres de tous les temps...» :
Gödel, Kurt, *On Formally Undecidable Propositions*, New York, Basic Books, 1962. Trad. angl. de « Principia Über formal unentscheidbare Sätze der *Principia Mathematica* und Verwandter Systeme, I. », *in Monatshefte für Mathematik und Physik*, 38 (1931).
Nagel, Ernest et Newman, John R., « Gödel's proof », *in The World of Mathematics*, New York, 1956, vol. 3, p. 1168-1195.

« En réalité, il y a plusieurs théorèmes de Gödel... » :
Gödel, Kurt, *The Consistency of the Axiom of Choice and of the Generalized Continuum-Hypothesis with the Axioms of Set Theory*, Princeton, NJ, Princeton University Press, 1940.
Van Heijenoort, Jan (sous la dir. de), *From Frege to Gödel. A Source Book in Mathematical Logic, 1879-1931*, Cambridge, MA, Harvard University Press, 1967.

« ... comme l'a aussi démontré le logicien polonais Alfred Tarski... » :
Tarski, Alfred, *Logic, Semantics, Metamathematics*, Oxford, Clarendon Press, 1956 ; trad. fr. *Logique, sémantique, métamathématique*, Paris, Armand Colin, 1974.

« ... modestement tapie dans une note de bas de page... » :
Odifreddi, Piergiorgio, « Zichicche », *in La Rivista dei libri*, IV, 9, septembre 1994, p. 11-12.
Odifreddi, Piergiorgio, « La prova di Dio », *in Sapere*, 1995.

« ... est due pour beaucoup au best-seller de... Hofstadter... » :
Hofstadter, Douglas R., *Gödel, Escher, Bach : An Eternal Colden Braid,* New York, Vintage Books, 1980 ; trad. fr. *Gödel, Escher, Bach, les brins d'une guirlande éternelle,* Paris, InterÉditions, 1985.

« ... d'après son biographe Hao Wang... » :
Wang, Hao, *Reflections on Kurt Gödel,* Cambridge, MA, Bradford Books/The MIT Press, 1987.

« ... vingt-huit points formulés dans le langage de la logique symbolique... » :
Thomson, Judith J. (sous la dir. de), *On Being and Saying : Essays for Richard Cartwright,* Cambridge, MA, The MIT Press, 1987, p. 256-258.

« ... Sobel adopte une stratégie différente. » :
Sobel, Jordan H., « Gödel's ontological proof », *op. cit.*

*Conclusion : Le dilemme de Wotan*

« Mais même le chef des dieux... n'a pas le droit de vouloir la liberté d'un autre... tout en dotant sa volonté d'un contenu... » :
Schelling, Thomas C., *Choice and Consequence : Perspectives of an Errant Economist,* Cambridge, MA, Harvard University Press, 1984.

## ANNEXES

*1. Histoire et non-histoire de la persuasion*

« ... thèse qui, curieusement, a fait des adeptes, ces dernières années... » :
Pera, Marcello et Shea, William R. (sous la dir. de), *L'Arte della persuasione scientifica, op. cit.*

« Aristote tend à considérer l'acte de persuasion... » :
Aristote, *Rhérorique, op. cit.*

« Orateurs et experts en droit... » :
Cronkhite, Gary, *Persuasion. Speech and Behavioral Change, op. cit.*
Perelman, Chaim et Olbrechts-Tyteca, Lucie, *Traité de l'argumentation. La nouvelle rhétorique, op. cit.*

« Le jugement de Bacon est emblématique... » :
Cronkhite, Gary, *Persuasion. Speech and Behavioral Change, op. cit.*, p. 36.

« McGuire, Tannenbaum et Norris... » :
Tannenbaum, D. et Norris E., « Effect of combining congruity principle strategies for the reduction of persuasion », *in Journal of Personality and Social Psychology*, 3, 1966, p. 233-238.

« McGuire intervient de nouveau quelques années plus tard... » :
McGuire, William, J., « The nature of attitudes and attitudinal change », *in* Lindzay, G. et Aronson, E. (sous la dir. de), *Handbook of Social Psychology,* Reading, MA, Addison-Wesley, 1969, III, p. 136-314.
Reardon, Kathleen K., *Persuasion in Practice, op. cit.*, p. 54.

« ... une grande partie des écrits psychologiques sur la persuasion, y compris, bien souvent, ceux d'inspiration cognitive. » :
Petty, Richard E., Ostrom, Thomas M. et Brock, Timothy C., *Cognitive Responses in Persuasion, op. cit.*
Sandell, Rolf, *Linguistic Style and Persuasion*, Londres, Academic Press, 1977.

# TABLE

CET OUVRAGE A ÉTÉ TRANSCODÉ ET ACHEVÉ D'IMPRIMER SUR ROTO-PAGE
PAR L'IMPRIMERIE FLOCH À MAYENNE EN MARS 1999.
N° D'IMP. 45519. N° D'ÉD. 7381-0683-X. D.L. MARS 1999.
IMPRIMÉ EN FRANCE.